ちくま学芸文庫

# 啓蒙主義の哲学 上

エルンスト・カッシーラー
中野好之 訳



筑摩書房

# 目次

【啓蒙主義の哲学　下巻】内容

# 訳者まえがき

本書は一九六二年に訳者によって翻訳刊行された Ernst Cassirer, *Die Philosophie der Aufklärung*, 1932 の、文庫版のための新しい改訳である。この書物のフランス語訳がこの邦訳の数年後に公刊されたように、原著さらには原著者の哲学理論への根強い関心は今日まで続いているが、半世紀近く昔の旧訳は現在の訳者にとって意に満たぬものであったので、最近の文献的研究や理論的な分析の顕著な進展によって、今回その欠陥の可能な限りの補正と訳文の読みやすさを心がけたつもりである。旧訳の際には、当時ペーパーバック版で或る意味ではドイツ語原書以上に広くわが国で読まれていた、英語版 *The Philosophy of the Enlightment*, translated by Fritz C. A. Koelin and James P. Pettegrove, 1951 を訳者は広汎に参照して、邦訳巻末の注記には英語版の表記や解釈の原文との微妙なずれに言及した点もあったが、一般の読者のための今回の新版に際しては、これを省略した。この時期は第二次世界大戦によるナチス・ドイツの崩壊の直後で、新しい前進的な人間解放の意気が英米文化圏を中心に広くみなぎっていて、彼のドイツ在住中の認識論やシンボル理論よりも彼の政治文化理論がいっそう広く世に迎えられていた、という事情がある。

上下二巻のそれぞれの巻末に掲げられている原著者による厖大な古典文献への引照（原注）は、そのほとんどが現在では参照されていない古い著作全集の編纂物であるが、これらは翻訳という作業の性質上、当然ながらそのままの形で残されている。旧版においては当時はまだ本著に取り上げられた主題の英独仏諸国語の古典テキストや参考書の日本訳は極めて限られていたので、当時の読書家が容易に入手できる形の邦訳を広く付記したが、最近のデータ検索の方法の根本的な変化と人文図書の流通の新たな様相にかんがみて、原注に載った文献の邦訳は後述のように、重点的なものを選ぶ方針を採用した（各巻巻末に関連図書を掲載）。その代りにこの新版では原書および英訳本における簡単な人名索引に、判明した可能な範囲で生没年の記載を補い、人物の同定を容易にすることで検索の便をはかった。

なお訳文において傍点（、、、）を付した箇所は、英語におけるイタリックの使用に当るドイツ語原文での隔字（ゲシュペルト）を示す。原注は（1）（2）（3）……、訳注は＊で示し、各巻巻末にまとめて掲出した。

また今回の新版に際し、読者の読みやすさの便をはかるために、適宜、原書にない改行を施した。

# 啓蒙主義の哲学　上

Ernst Cassirer
DIE PHILOSOPHIE DER AUFKLÄRUNG
Verlag von J. C. B. Mohr (Tübingen) 1932

# 序　文

本書は啓蒙主義の哲学の、或る意味では専門研究以下、また或る意味ではそれ以上のものを目指している。確かに本書は、遥かにそれ以下のものである。なぜならば、恐らくこのような専門研究は、何にもまして読者に内容の詳細を余すところなく展開し、啓蒙主義哲学のすべての特殊問題の発生と形成とを、細かな点にまで立ち入って追跡する課題を引き受けねばならないからである。だがこのような取り扱いは、すでにこの『哲学諸学科講座Grundriss der philosophischen Wissenschaften』という叢書の形式、そしてこの講座の目指す意図によって不可能なことであった。

この講座の全体的方針のなかでは、啓蒙主義哲学が自ら設定した諸問題の全領域を展望し、これを余すところなく叙述することは不可能だった。であるから、この種の外延的叙述ではなくて、それとは別種の、純粋に内包的な叙述が要請されなければならなかった。啓蒙主義の内包を幅広く取り扱うのではなく、むしろ啓蒙主義をその特徴的な深部でとらえること、すなわち啓蒙主義の歴史上の諸結果や現象形態の全体の叙述ではなくて、その思想的源泉と規定原理の統一的な叙述が肝心の問題となった。だからここでは、啓蒙主義哲学の推移発展および運命についての単なる物語的記述よりも、むしろ啓蒙主義を一貫する内面的流れと、そのいわば劇的な動きとを解明する試みが必要であり可能であるように思われた。啓蒙主義哲学がもつ最も特徴的な魅力とその固有の体系的価値とは、それを推進させた動きと思考のエネルギーのなかに、そして啓蒙主義哲学によって個々の問題のすべてに吹き込まれた思考の情熱にこそ存在する。思想の諸結果だけに着目するだけの方法から見て、異質的な思想的要因の、とても調和しがたい対立か単なる折衷的な混合物としか映らなかった啓蒙主義哲学のさまざまな要素も、ひとたびこの観点から見るならば、統一した姿をおびてくる。もしも、この哲学の本来の歴史的意味を明確ならしめようとすれば、われわれはそれが重ねてきた緊張と打開、その疑念と決断、その懐疑的精神と不屈の信念などの要素を一つの中心点から考察し解釈しなければならない。

以下の本書の叙述は、かかる種類の解明の試みである。それ故にここでわれわれは、啓蒙主義哲学をもっと幅広い別の歴史哲学的な主題（もとよりここではそれを十分に検討する余裕はなく、ただ大まかに指摘するにとどまったが）との関連において考察する。実際に、ここで叙述されるべきこの運動は決してそれ自身では完結的でなく、自らの領域を越えて前方あるいは後方へ目を向けるものであり、この運動は、近代の哲学思想が特有な自己確信と自己意識に到達するまでのあの精神的な発達過程全体のほんの一部分、一局面を形成するにすぎない。

私はこの大きな全体運動の他の局面を、これまでの私の著作、とりわけ『ルネサンス哲学における個と宇宙 Individuum und Kosmos in der Philosophie der Renaissance, 1927』および、『イギリスにおけるプラトン復興 Die platonische Renaissance in England, 1932』で叙述し意義づけようと試みたが、啓蒙主義哲学を取り扱った本書もまた、その実際的目的においても方法上の意図においても、この二つの著作と軌を一にするものである。すなわち以前の著書と同様に、本書も単なる結果そのままを確定し記述するのでなく、啓蒙主義哲学を内側から形成した造形力を明らかにするような哲学史の叙述方式を試みる。このような考察方式は、哲学上の教説および体系の発展過程のうちに、同時に「哲学的精神の現象学」を見出そうと試みる。すなわち純粋に客観的な諸問題と取り組む作業のなかで、この哲学的精神が自らの本性と自らの使命、自らの根本的性格についての深い自覚に到達していく次第を追跡することを目指す。

今後これらすべての予備研究を展望して、それを全体像へと統括する能力が果たして私にあるかはまことに疑わしく、私は今それを公約することはおろか、ひそかに期待することさえ躊躇する。さしあたり、これらの研究は単なる礎石、単なる断片にとどまろうし、私はこのことを認めるのに決してやぶさかではない。だが同時に私は、将来もしも時期が到来するならば、これらの断片的研究がいっそうまとまった研究のうちに取り入れられ用いられるよう希望している。

　啓蒙主義哲学について一言するならば、それはこの種の処理方式にとってとりわけ好都合な前提条件を備えている。そもそも、この哲学の決定的で真に永続的な功績は、この哲学によって加工され教義として定式化されようとした単なる学説内容の点にあるのでは決してない。当時の人々が意識していたよりも遥かに多く、啓蒙主義の時代は内容の点ではそれに先立つ諸世紀に依存していて、啓蒙主義は単にその遺産を継承したに過ぎなかった。つまり啓蒙主義は、本当に新しい全く独自な思想内容を生み出したというよりも、むしろ遺産を整理し選別して発展精製させたというべきであろう。

　だが啓蒙主義哲学は、こうした内容上の依存や素材上の制約にもかかわらず、哲学思想の真に新しく独自な形式を生み出した。啓蒙主義が単に既成の思想的財産を受けついでそれを加工する場合、あるいは——特にその自然科学的世界像についてあてはまることであるが——それがただ十七世紀によって築かれた土台だけに依拠した場合においてさえ、ひとたび啓蒙主義哲学の手にかかると、すべてが全く新しい意味を獲得し新しい地平を開いた。つまり他ならぬ哲学的思考の普遍的手続きそれ自体が、今や以前とは別様に考察され規定されるに至った。まず啓蒙主義はイギリスとフランスにおいて、哲学的認識の在来の形式である形而上学的体系の形式を破壊することから始めた。もはや啓蒙主義は「体系の精神」の権能と有効性を信じてはいなかった。啓蒙主義はこれを哲学的理性の強みではなくて、むしろその束縛であり障害であると見てとった。だが啓蒙主義はこの「体系の精神esprit de système」を断念しそれを意識的に退けはしたけれども、決して「体系的な精神esprit systématique」を捨て去ったわけではない。むしろ啓蒙主義は新しい、もっと効果的なやりかたでこの精神を発揮し強化しようと試みる。哲学を固定的な教説の体系の枠組に押しこめたり、それを永遠に変化しない或る決まった公理もしくはそれから演繹された結論と結びつけたりする代りに、啓蒙主義はもっと自由に振舞おうとする。そして自らの内在的なこの活動のなかで現実の根本形式を、すなわちすべての自然的および精神的な事象がもつ形式を顕現させようとする。

この基本的立場に従うならば、もはや哲学は認識の単なる特殊的な一分野として自然科学あるいは法学や国家学と並ぶ、あるいはそれらに君臨するものではなく、むしろこれらの特殊的学問を育成し発展させ根拠づける、最も包括的な媒体に他ならない。哲学はもはや自然科学、歴史、法学、政治学等々から分離され得ない。哲学はこれらすべての個別的学問をいわば生気づける精気であり、これによって初めて個々の学問は、自らの存在と機能を保証されるであろう。哲学はもはや精神の孤立した抽象的な実体ではない。哲学は全体としての精神をその純粋な機能の面において、すなわちその探求と設問と方法、その純粋な認識手続きの独自な方式において表示するものに他ならない。

だがこれとともに、十八世紀が単純に過去から受けついだように見えるすべての哲学上の概念および問題も、別の地点に移されて特徴的な意義変化を蒙ることになる。すなわちこれらの哲学的概念は、固定的で仕上ったものから活動的な力へと、単なる結果から命法へと変化した。まさにこの点にこそ啓蒙主義思想の真に生産的な意義がある。すなわち或る特定の思想内容にではなく啓蒙主義が哲学的思想を取り上げる仕方に、換言すればそれが哲学に付与した役割と課題のうちにこそ、この真の意義は見出される。哲学が真実に自己の本来的な権利を回復し、自らの独自な、真の意味で「古典的な」意義を獲得する限りにおいてのみ、十八世紀が誇らかに自らを「哲学の世紀」と呼んだその言い分も正当化されるであろう。

　哲学は今や単なる思考の領域に閉じこめられてはいない。啓蒙主義は思考のみならず人間の一切の精神的活動が、そこに由来しそこに基礎をもたねばならないと自ら確信した、一段と深部の秩序への肉迫を要求する。だからもしもわれわれが、啓蒙主義を単なる「反省哲学*」とみなしてそれを片付けたようなつもりになるならば、啓蒙主義哲学の意義は見失われてしまう。まさに他ならぬヘーゲルその人が最初にこの種の批判を遂行したのであり、そして自分の名前の権威によってこのやりかたを最終的に正統づけた。だがヘーゲル自身の場合においてすら、この誤謬を正そうとする特徴的な契機は現われている。すなわち歴史家および歴史哲学者ヘーゲルの判断は、形而上学者ヘーゲルが啓蒙主義に下した判決とは完全に一致してはいない。『精神現象学』が描き出す啓蒙主義時代の像は、彼が純粋に論争的意図を帯びて描く場合よりも遥かに豊かで深遠な内容をもつ。実際、単に人生に付随して、人生を反省的思考の鏡で捕らえることだけが啓蒙主義哲学の基本的方針であり固有の努力目標であるはずはない。何よりも啓蒙主義は思考の根元的自発性を信じ、単なる模倣的な機能ではなくて人生形成の力と課題とを思考に付与したのである。思想は単に分析し精査するだけが能ではない。思想は自らが必然的なりと観じた事物の秩序を自ら産出し実現せねばならず、自らの現実性と真理性とをまさにこの実現の行為によって確証するのである。

だが多くの歴史叙述と同じように、もしもわれわれが事態の単なる縦断的な観察にとどまるならば、換言すれば、われわれが啓蒙主義思想の個々の思想体系を単に時の流れに従って数えあげ、いわばそれぞれの年代記を作ることで満足してしまうならば、啓蒙主義哲学のこの深部に接近する道はないであろう。元来この一種の年代記的考察は、いかなる場合においても方法上不十分であるが、これのもつ宿命的な欠陥は、十八世紀哲学の叙述の場合には最も顕著なものとなる。

十七世紀に関する限り、あるいは人はその哲学的内容と哲学的発展の全貌を、「体系」から「体系」へと、つまりデカルトからマールブランシュへ、スピノザからライプニッツへ、ベーコンやホッブズからロックへと辿ることによって叙述できるという期待を抱きうるかもしれない。だが十八世紀の戸口において、この導きの糸は失われてしまう。なぜならば哲学的体系はここにおいては多様な要素の統合的な力、その代表としての力を失ってしまったからである。哲学の固有な真理は体系にのみ存すると確信し、全力をもってこの形式を固守しようとしたクリスチャン・ヴォルフでさえ、時代の哲学的諸問題の全体を体系によって包括し統御しようとする試みに失敗したのである。啓蒙主義思想は体系というこの硬直した枠組を打破ろうとする努力をくりかえし続けてきたし、とりわけ最も優秀で独創的なその代表者たちはこの窮屈な体系の拘束の破壊に努めたのである。

　啓蒙主義哲学の性格と特徴的規定が最も豊富に、しかも明確に現われるのは、それが個々の教説や公理定理などに確定された姿ではなく、むしろそれが思想を生み出していく過程に、すなわち疑いつつ求め、破壊しつつ構築するその努力においてである。絶えず動きつづけ不断に波動するこの運動の全貌は、個々の教説の単なる総和に解消されるものでは断じてない。啓蒙主義の本当の意味の「哲学」は、その個々の思想的指導者、たとえばヴォルテールやモンテスキュー、ヒュームやコンディヤック、ダランベールやディドロ、ヴォルフやランベルトが考えたり説いたりした内容の総和とはあくまで別のものである。啓蒙主義哲学は、これらの学説の総和や、それらの単なる時間的継起のなかに見出されるものではない。一般にこの哲学の本領は、特定な個々の教義の形をとって現われるというよりも、むしろ思想的活動の形態ないし様式のうちにこそ存在する。この思想的活動の絶えざる進展の過程においてのみ、われわれはここに作用している根元的な精神の力を理解し、そして啓蒙主義時代の精神的な内面生活の鼓動を感じとることができる。啓蒙主義哲学は、あの「一つの踏板が千本の糸を動かし梭《ひ》がとびかい糸が目にも止まらぬ速さで流れ出す」*というような思想の名工の作品に属する。この「目にも止まらぬ」糸を明らかにする点にこそ、啓蒙主義を歴史的に再構成し考察する際の最高の課題が存する。

本書はこの意図を実現するために、単に個々の思想家やその学説の列挙ではなくて、啓蒙主義時代の諸理念の純粋な歴史を述べようと試みた。しかもこれらの理念の単なる抽象的・理論的観点からの叙述ではなく、その直接的な作用面を特に明らかにしようとするものであり、このことによって個々の詳細の説明は大幅に省略せざるをえなかったけれども、啓蒙主義哲学の像を作り上げ、その自然、歴史、社会、宗教、芸術等の基本的な考えを決定づけたその本質的な力については、いかなるものも見落さなかったつもりである。ひとたびわれわれがこのような手続きを踏むならば、これまでつねに極めて雑多な思想要素の折衷的混合物とみなされてきたこの啓蒙主義哲学も、実は厳格な一貫性と緊密な構成をもつ少数の大きい基礎的な思想原理に支配されていることに、われわれは気がつくであろう。啓蒙主義の歴史的叙述は必ずやこの基礎的な原理から出発しなければならない。なぜならば個々の教義や学説の迷路の道しるべとなるべき安全確実な導きの糸は、ここにのみ見出されるからである。

啓蒙主義哲学の体系的批判ということとなると、本書の叙述の枠内でこれは果たすべくもなかった。むしろこの場合、私は「笑わず、悲しまず、怒らず、ただ理解する non ridere, non lugere, neque detestari, sed intelligere」*というスピノザの格言に基づいてこの考察を進めざるをえなかった。このような考察方法にもとづく恩恵には、この啓蒙主義の時代は実際に今までほとんど浴したことがなかった。啓蒙主義は歴史上の過去の見知らぬ時代または他の世界についての認識を欠いていたが故に、素朴な自負にもとづいて自らの尺度を絶対的で唯一の、妥当で可能な規範にまで高めることであらゆる歴史的過去を裁断したという点を、人はつねに啓蒙主義の根本的欠陥とみなしてきた。だがたとえ啓蒙主義はこの非難を所詮まぬかれないにせよ、他方でこの非難が度を越えたものであることをわれわれは認めなければならない。現に人が非難してきたこの時代の「知ったかぶり」の自負がこれまでに何度もくりかえし話題にされたために、そこから発生した無数の偏見は今日に至るまで啓蒙主義の公正な歴史的研究とその評価とを妨げているのである。

　本書は直接的には何ら論争的意図をもつものではないから、ここでこの種の偏見を明らさまに批判して啓蒙主義をそこから「救出しよう」とする気持は毛頭ない。本書が目指すところはただ、啓蒙主義哲学の内容とその中心的な問題提起を展開して、それに歴史的・体系的解明を試みることだけである。この点の解明こそは、ロマン主義が啓蒙主義に対して提起したあの大仕掛な訴訟の再審のための最初の不可欠な前提条件である。ロマン主義がかつて下した判決文は、今日に至るまで多くの人々から無批判に信じられており、「浅薄な啓蒙主義」という呼称はまだ影をひそめるに至っていない。もしも本書が首尾よくこのような言い分を最終的に沈黙させるならば、その本当の目的は達せられたといえよう。

カントの業績、そして彼の『純粋理性批判』による「思考方式の革命」の遂行の後においては、われわれがもはや啓蒙主義哲学の問題提起に簡単に立ち帰る余地はないことは最初から自明である。だがカントが『純粋理性批判』の最後の章で素描したような「純粋理性の歴史」が将来いつの日にか書かれるならば、何よりも理性の自律を最初に発見して熱烈に擁護したこの時代、精神的事象のすべての分野を通じてこの理性の自律を実現し承認させたこの時代が真っ先に想起されなければならないであろう。

正しい哲学史の記述は単に歴史のみに関係づけられるものではない。哲学的過去に立ち戻ることは、同時に必ずや哲学的自己省察と自己反省という行為でなければならない。われわれの現代がこのような自己点検を遂行し、啓蒙主義が作り上げた明るい鏡に自らを映し出してみるべき必要性は、従来にもまして痛感されねばならないと私は確信する。今日われわれが「進歩」の結果とみなしている多くのものも、恐らくこの鏡のなかでは光輝を失ってしまうであろうし、われわれが誇りに思う多くの成果もここでは醜い歪んだ形を呈するであろう。われわれがこの像の歪みを一途に鏡面の曇りのせいにして原因を他に見出そうとしないならば、それは性急な判断であり由々しい自己偽瞞であろう。カントが「啓蒙のモットー」と呼んだ「敢えて賢明なれ Sapere aude !」の言葉は、この時代に対するわれわれ自身の歴史的関係についても同じく妥当する。われわれはいたずらにこの時代を軽蔑したり尊大に見下したりすることなく、勇を鼓してふたたび啓蒙主義と優劣を競うべく、それとの内面的対決を志さなければならない。理性と科学を「人間の最高の力」とみなして尊んだこの世紀は、今日のわれわれ自身にとっても、過去の失われた遺物であってはならない。われわれはこの時代をそのあるがままの姿で見るばかりでなく、この形状を生み出し形成した根元的な力をもう一度発揮させる工夫を見出さねばならない――。

　私はこの前書きの最後にあたり、ここで『哲学諸学科講座』の出版者たるフリッツ・メディクス教授に心からの感謝を捧げる。教授の慫慂が本書の生まれる最初の機縁であったばかりでなく、さらに同教授は本書の校正刷を校閲して下さった。またアリックス・ハイルブルンナー嬢が巻末の人名索引を作成してくれたので、至るところで必要となった資料引照の労が大幅に軽減されたことにも私は感謝の意を表したい。

一九三二年十月

ハンブルクにて

エルンスト・カッシーラー

# 第一章　啓蒙主義時代の思考形式

1

ダランベールは『哲学綱要 Essai sur les éléments de philosophie』の冒頭の叙述で十八世紀半ばにおける人間精神の状況の一般像を描こうと試みて、そのなかで、過去三世紀間を通じつねに世紀の中点が精神生活の重要な転換期であった事実をまず指摘している。十五世紀の半ばには「ルネサンス」の精神的・文学的運動が起った。十六世紀半ばには宗教改革の運動がその頂点に達した。十七世紀には全世界像を決定的に変えてしまったデカルト哲学の勝利が実現した。それでは十八世紀にこれと対比しうるような動きがうかがわれるであろうか。そしてその方向と一般的趨勢とは果してどのように特徴づけられるであろうか、このような考え方に立ってダランベールは続ける。

「もしも誰かが、今われわれが現在立っているこの世紀の中点を注意深く観察するならば、そしてわれわれの眼前で生起しわれわれの注意を喚起する出来事、われわれの習俗、われわれわれの仕事、さらにわれわれの娯楽に至るまでを詳細に検討するならば、或る意味でわれわれのものの考え方に非常に重要な変化が生じたこと、そしてこの変化の急激さは将来起るべきいっそう大きな変革を予測させるという状況を誰もが容易に発見するであろう。この革命の終局と本質と限界が何であるかということは時だけが教えてくれるであろうし、従ってわれわれの子孫はわれわれ自身よりも、さらに明確にその短所と長所を見分けるであろう。……それ故われわれの世紀は、真の意味において哲学の世紀と呼ばれてきた。……もしもわれわれが自分たちの知識の現状を公正に観察するならば、実際に誰しも哲学がわれわれのもとで進歩を遂げたことを否定できないであろう。自然科学は日に日に新しい富を蓄積するし、幾何学は自らの領域を拡大することによって隣接する物理学の分野に光明をもたらした。世界の真の体系がついに認識され発展され完成された。……要するに、この地球から土星まで、天体の歴史から昆虫の歴史まで、あらゆる分野で自然科学は革命された。そしてそれとともにその他のすべての科学も、新しい様相を呈し始めた。……」「自然研究はそれ自体では冷たい退屈な作業のように見える。それは熱情を掻きたてるようにはできていない。そこから引き出される心の満足は斉一で連続的な感情のうちに宿るが、他方で快感が強烈なためにはそれは間歇的・発作的であることを要するからである。……だがそれにもかかわらず哲学の新しい方法の発見とその応用、そしてこれらの発見に伴う熱狂、宇宙の光景がわれわれの心に呼び起す或る種の思想の高揚――これらの諸原因はすべて合わさって精神の生き生きした興奮を生みだした。堤防を破壊した河川が四方に溢れ出るように、この精神の興奮は自然のあらゆる方向に広がり、行手にふさがるものをいわば暴力ずくで拉し去ってしまった。……かくして普通の世俗的学問の原理から宗教の啓示の根拠に至るまで、形而上学から趣味の事柄に至るまで、音楽から道徳まで、神学者たちのスコラ的論議から経済と貿易の事柄に至るまで、君侯の法から人民の法に至るまで、自然法から国際法に至るまで……ありとあらゆるものが議論され分析され、少なくとも言及された。そしてこの精神の普遍的な沸騰の結果としていくつかの事柄に新しい光が投げかけられ、また他の対象には新しい謎が発生した。それはちょうど潮の干満の結果が、海辺にある或る種のものを残し他を運び去るのと同様である」(1)

以上はこの時代の最も偉大な学者であり、そしてその精神的指導者の一人である人物の言葉である。そしてわれわれはこの彼の言葉に、この時代の精神生活全体の特性と傾向とを直接読みとることができる。ダランベールのこの時代は、自らが或る強い力に巻き込まれて駆り立てられていくのを感じていたが、ただその力に黙って身を委ねようとは決してしなかった。むしろこの時代はこの力がどこから来てどこに行くのか、すなわちその源泉と目標とが何であるかを突きとめようとした。自らの行動を認識して精神的な自己点検を行ない知的予見を立てることこそが、思考一般の固有な意義であり本来的な課題である、とこの時代は考えた。思想は新しい未知の目標に近づいていくばかりではない。思想はこの道程の行く手を見究めてその道程の方向を自発的に決定しようと努める。思想は毎日新しい開示を期待しつつ、新鮮な喜びと探究の勇気を秘めて世界に立ち向う。——だがそれにもかかわらずこの知的欲求と知的好奇心は、決して外的世界のみに向けられたのではない。それよりもいっそう深く熱烈にこの時代を捕らえた問題は、そもそも思考それ自体は何であるか、思考はそれ自身で何をなしうるかという別の問いであった。思考は、対象的現実の地平を開拓しようとする探険の旅からくりかえしこの自らの出発点に立ち帰った。「人類の固有な研究題目は人間である The proper study of mankind is man」というポープの言葉は、この時代の基本的感情を簡潔適切に表現している。この時代は、新しい力が自らのうちに動きつつあるのを感じていた。だがこの時代は、この力が絶えず自らのなかから産み出す産物によってよりも、むしろ力の作用それ自体の働きによってさらに強く魅せられた。この時代はこの力の成果をただ享受するにとどまらず、この力の作用の型を追求してその全貌を究明しようと試みた。十八世紀全体を通じ、精神的「進歩」の問題はこの意味において取り扱われた。おそらく他のいかなる世紀といえども、啓蒙主義の世紀ほどこの精神的進歩の理念が深く滲透して、その理念に熱烈に動かされた事例はなかった。

だが万一われわれがこの「進歩」を単に量的な観点にもとづいて知識の単なる拡大として、つまり「無限への前進 progressus in indefinitum」として考えるならば、この理念の最も深い意味、その固有な真髄は見誤られる。むしろ量的な拡大は、つねに質的な定義づけに支えられる。知識の周辺の絶えざる拡大に対応して、それ自身の独自な中心に向っての復帰がいよいよ自覚的、そして決定的に行なわれる。人は多様性を追求する過程で、そこにこの統一性を確信するに至る。われわれが幅広い知識を受容するに際しても、われわれはこの知識の広さが精神を弱めたり解体させるどころか、かえって精神を自分自身に立ち帰らせて自分に「集中」させるであろう、という明確な確信と予見を抱くのである。

実際、現実の総体を見究め、自らその全体像を構成しようとする時に精神がとる姿勢が単に見かけ上だけの多様な分化にすぎないことは、従来もくりかえし明らかにされてきた。客観的に見てこれらの精神の方向が分化しているように見えることがあっても、この分化は単なる分散ではない。むしろ精神の多様なエネルギーはすべて、一個の共通な中心的力点と結びついている。精神的形状が呈する多種多様性は、実はその本性が等質で統一的な造形力の完全な展開であるにすぎない。そして十八世紀はこの力を一言で特徴づけようとして、それを「理性」の名で呼んだ。「理性」はこの時代が追求したものと達成したものの一切を表現するものとして、この時代の中心点、統一点を形作る。だが十八世紀を扱う歴史家が、もしもこの規定で満足してここに安全な自らの出発点ないし支点を見出したように思うならば、彼は誤謬を犯し性急な判断を下したとの非難を免れない。なぜかといえば、彼はこの世紀自体が目標とも終局点ともみなしたところからまず自分の研究を開始すべきであり、十八世紀が明解な解答を見出したかに見えるところから歴史家にとっての本来的な問いが始まるからである。

十八世紀は理性の統一性と不変性に対する信念に満ちていた。理性はすべての思考主体、すべての国民、すべての時代、そしてすべての文化にとって同一である。宗教的信条や道徳的格率ないしは確信、理論的な意見もしくは判断などの可変的要素のなかから、それ自身において永続的な要素、すなわちこの同一性と不変性のうちに理性の固有な本質を表現する確乎不変な要素は抽出されよう。われわれにとっては——たとえわれわれが体系的ならびに実質的に、啓蒙主義哲学の或る特定の基本的目標に同意できる場合においてすら——「理性」という言葉がもつ一義的な単純な規定は久しく失われている。われわれはそれのもつ歴史を想起することなしにこの言葉を使うことがほとんど不可能だし、そしてわれわれはその度ごとこの歴史の流れのなかでこの言葉がどれほど激しい意味変化を経てきたか、を意識するのである。これらの事情はくりかえしわれわれに、「理性」とか「合理主義」という表現が、たとえ純粋に歴史的な特徴規定の意味においてすら大した意味をもたない事実を示すものである。

上位概念がそれ自体不明確で漠としており、適切な「種差 differentia specifica」が付け加わって初めてその固有の明確な規定性を獲得するならば、われわれは十八世紀についてのこの種差を一体どこに求めたらよいであろうか。この時代は自らを好んで「理性の時代」、「哲学の世紀」と呼んだけれども、そもそもこのような呼称は内的・外的にいかなる特徴を言い表わしているのか。ここではいかなる意味で「哲学」という言葉が使われており、「哲学」の特殊的な課題は何であるか。そしてそれは、この課題を達成し世界と人間に関する理説を確乎たる基盤に設定するための、どのような手段をもっているのか。

この種の問いに対して十八世紀が与えた回答を、ちょうど十八世紀が自らの知的活動を開始した当時の世に行なわれていたそれに対する回答と比較するとき、われわれはまずその消極的な特徴を明らかに見うるであろう。十七世紀は哲学的認識の本来の課題を哲学的「体系」の構築のうちに見出した。それに従えば真の「哲学的」知識なるものは、思考が最高の存在、直観的に把握された最高の確実性から出発しつつ、この確実性の光明をあらゆる派生的存在にまで拡大することに成功した暁に、初めて獲得される。そしてこれは、論証と厳密な論結という方法によって第一義的・本源的な確実性に他の命題を間接的に結びつけ、このような仕方によって最後にすべての認識可能なものの全連鎖をつなぎ合わせ完結させる手続きによって遂行される。この連鎖のなかのいかなる環も全体から切り離されてそれ自体で説明されることがない。ありうべき唯一の真実な説明は「演繹」のみ、すなわち厳密な体系的導出のみである。すなわちこの方法によって個々の環は存在と確実性の根元にまでさかのぼってから、そこからの距離を測定され、その間に介在する中間項の数が特定される。

これに対して十八世紀はこの種の「演繹」法、この形の体系的な導出と論証の方法を放棄してしまった。もはやそれは体系的厳密さと体系的完全性の栄光をデカルトやマールブランシュ、ライプニッツやスピノザと争ったりはしない。十八世紀が求める新たな別の真理と「哲学」の概念は、これらの分野を拡大してそれをもっと弾力的で自由な、具体的で生き生きしたものに作り上げるべきものであった。啓蒙主義の時代はこのような思考方式の理念を、過去の哲学的教説から受け取ったのではない。逆にそれは、当時の自然科学の範型と手本によって自らの理念を形成した。

哲学の方法についての中心的な問題の解決は、デカルトの『方法叙説 Discours de la méthode』よりもむしろニュートンの『哲学の規則 Regulae philosophandi』に立ち戻って行なわれ、その結果哲学は直ちに全く新しい方向に進むこととなった。というのはニュートンの方法は純粋な演繹ではなく解析の方法だったからである。まず最初に或る特定の原理、特定の一般概念や公理を立てた後でそこから次第に抽象的な推論によって個別的なもの、「事実的なもの」の認識に至る道を均していく、という手続きを彼は採らなかった。彼の方法はこれと全く逆方向である。彼にとっては現象が所与であり、原理は探究の目標である。後者が自然にとって先なるもの（πρότερον τῇ φύσει）であるならば、前者は常にわれわれにとって先なるもの（πρότερον πρὸς ἡμᾶς）である。だから物理学の真の方法は、恣意的に設定された或るアプリオリな出発点、すなわち「仮説」から出発してそれに内在する論理の筋道を一貫して展開することにあるのでは決してない。この種の仮説は随時に考案され、また随時に変形されうる。そして純粋に論理的に言うならば、どのような仮説も他と同じように有効である。

このような論理上の無差別性・等価性から物理学的な真理と確実性へと到達するためには、われわれはこの物指しを他の場所へ移す必要がある。科学的抽象、すなわち物理学的な「定義」は何ら完全に一義的な出発点をわれわれに与えはしない。経験と観察のみがそれをもたらしうる。

だがこのことは、ニュートンやその弟子や後継者たちにとって「経験」と「思考」との対立が存在したこと、純粋思考の領域と「単なる事実的なもの」の領域とのあいだに裂目が生じたことを意味するのではない。ヒュームの『人間知性研究 Enquiry concerning human understanding』に鋭く表現されるような「観念の関係 relations of ideas」と「事実 matter of fact」の間の妥当様式の差異なる方法的二元論は、ついにニュートンには無縁のものであった。ニュートンが追求したもの、疑うべからざる存在として彼が前提したものは、事実的世界そのものの普遍的秩序と法則性に他ならなかった。そしてここにいう法則性とは、現実的事実はそれ自体決して単なる素材や個々の要素のばらばらの寄せ集めに過ぎぬものではなく、それとは逆に、事実そのものには普遍的な形式が発見される、ということを意味する。この形式はたとえば現実の数学的規定のうちに、すなわち度と数による現実の配列と整理のなかで明らかにされる。だがこの種の配列そのものは単なる概念によって予想されるものではない。むしろそれは現実的な事象そのものにおいて存在を証明されねばならぬものである。それ故に道は概念や原理から現象へと通ずるのでなく、その逆である。観察は科学の「与件 datum」であり、原理と法則がその「目的物 quaesitum」なのである。

この新しい方法的序列こそは、十八世紀の思想全体を特徴づけるものである。「体系的精神 esprit systématique」は決して軽視もしくは無視されたわけではないが、それは体系のために体系を愛好する「体系の精神 esprit de système」とは厳格に区別された。十八世紀の認識論はすべてひとしくこの区別の確立に努力を傾けた。ダランベールの百科全書の緒言はこの点を研究の中心に据えているし、コンディヤックの『体系論 Traité des systèmes』もこの考えに明確な形式と基礎とを与えた。コンディヤックは十七世紀の大体系に歴史的批判を加えようと試みる。これらの体系がすべて破産したのは、それが純粋に事実のみに依拠しつつそこから概念を形成させる代りに、或る種の個別概念を一方的にドグマに仕立て上げたせいだ、という事実を彼は論証しようとした。

この「体系の精神」に対抗するために、今や「実証的」精神と「合理的」精神の新しい同盟が求められねばならない。両者は決してたがいに矛盾するものではない。これらの真の綜合はわれわれが正しい媒介方法を確立したときに初めて達成される。われわれは秩序、法則性、「理性」等々を、現象に「先行」して把握される「アプリオリ」な規則と考えてはならない。われわれはむしろ現象自体においてそれらを現象の内的連関および内在的結合の形式として提示すべきであろう。つまりわれわれはこのような「理性」を最初から或る完結した体系の形式で先取りしようとしてはならず、むしろ事実認識の進展に応じてこの理性が一歩一歩自己展開して、次第次第に明晰さと完全性を備えた姿を取るように仕向けなければならない。われわれが認識の道程においてつねにその存在を確信しつつ追求するこの新しい論理は、それ故スコラの論理でも純粋数学の論理でもなくて、むしろ「事実の論理」に他ならなかった。精神は現象の豊饒性に身をゆだね、絶えず新しく自らを現象に即して測定し直さねばならない。精神が現象の世界で道に迷うという心配は全く無用である。むしろ精神は、そこでこそ初めて自らの固有な真理と基準とを発見することを確信する。このような仕方によって初めて、「主観」と「客観」の、「真理性」と「現実性」のあいだの正しい相関関係が確立され、すべての科学的認識の条件であるこの両者の「対応」の形式も確立されるに至る。

啓蒙主義は、「実証的」なものと「合理的」なものの綜合と調整が単なる要請にとどまるものではなく、ここに設定された目標は必ずや達成可能であり、その理念は完全に実現可能であるということの具体的・直証的な論証を、近代における科学の復興以来科学的思考が実際に歩んできた道程から引き出した。自然認識の進展につれ、そしてそれが経てきたさまざまな段階のなかで、啓蒙主義はこの理想をあたかも手で把えることができると信じたのである。啓蒙主義はここでは近代の分析的精神の勝利の道筋を一歩一歩辿ることができる。わずか一世紀半の間に現実の全体を征服し終り、今や自然現象の多様性を唯一の完全に普遍的な規則のうちに統合するというその大目的をついに完遂したかに見えたものが、他ならぬこの精神であった。

ニュートンの万有引力の法則に現われているこの宇宙論的定式は、決して偶然に発見されたのでも個々のばらばらな実験から得られた結論でもない。その発見は厳密な科学的方法の適用の成果である。ニュートンはケプラーとガリレイが着手した手続きを完成したのであり、この三人の名前はすべて、単に偉大な科学者としての個性を表わすばかりでなく、実に自然科学的認識とその思考方式それ自体の象徴となり里程標ともなった。ケプラーは天体現象の観測から出発し、この観察をそれ以前には到達すべくもなかった精密な度合の数学的「厳密性」の域にまで高めたのである。倦まざる努力を重ねてのちに彼は惑星の軌道の形を決定づけ、個々の惑星の公転周期と太陽からの距離との関係を決定する法則へ到達した。だがこの事実認識は単に最初の一歩であるに過ぎない。ガリレイの運動理論はいっそう広い包括的な問題に直面し、自然科学的概念構成のいっそう深い新しい層に肉迫した。たとえどれほどそれが普遍的で重要なものであっても、単なる自然現象の一領域の展望はもはやここでの問題にはならない。力学の、すなわち自然理論それ自体の普遍的基礎づけが今や目指されるに至る。つまりガリレイは、自然の直接的観察だけではこの課題の解決のためには不十分であり、それは他の種類の認識手段、他の種類の知的操作によって補われなければならないことに気付いていた。自然界は観察に対し統一的過程として、また不可分な全体性として立ち現われる。そして観察はこれらの事象の表面を摑むだけであり、大まかにその生起の仕方だけを描写するに過ぎず、この種の描写の形式は真の「解明」の域に達するものではない。なぜならば自然現象の解明は、われわれが現象をその様態のままに心に描くにとどまらず、その現象を生起せしめる個々の条件を明確化し、それへの依存の仕方を最も精密に認識する場合に初めて可能となるからである。この要請は、われわれが直観や直接的観察において与えられた事象の統一的な映像を分解し、それをさまざまな構成要素へと解体しえたときに初めて満たされるであろう。この解析的手続きこそ、ガリレイによれば、すべての厳密な自然認識の前提たるべきであった。

自然科学的概念構成の方法は、「分析的」であると同時に「構成的」である。単純な外見をもつ事象を構成要素に分解し、そしてこれらの要素からそれを構成的に復元することにより、われわれはこの事象を認識する。ガリレイはこの手続きの古典的範例を自ら弾道曲線の発見に際して示した。投げ出された物体が描く軌道の形は、直接的に観察から引き出されるのでも、無数の観察事例から簡単に抽象されるのでもない。たしかに観察は或る種の一般的特徴をわれわれに教えるであろう。たとえば投げられた物体は一時期上昇したのちに下降する、という程度ならわかる。だが放物体の軌跡を多少とも厳密に決定するには、観察だけでは全く不十分である。事象の厳密な、真に数学的な把握に到達するためには、われわれは現象それ自体からこの現象を生起させる個々の条件へと遡及し、ここに作用しあっている諸条件を一つ一つそれ自体において観察し、それのもつ法則性を見究めねばならない。放物体の現象は実は二つの異なった「力」、すなわち最初の衝撃の力と重力によって決定される一つの複合的な事象であることが確認された段階で初めて放物体の法則が発見されたと言いうるのであり、その速度の増減も厳密に測定しうるようになる。われわれはこの簡単な事例のうちに将来の物理学の発展の全容とその完全な方法的構造とを、あたかも下絵を見るように見通すことができる。ニュートンの理論は、ここにはっきり現われているこれらの特徴のすべてを保持し確証するものであった。つまりこの理論もまた同様に、「分析的」ならびに「構成的」方法の組み合わせのうえに立つものであった。それはケプラーの三法則から出発した。

だがニュートンはこの法則を、観察から得られた事実的結果の表現として解釈するだけでは満足しなかった。むしろ彼はこの結果からその前提条件へさかのぼることによって、この結果が多種の諸条件の共同作用による或る必然的帰結に他ならぬことを証明しようとした。これら一連の条件は、まず一つ一つそれ自体の本性と規定が確認されねばならない。こうしてケプラーが単一なものとみなした惑星運動の現象は、実は複合的な形象であることが判明した。それは二つの基本的な自然法則に、すなわち自由な落体の法則と遠心力運動の法則とに還元される。両者はそれぞれ独立にガリレイとホイヘンスによって研究され厳密に確定されていた。今はただ、これらの発見を一つの包括的な知的観点へ結合することが課題となる。この結合を完成した点にこそ、ニュートンの偉大な功績があった。つまりこれまで未知の事象を発見したとか、全く新しい資料を獲得したとかというよりもむしろ、この経験的素材をもとにして知的変形をなしとげたことこそが彼の功績なのである。今や宇宙の構造は単に眺められるものでなくて洞察されるべきものとなり、そしてこの種の洞察を可能にするのは、数学的思考の適用によってそれが解析という数学の形式に当てはめられるからなのである。ニュートンの流分法とライプニッツの微分計算がこの操作のための普遍的な器具をわれわれにもたらしたことによって、「自然認識の可能性」は初めて厳密に証明された感がある。自然認識の道がどこまで達するかは不確定であるけれども、その方向は確乎として決定された。なぜならば、その出発点とその到達点とは、外的世界の本性によって排他的に決定されるのでなく、理性の固有な本性と独自な能力によって決定されるからである。

十八世紀の哲学は、もっぱらこのニュートン物理学の方法的範例という特殊事例を拠点にしたが、ただちにその普遍化に着手した。すなわちこの哲学は解析法を単なる数学的・物理学的認識のためだけの偉大な知的器具とみなすことでは満足しなかった。むしろそれはこれを思考一般のための必須不可欠の器具とみなすに至る。この考えは十八世紀の半ばに決定的な勝利を収めた。個々の思想家や個々の学派がたとえその結論においてどれほど異なっていたとしても、彼らはこの認識論的な前提においては全員が一致した。ヴォルテールの『形而上学概論 Traité de métaphysique』、ダランベールの『百科全書』緒言、カントの『自然神学と道徳の原則の判明性 Untersuchung über die Deutlichkeit der Grundsätze der natürlichen Theologie und der Moral』もこの点では一致している。すなわち形而上学の真の方法は、ニュートンが自然科学に導入してあれほどまで見事な成果をあげたその方法と根本において一致する、というのが彼らの共通な結論であった。ヴォルテールは言う、もしも人間が思い上って事物の全くあるがままの本性に立ち入ってそれを完全に認識しようと企てるならば、彼はただちに自分の能力の限界を意識するであろう。それはあたかも色の本性について判断を下せ、と言われた盲人のような境遇である。だが慈悲深い自然はこの盲人の手に解析術という杖を与えた。この杖さえもっていれば、人間は現象のなかを手探りで道を求め、現象の系列と秩序を認識しうるであろう。そして人間が自らの精神的方位づけをして生活と知恵を築き上げるために必要なことはこれに尽きるのである、と。「われわれは仮説を作ってはならない。またわれわれは、それによって一切を説明しうるような原理の発明から始めてはならない。むしろわれわれは、まず事物の厳密な分析から始めよう、と言うべきである。……もしもわれわれに数学という羅針盤、あるいは経験と物理学という炬火がなかったならば、われわれが一歩も前進できないことは確実である」(2)。だがこれらの器具で身を固めることによって、われわれは知識の大海原に舟を漕ぎ出すことができる。

もとよりわれわれは事物の最終的な秘密を解きうるとか、物質もしくは人間精神の絶対的な実体に迫りうるという種類の期待を抱いてはならない。だが「自然の内的核心」という表現がただ自然の経験的な秩序と法則性を意味するのならば、それは決してわれわれが近づけないものではない。われわれはこの領域で身を落ちつけ、そして自在な方向に進むことができる。人間理性の本領は、われわれにこの境界を超出して超越世界に逃れることでなく、この領域を知悉しこの世界と完全に宥和することを教えることに存する。

この点においても、十七世紀における見方と比較して理性の概念それ自体が独自な意味変化を蒙ったことは明らかである。デカルトやマールブランシュ、スピノザやライプニッツなどの十七世紀の形而上学的体系では、理性は「永遠な真理」の——すなわち人間の精神と神的な精神とに共通な真理の領域であった。それ故われわれが理性によって認識するものを、われわれは直接的に「神において」見るわけである。理性のすべての機能は、われわれを神の本性に参加せしめることによって叡知的・超感性的な世界をわれわれに開示する。ところが十八世紀は理性をそれとは違った、もっと謙虚な意味で用いる。もはや理性は、一切の経験に先立ってわれわれに事物の絶対的な本性を開示する「本有観念」の総体ではない。理性は継承されるものでなく獲得されるべきものである。理性は、さながら真理を鋳貨のようにして貯える精神の金庫ではない。むしろ理性は、真理を発見しそれを確定する過程を導く精神的な根元力である。このことの確認は、すべての本当の確実性のための胚種であり不可欠な前提である。

十八世紀全体は理性をこのように理解した。すなわち知識や原理もしくは真理などの固定的な内容としてでなくエネルギーとして、換言すればその機能とその効力の面において初めて完全に理解されうるような力として理解したのである。理性とは何か、またそれは何をなしうるかは、その成果によってでなくその機能によって決定されねばならない。そしてこの理性の機能のなかで最も重要なものは、結合し分離する力である。それは直接経験のデータである単なる事実的素材を、そして啓示や伝統および権威の力によって信じられている一切のものを分解して、これらをその単純な構成要素に、そして信仰の究極的動機にまで分析しつくすまでは決して止まらない。だがこの分解作業のあとに構築作業が新しく始まる。理性は「ばらばらの四肢 disjecta membra」にとどまるわけにはいかない。それはこれらのものから新しい建築物を、真の統一体を構成しなければならない。だが理性は今や自らこの統一体を生みだし、そして自らが設定した規則にもとづいて諸部分を組み合わせた故に、こうして作り上げられた構造は理性にとって完全に認識可能となる。理性はこの建築を、その全体の姿においても個々の要素の定められた順序においても、いつでも再生しうるからこそ、その構築を認識できる。理性の概念はこの二重の精神的操作においてのみ初めて完全に特徴づけされるが、その場合それは存在概念としてではなく作用概念としてなのである。

この確信は十八世紀文化の極めて多様な精神分野に根を下ろした。理性の固有な根元力は真理の所有にではなくその獲得にこそ求められねばならない、という著名なレッシングの言葉は、十八世紀の精神史において至るところでこれに呼応する対応を見出した。たとえばモンテスキューは人間精神に見出される生まれつきの知識欲の存在を理論的・一般的に正当づけようと試みて、過去に獲得されたどのような観念にも安住せずに次々に新しい観念へとわれわれを駆り立てていく止むことなき知的好奇心は人間精神の本質に属する、と説いている。「われわれの心は考えるように、すなわち知覚するようにできている。だがそれには好奇心を持たなければならない。なぜというに万物は一つの連鎖をなし、すべてそこでは或る一つの観念には他の観念が先行し、また別の観念が後続しているという具合である以上、われわれは或る一つの観念を見ようとすれば、おのずから他の観念をも見ようとせずにはいられない」とモンテスキューは言う。こうして神学的独断論によって知性の驕慢として弾劾され非難された「知識欲 libido sciendi」は、今や精神それ自体の必然的な属性とみなされて本来の姿へと復権した。この種の思考方式の擁護と強化そして確立こそは、十八世紀文化にとっての最重要な目標に他ならず、それは単なる特定の実証的知識の獲得と普及ではなしに、まさにこの点に自らの最大の課題を見出した。

この基本的意図はこの種のあらゆる知識の武器庫となったフランス百科全書にも紛うことなく現われている。百科全書の創始者たるディドロ自身、百科全書の目的は決して単に或る特定の知識の材料を供給することではなく思考方式そのものを変革することである、つまり考え方一般を変える (pour changer la façon commune de penser)(3) ために編まれた、と述べている。この課題の自覚は、時代のすべての思想家を奮い立たせ、全く新しい内面の緊張感を呼びさました。最も冷静で最も謙虚な思想家、本来的な「科学者」たる人たちまでがこの動きに巻きこまれた。彼らはまだこの運動の究極的な目的がどこにあるかを見究めるまでには至らなかったが、この力から逃れることはできなかった。そして彼らはこの力のうちに新しい人類の将来が始まりつつあることを感じていた。たとえばデュクロはその『当代風俗考 Considérations sur les moeurs de ce siècle』で次のように言う。「私はあるいは今の世紀を買いかぶっているかもしれないけれども、いずれにせよ、ここには普遍的な興奮が疑いなく存在する、と思う。そしてわれわれは適切な教育によって、この進行を誘導し促進することができるだろう」と。事実、われわれは単に時代の普遍的な騒擾に感染して盲目的にその力に押し流されていくつもりはない。われわれはこの力を認識し理解し、そしてこのような理解を通じてこれらの力を統御しようとするまでである。われわれは新しい思潮の渦巻に身を浸すだけでは満足せず、自ら舵を取って特定の目標を目指して精神の航路を決定しなければならない。

十八世紀がこの方向に向けて踏み出した最初の一歩は、数学的精神と哲学的精神の明確な境界を決定しようとする試みであった。これは困難な、そして固有な弁証法的な課題であった。なぜならば二つの異なった、一見して相矛盾する要請が同じように満足されなければならないからである。数学と哲学のあいだの紐帯は切断されるどころか、弛められることすら許されない。現に数学は「人間理性の誇り」であり、その試金石、その保証に他ならないからである。だが他方でそれにもかかわらずこの数学の自己閉鎖的な力にも或る特定の限界が存在すること、すなわち数学はたしかに理性が模範とすべきものではあるけれども、数学は理性の内容を完全に汲み尽くすものではないという事実がますます明白になってきた。今や両極的に対立する動機に導かれるような一種独特な思考のプロセスが始まった。哲学的思考は数学から身を離そうとすると同時に、それに密着しようと努めた。すなわち哲学は数学の独裁的支配から逃れようとしつつも、他方同時にその支配を争ったり毀損するのでなく、むしろそれを新しい角度から正当づけようと試みるに至る。この両方の試みは、近代の数学的思考の根本形式をなすと考えられた純粋解析法が、その核心的な意義を承認されると同時に、それのもつ他ならぬこの普遍的機能の故にそれが単なる数学の領域、つまり量と数の分野を越えて拡大されるに至って成功を収める。

このような趨勢の最初の素地はすでに十七世紀においてはっきり看取される。パスカルの著作『幾何学的精神について De l'esprit géométrique』は、まだ数学的自然科学と精神科学のあいだに明確な境界線を引こうと入念に試みていた。* 彼は「幾何学的精神 esprit géométrique」を「繊細なる精神 esprit fin」と対照させ、この両者が構造においても機能においてもどれほど異なったものであるか、という事実を示そうと試みる。だがこの明確な境界線は直ちにまた抹消されてしまった。たとえばフォントネルはその著『数学と物理学の効用 De l'utilité des mathématiques et de la physique』の序文で次のように述べている。[4]「幾何学的精神は、幾何学から分離して他の分野で応用がきかないほど幾何学と一途に結びついているわけではない。倫理、政治、批評、さては雄弁に関する著作ですら、もしも他の事情がひとしければ、幾何学的精神によって書かれることでいっそう美しく完璧なものになるだろう」と。十八世紀はこの問題と取り組んだ末に、「幾何学的精神」は純粋な解析の精神と考えられる限りその応用において絶対的に無制限であり、断じて特定の問題領域に局限されるのではない、という結論に達したのである。

この命題の証明は二つの異なった方向で試みられた。従来は単に数と量の領域でのみ検証されたにすぎない解析の効果は、今や一方では心理学の、他方では社会学の問題へ適用されるに至る。この二つの領域においても、実証すべきことは同じ次のこと、すなわち理性が自らの独自な方法たる解析的分解と構成的総合の方法を知るようになりさえすれば、立ちどころにこれらの分野においても新しい視野が開け、きわめて重要な意義をもつ新しい領域が理性の支配力に服するようになる、ということであった。

だがさしあたり心理的現実は、少なくともわれわれに具体的に与えられた、直接的に体験されるままの姿にあっては、到底この種の試みの対象たりえないように思われる。それは無限の豊富さと絶対的な多様性をわれわれに示す。心理的経験のいかなる要素、いかなる形態といえども互いに似かよったものはなく、いかなる内容も同じ姿では再現することがない。心理的な事象の流れ、その絶えまなき干満のなかではどのような二つの波も同じ形をもたず、それぞれの波は一回限りのものとしてあたかも無から生起し再び無へと消滅しようとする。だが、にもかかわらず十八世紀の支配的な心理学的見解によれば、心理的内容のこの圧倒的な多様性、この異質性、この流動性は単なる見かけであり、立ち入って観察しさえすれば、われわれはこの心理的現象のほとんど際限ない変化の基礎にも堅固な土台と持続的な要素が存在する事実を認めるであろう。直接的経験においては捕捉できないこれらの諸要素を発見し、明確な個別的な姿において示すことこそが科学の任務である。最終的には個別的な単位の集合へと還元できないどのような多様性・異質性も、心理的事象には存在しない。いかなる生成といえども、すべて必ず不変的な存在をその根底にもつ。心理的な形象をその源泉、その根元までさかのぼって追跡するならば、われわれは至るところでこの統一性、この相対的単純性を見出すであろう。このような確信と主張において十八世紀の心理学は、自らの先達であり師匠であったロックをさえ一歩越え出た。

ロックは心理的現象の二大源泉を指示することで満足していた。彼は「感覚 sensation」に加えて「反省 reflexion」を心理的現象の独立した根本形式と認めたけれども、彼の弟子および後継者たちはさまざまの仕方でこの二元論を除去して純粋に「一元論的な」心理学の基礎を確立しようと試みたのである。バークリとヒュームは「感覚」と「反省」を「知覚 perception」という一つの表現に結合して、この表現こそわれわれの内的および外的な経験の、つまり自然の客観性および自我の内容としてわれわれに与えられるもの一切を網羅する、という事実を示そうとした。そしてコンディヤックは、自分がロックの一般的方法を保持しつつも同時にそれを心理的事実の新しい領域へ拡張した点に、ロックを越えた自分の真の業績と進歩があると信じた。

確かにロックの分析的技術は観念を分解するのには効力を発揮したけれども、それは他の領域には及ばなかった。ロックの方法は、すべての観念はどんなに複雑であっても感覚と反省という素材から成り立っており、それらが互いに組み合わさって心理的現象の多彩な形式を生み出している、という事実を示したけれども、コンディヤックの言葉を借りればロックは心理的形象のこのような分析だけで終ってしまった。ロックは自らの操作をこれらの形象に限定して、それを心理的事象および作用の全領域に拡大して多彩な精神的機能をその根元まで追求する作業を手控えた。だからここには今までほとんど手がつけられていず、そして無限の富を蔵すると思われる研究領域が横たわっている。ロックの場合にあっては単純な感覚的所与、たとえば視覚、聴覚、触覚、運動感覚、味覚、嗅覚などのそれぞれの所与と並んで心理作用の多数の段階が、それぞれ根元的・独立的なものとして並列されたままである。注目と比較、区別と結合、欲求と意志等々は、ロックにとってはすべて直接的経験においてのみ存在して他の何ものにも還元されない自立的な行為であった。

だがこの結論は、彼の導出の方法全体が生むべき真の成果を失わせる結果になる。なぜならばここでは相変らず、心理的現象が個々の形態においては描写されはするけれども、それはこれ以上は単純な根元的性質から説明され導出されない還元不可能な多様性にとどまるからである。われわれがこのような導出を本当に真剣に考慮するならば、われわれはロックが観念の領域に適用したあの格率を、精神のすべての機能に適用しなければならない。これら精神的機能のいわゆる「直接性」はこの場合においてもやはり単なる仮象にすぎず、それは科学的分析に耐えることができないことが示されねばならない。精神の個々の特殊的機能は分析の結果決して根元的なものではなく、むしろ生成されたもの、媒介されたものとなる。それらの性質と真の本性を認識するためには、われわれはこれらの生成の過程を追求せねばならず、自らが受け取る単純な感覚所与をもとにして、精神が次第にそれらの感覚に注目し、それらを比較し、区別し、分離し、結合する能力を獲得していく過程を観察せねばならない。コンディヤックの『感覚論 Traité des sensations』が目指した課題はここにあった。この分野でも解析的方法は、それが自然科学の領域において物質的世界の解明になしとげた輝かしい業績にも劣らぬ勝利を収めたように見える。今や物質的世界と精神的世界はいわば共通の分母に還元された。両者は同一の要素から成り立ち、同一の法則によって結合される(5)。

だが現実のこれらの二つの領域に加えて、これと同様に決して単一な所与として考えられるのでなく必ずや根元までさかのぼって解明せねばならぬ第三の領域が存在する。実際われわれはこの分野をもその源泉まで遡及することによって初めて、それを法則と理性の支配に委ねることができる。この領域とは、国家と社会の構造に認められるあの秩序に関するものである。

人間はこの世界に生まれ落ちるのであり、彼はこの世界を創造したのでも形成したのでもない。それは彼自身の前に出来上った形で存在しており、人間は自らをこの秩序に適応させるものと期待されている。だがここでも受身の適応と服従にはおのずから限界がある。思考の力が人間のなかで目覚めるや否や、それは現実のこのような状態に対し不可抗的に立ち向うこととなる。理性はこの現実を自らの法廷に召喚して、真理と妥当性に対するその法的権能を問いただす。そして再びこの操作のなかで、社会は物理的対象が研究されるのと全く同様の取り扱いに甘んじなければならない。重ねてここでも構成分子への分解の手続きが開始される。つまり国家の全体意志は、それがあたかも個々人の意志の総和から成り立ち、これらの意志の統合の結果として生まれたものと考えられる。この根本前提があって初めてわれわれは国家を「物体」として考察し、物理的世界の普遍的法則の発見に際してその効力を実証したあの同じ方法をこれに適用することができる。

この点でホッブズは十八世紀の思想を先取りしていた。国家は「物体」であるという彼の政治理論の根本原則は結局は次のこと、すなわちわれわれを導いて物理的物体の本性の正確な洞察に至らせたあの同じ思考方式が、この国家の場合においても何らの留保なく適用されなければならないということに尽きる。思考一般は「計算」であり、そして計算はすべて加減の演算に帰着するという彼の主張は、すべての政治的考察にも同様にあてはまる原理である。この思考方式もまた、個々人の意志を結合させている絆をまず解体し、次に自らの独自な方法でそれらを再び新しく結合しなければならない。ホッブズはこのようにして「国家状態 status civilis」を「自然状態 status naturalis」に解消した。つまり彼は思考のなかで個々人の意志のすべての絆を絶ち切って、ただ完全な敵対関係が、つまり「万人の万人に対する戦い」だけが残ることを見出す。だが他ならぬこの否定から、直ちに無条件・無制限の妥当性をもった国家法の積極的内容が引き出される。国家の意志によってのみ契約の内容が認められ、そして国家の意志は契約にのみもとづくために、契約という形式から国家意志が出現する事実が公布される。ホッブズの自然理論と国家理論をつなぐ紐帯がここに存在する。この両方はいずれも、人間精神は自らがその本源的諸要素から成立させるものに限ってのみ真正な認識を有する、というホッブズの論理的な根本前提の異なった適用にすぎない。いかなる厳正な概念構成、いかなる完全な定義も、それ故に例外なくこの点から出発しなければならない。つまり真の定義とは「因果論的」定義でしかありえない。哲学は全体としてこのような因果論的定義の総和である、と考えられる。哲学とは要するに、原因からその結果を、そして媒介項や条件の総体からその媒介された結果を完全に認識することに他ならない。

十八世紀の国家および社会理論がホッブズのこの教説の内容を何らの留保なしに受けついだことは稀であったが、ホッブズがこの理論内容を包みこんだその形式は、最も強烈な、そして永続的な影響を後代の政治理論に及ぼした。十八世紀の政治思想は、根本前提を古代および中世の思想から借りてきた契約理論にその基礎をおいていたが、十八世紀は同時にこの前提に、近代の自然科学的世界観の一般的影響によって引き起された特徴的変形を加えたのである。つまりこの分野においても同じように、「分析的」および「構成的」方法の勝利は直ちに明白となった。社会学は物理学と分析心理学を模範として形成された。コンディヤックが『体系論』で述べているようにこの社会学の方法は、相互に影響を及ぼしあう多くの部分より成る「人工の物体」として社会を認識することをわれわれに教える。そしてこの物体は全体として、そのなかの市民の或る特定の階級が自らの特権によって社会全体の均衡と調和を破ることなく、反対にそれらすべての特殊的利害が全体の福祉に同化してそれに従属するように形成されなければならない(6)。このような定式化によって社会学と政治の問題は、かなりの程度においていわば静力学の問題に転化される。

モンテスキューの『法の精神 De l'esprit des lois』もこの同じ静力学的改造を自らの最高の課題とみなした。モンテスキューは国家組織の各種の形式や類型――専制主義、立憲君主制度、共和制度等々――を単に経験的に記述し描写しようと意図したのではない。彼はそれらの形式を、それを成立させている力から構成しようと意図した。もしもこれらの力が正しい目的のために用いられなければならないのならば、そしてこれらの力を、可能な最大限の自由という要請を実現するに足る国家組織の形成に、いかなる方法いかなる手段によって役立てるべきかが示されなければならないならば、まずこれらの力を認識することが必須不可欠である。モンテスキューが示そうと努めたような自由の状態は、すべての個々の力が反対方向の力によって抑制され制限される場合にのみ可能となる。有名な彼の「三権分立」の教義は、この根本原理の首尾一貫した展開であり、その具体的な適用であった。不完全な国家形態に特徴的に見られる不断の不安定な均衡を静態的な均衡へと変えることが、モンテスキューの意図であった。そして一つの力が他の力に優越するのでなく、むしろそれらが互いに均衡しあう結果として全体が自由の最大限の余地を残すためには、個々の力を繋ぐどのような紐帯がなければならないかを彼は示そうとした。

モンテスキューの国家理論が描き出した理想はこのような「混合政府」の理想であり、ここにおいては専政主義への逆転を防止する安全弁として、一つの方向への傾斜は直ちにその反作用を引き起し、自動的に所期の均衡が回復されるような混合の形式が極めて巧妙に用心深く考案される。このような考察によってモンテスキューは、経験的・実在的な国家形式がもつ無限な多種多様性を確乎とした思考の図式に組み入れて整理できる、と信じた。この原理的な整理配列と基礎づけこそが、モンテスキューの本来的な意図であった。「私は原理を確立した。私は個々の事例があたかも自然にそうなるようにこの原理に従うのを見た。そして私はすべての国民の歴史がその結果であり、そして個々の法は他の法と結びついているか、いっそう普遍的な法に依存しているということを発見した」と彼は『法の精神』の序文で強調した。

このように理性の方式は、この分野においても自然科学および心理学におけると全く同一である。すなわちそれは観察に基礎をおいた確実な事実から出発するが、この生のままの事実にとどまるのでは決してない。事実の単なる「並存」は「有機的合成」に変えられなければならず、当初は単なる事実の羅列と見えるものも、立ち入った分析においては自らを相互依存の関係として表わし、単なる総和や集成と見えた形式は体系の形式に移行しなければならない。もちろん体系という形式は外側から個々の事実に対して押し付けられるものではなく、事実そのものから生まれるものでなければならない。あらゆる分野でわれわれが見出さなければならない「原理」、それ抜きではいかなる分野にあっても確実な認識が不可能であるこの「原理」は、思考の出発点として勝手に選び出されて無理やりに具体的経験に押しつけられ、これを型にはめるという種類のものでは絶対にない。これらの原理はむしろ、与えられた事実そのものの完全な分析がおのずからわれわれを導いていかずにはおかない一般的条件をいうものに他ならない。だから思考の道程は心理学や政治学におけると同様、物理学においても個別から普遍へと進行する。だがこの進行そのものは、前もってすべての個別的なるものがそれ自体すでに或る普遍的規則に従っていないならば、すなわち最初からこの個別的なものに普遍的な要素が含まれていわば「体化」されていなかったならば不可能であろう。

いうまでもなく「原理」なる概念自体は、十七世紀の形而上学的な大体系において意味したような絶対的性格を放棄する。それは相対的な妥当性で満足する。それは思考が自らの歩みのなかで到達した当面の究極点を指し示すけれども、同時にそれは思考がこの地点を再び棄てて越え出ることができる、という留保を表明する。この相対性に従えば、科学の原理は認識の現状と学問の形式に依存し、それ故に全く同一の命題が、一つの科学の分野では原理として、他の分野では導出された結果すなわち系として現われることもある。「だから科学上の原理を究明する途上でわれわれが立ち止まらなければならない地点は、科学そのものの本性によって、すなわち個々の科学が対象を目指す観点の相違によって決定される、という結論になる。……だからこの場合、われわれが出発点として据える原理なるものは、多分われわれには知られていない真の原理の最も派生的な演繹結果そのものであり、それ故これらは原理という名よりは結論という名にいっそうふさわしいと私は思う。だがこれらの結論がそれ自身原理である必要はない。それらがわれわれにとっての原理であり、われわれはそれをこの意味において使用しうる、という事実だけで十分なのである」とダランベールは言う。(7) ここで承認されたような相対性は、それ自身何らの懐疑主義的な危険を含むものではない。それとは正反対に、これは理性の絶えざる前進の前には堅固で越え難いどのような限界も存在せず、理性がいったん到達したかに見える目標はすべてそのまま新しい出発点となる、という事実を表現するにすぎない。

こうしてわれわれが十八世紀の思想を十七世紀のそれと比較してみても、この両者の間には厳密な意味での断絶が全くない、ということが明らかである。新しい認識理念は、十七世紀の論理学と認識論、とくにデカルトとライプニッツが準備した前提から不断に、しかも首尾一貫して発展したものである。思考方式の差異は何ら根本的な変化を意味しない。この区別はたかだか力点の移動にすぎない。次第次第に価値の力点は普遍的なものから個別的なものへ、「原理」から「現象」へと移動した。だが根本的な前提、すなわちこの二つの思考の分野にはいかなる対立矛盾もありえず、逆に完全な相互規定が存在する、という前提は——新しい全く異なった形の問題提起を行なったヒュームの懐疑論を除外すれば——確乎として存続した。「理性の自己確信」はいささかも揺らぎを見せなかった。何にもまして当時の人々の精神を完全に領したものは、合理主義にもとづく統一の要請であった。

統一の概念と科学の概念とは、つねに相互依存的であった。「すべての科学の総体は、どれほど多種な対象に適用されてもそれ自体が不変であり自己の本性を保持しつづける人間知性そのものである」とダランベールはデカルトの『精神指導の規則 Regulae ad directionem ingenii』の冒頭の基本的命題をそのまま借用して述べている。フランスの古典主義文化に典型的に見られるような十七世紀文化の内的完結性と統一性は、この世紀がこの統一の要請を押し進めてそれを精神と生活の全領域に拡大した際のあの一貫性と厳密性の産物に他ならない。科学のみならず宗教や政治や文学の領域においても、この統一の要請はつらぬかれた。「一人の王《ロワ》、一つの法《ロワ》、一つの信仰《フォワ》」——これがこの時代のモットーであった。十八世紀への移行とともに、さすがにこの統一原理の絶対主義も力を失って多少の制限と譲歩を甘受するように見えたけれども、この制限と譲歩は決して思想そのものの核心に触れるものではなかった。統一することの機能それ自身は、依然として理性の根本的機能として承認されていた。

経験的所与を合理的に秩序づけ統制することは、厳格な統一性の原理なしには考えられない。多様性を「認識する」ことは、われわれが一つの点から出発しつつ普遍的で確実な規則に従ってこの分野を歩みつくすことができるようにその構成要素の相互関係を編成することである。この「比量的」認識の形式は、デカルトによって数学的認識の根本基準である、と宣言された。すべての数学的操作は、デカルトに従えば、最終的には「未知の」

或る量と、もう一つの既知の量との比率を決定することを目指すものであり、そしてこの比率は未知のものと既知のものが、或る「共通の本性」に関係するときにのみ本当に厳密に決定される。未知と既知のこの二つの要素は量の形に還元され、そしてこの両要素は量として同じ数的単位の反復によって得られるものでなければならない。それ故に比量的な認識形態はつねに還元的性格をもつ。つまりそれは複合的なものから「単純なもの」へ、見かけ上の多様性からその根本に横たわる同一性へとさかのぼる。

十八世紀の思想はこの根本的な課題と真剣に取り組み、これを絶えず広い領域に拡張しようと努めた。この拡張作用のおかげで「算法 calcul」という概念は特殊数学的な意味を失って、単に量と数に適用されるだけのものではなくなり、量の領域から始まって純粋な質の領域をも征服するに至る。つまり質の領域もまた全く同様に、一定の確実で厳密な順序に従って一つの質が他のそれから導き出されるような相互的結合関係に立つようになる。そしてこのことが可能でありさえすればどこでも、われわれはこの秩序に関する普遍的法則を確立することによって、これらの法則が妥当する領域全体を認識し完全に展望できるようになる。こうして「算法」の概念は科学そのものの概念と同一の外延をもつに至り、多様性の関係一般が一定の基本的関係に還元されてそこから完全に規定されるような場合でありさえすれば、それはどこでも適用されるようになる。

自著の『算法の言語 La langue des calculs』のなかでこの普遍的な科学概念を初めて明

確に規定したコンディヤックは、自らの心理学においてもこの概念の特徴的な見本を作り上げ、それを効果的に適用しようと試みた。人間の精神の非物質性と霊性についてのデカルト的概念を大筋において信奉する彼にとっては、心理的経験の直接的な数学的処理が不可能であることは自明のことと考えられた。なぜならばこのような量的概念の直接的適用は、対象それ自身が部分から成り立って、それらから構成されうるような場合にのみ可能であり、従ってそれは純粋な延長と定義される物体的実体の領域では当てはまるが、「不可分な」思考的実体には適用されないからである。だが精神と物体とのこの根本的対立、この調停不可能な実体的な差異も分析的認識の純粋な機能にとっては乗り越え難い障害ではない。この機能は一切の素材上の差異を意に介しない。なぜならばその形式の純粋性と使用上の形式性によって、それは何ら特定の内容上の前提条件と結びつくものではないからである。たとえ心理的経験が物質と異なって諸部分に分割することができないにしても、思考においてはそれは構成要素へと解体されうる。この目的のためにはただ一つのこと、すなわちこのような経験的所与の見かけ上の多様性が解消されて、実はそれらのものは「心理的現象一般」の原現象という一つの共通な核心と源泉からの不断の発展の結果である事実を首尾よく立証することだけが必要である。

コンディヤックは彼の心理学の中心点に据えた有名な大理石像で、この証明を試みようとした。彼は大理石の像を仮定することによって、個々の感覚が大理石にそれぞれの特殊的な性質を次々に刻印するに従って少しずつ「生命がかよい」、次第に豊かな精神的内容を獲得していく過程を描き出している。そしてこれらの「印象」の絶えまない連続とその時間的順序は、心理的経験の全体を構成しその豊富な内容と細かいニュアンスのすべてを生み出すのに十分である、と彼は主張する。

もしもわれわれがこの種の手続きによって心理的経験を生み出すのに成功するならば、それは同時にわれわれがそれを量的概念に還元したことを意味する。なぜならば今やわれわれが心理的現実と呼び、そのようなものとして経験しているすべてのものも、実は最も簡単な感覚的知覚にも含まれている特定の基本的な質の、単なる反復と変形にすぎないことが立証されるからである。

感覚知覚は物質的世界と精神的世界との、すなわち死せる「素材」としての大理石と魂をもった生き物との間の境界線を形成する。だがひとたびこの境界線が乗り越えられれば、心理的現象の領域の内部においてはもはやこれ以上の概念規定や本質的に新しい創造は全く不必要になる。通常われわれが新しい創造行為、「高級な」精神の力として感覚に対比させるものも、実は感覚知覚の基本的要素の変形にすぎない。一切の思考や判断、一切の欲望や意志作用、一切の想像と芸術的創造の力も、質的に考察する限りでは、この基本的要素に何ら新しい本質的に異なった要素を付け加えるものではない。精神は何一つ創造し発明することなく、ただ反復し合成するのみである。だが精神は、この他ならぬ反復作用に際してほとんど無尽蔵の力を発揮する。精神は可視的な宇宙をあらゆる限界を越えて拡張する。それは時間と空間の無限の彼方に到達するが、同時に絶えず自らの内部から新しい形状を生み出すことに従事する。だがこの作用の全過程を通じて、精神はつねにそれ自らとその「単純な観念」のみにかかわるにすぎない。これらの観念は堅固な土台を形成し、その上に精神が構築する「外的」もしくは「内的」世界の全体系がそびえ立つ。精神は決してこの基礎を離れることはできない。

あらゆる心理的現実を単純な感覚知覚の変形、その単なる変成として把握しようとしたコンディヤックの試みは、その後エルヴェシウスの手によってその著作『精神論 De l'esprit』に引きつがれた。このつまらぬ非独創的な著作が十八世紀の哲学的文献に及ぼした影響は、この時代がここに自らの基本的大綱の簡潔な規定を、否、そのパロディ風な誇張を発見したという事情にもとづいている。そしてこの思考方式の方法的限界とその危険性は、この誇張にはっきりと現われている。つまりこの限界は、この思考方式が人間意識の生き生きとした豊かな内容を根底から否認し去り、それを単なる仮面、単なる仮装とみなそうとする平板化の手続きに存する。分析的思考は心理的内容からこの仮面をはぎとり、これによって心理的現実が見かけ上の多様な区分や内的差別にもかかわらず実際にはむき出しの単一性と同種性をもつことを曝露する。形状および価値の差異は消滅して、その結果この多様性が空しい幻影であったことが立証される。今や心理的現象の内部では

「下位」とか「上位」とか、「高級」とか「低級」とかの区別は何ら存在しない。あらゆるものは価値と効力において無差別であり、同一平面に属する。

エルヴェシウスはこの考察を、とりわけ倫理学の領域で展開した。因習が作り上げて入念に維持しようと努力しているこれらの人為的区別を一掃することが、彼の主要な意図であった。伝統的な倫理学が「道徳」感覚という特殊な領域の存在を説いたり、また人間のうちに感覚的で利己的な衝動を制御し抑圧すべき根元的な「思いやりの感情」があると信じたような場合には、必ずエルヴェシウスはこの種の「仮説」が人間の感情や行為に関する単純な事実にとってどれほど不正確なものか、を示そうとした。何らの偏見なしにこの現実をありのままに見つめようとする者は、このような二元論めいたものを決して見出さないだろう。いついかなる場合にも彼が見出すものは、つねに同一な、そして絶対的に画一的な心理的動機である。われわれが無私の献身とか高邁とか自己犠牲等々と呼びならわしているすべての性質は、人間本性の根本衝動たる「下級」な食欲や性欲と名前のうえでは異なっていても、実際には何の相違もないものであることを知るであろう。いかなる道徳的偉大さといえども、ついにこの水準を出るものではない。たとえ意志がどれほど高い目標を目指し、どれほど超自然的な善と超感性的な目的を思おうとも、結局それは利己主義、野心、虚栄という狭い境界を越え出ることはない。人間社会がなしとげたものは、この衝動の抑制でなく、その単なる昇華ないし掩蔽にすぎなかった。そして社会が自らの機能を正しく理解しようとする限り、これ以上のことを個々人から期待し要求すべきではない。

理論的分野の考察も全く同じ視点から行なわれる。エルヴェシウスによれば、倫理的な価値に何ら根本的な差異が存在しないのと全く同様に、理論的形式の真に根本的な相違もまた存在しない。逆にすべてのものは唯一無差別な感覚という集合へ合流する。われわれが判断とか認識、想像力とか記憶、悟性とか理性と名づけるものは、決して精神に固有な本来的・根元的な機能ではない。ここにおいてもわれわれはやはり同じような仮装を見出すだけである。われわれは、自分たちが実際にはほんのちょっと感覚知覚の表面を変形するにすぎず別の幻想をもってそれに代えるだけの場合ですら、その領域を越え出たような気になる。この幻想を克服しようとする批判の目には、すべての理論的区別もこれと同じ姿を呈する。すべての精神の作用は判断に帰着しうるし、しかも判断それ自身は個々の観念相互間の類似（convenance）と差別（disconvenance）を把握することに他ならない。ところで類似と差別の認識は、感覚的性質の知覚の場合に似た、というよりはむしろそれと全く同じものに他ならぬ本源的「識別作用」を前提とする。「二つの物のうち私が『尺』と呼ぶものは『フィート』と呼ぶものとは別の印象を私に与えるし、私が『赤い』と呼ぶ色は『黄色い』と呼ぶ色とは違った刺戟を私の目にもたらすことを、私は判断しあるいは知覚する。だからこの場合判断することは単に知覚することにすぎない、と私は結論する」[8]。見れば分かるように、ここでは倫理的価値の体系も認識の論理的階梯も根底から破壊される。要するにこの大地においてのみわれわれは確乎として揺るぎなき基礎を見出しうると信ずるが故に、これらの価値はいわば大地へと押しつぶされなければならない。

われわれがもしもエルヴェシウスのこのような基本的立場を、従来の多くの事例のように啓蒙主義哲学の典型的な内容であると考えるならばそれは誤りであろうし、またそれをフランスの百科全書派《アンシクロペディスト》の思考方式の典型だと考えることさえも同じような誤りである。なぜならばエルヴェシウスの著作の厳格な徹底的批判は他ならぬこの学派の内部で遂行され、現にチュルゴやディドロのようなフランス哲学の最もすぐれた思想家の間でこの批判は開始されたからである。だがエルヴェシウスやコンディヤックにおいて、十八世紀全体を性格づけ規定する一つの特定の方法論が出現したことはまぎれもない事実である。そしてこの思考方式には、その積極的な業績と同様に内在的な欠陥が、すなわちその勝利と敗北とがいわば予め決定されて含まれていた。

## 2

以上われわれは十八世紀の思考形式を主として解析的精神の、そしてとりわけフランスにおけるその発展との関連において考察してきた。フランスは解析術の誕生の地であり、真にその古典的な国であった。現にデカルトは自分の革命的な哲学改造を解析術にもとづいて遂行していた。十七世紀の後半以降このデカルト的精神は学問のあらゆる領域を席捲し、単に哲学のみでなく文学、道徳、政治そして国家と社会の理論を支配したにとどまらず、実に神学の内部ですら自己を主張してこれに新しい形態を賦与するほどまでになった(9)。だが哲学においても、また広く一般の精神史の領域においても、この影響は抵抗に遭わずにはいなかった。

ライプニッツ哲学とともに新しい精神の勢力が出現した。ライプニッツは単に当時行なわれていた世界像の内容を変えたばかりでない。彼とともに思考一般の新しい形式と新しい基本方向が出現した。一見したところ、ライプニッツはデカルトの事業を単純に継承し、それ自身の内に潜在していた力を解放してデカルト哲学の完全な発展を生み出したように見えた。たとえばライプニッツの数学的業績である「無限数の解析」がデカルトの問題提起からの直接的結果であり、デカルトの解析幾何学の整合的な発展にして体系的完成であるように、ライプニッツの論理学についても全く同様のことがあてはまるように見える。つまりこの論理学は数学の組み合わせにその出発点をとり、これを思考形式の普遍的科学という思想に発展させる試みである。そしてこの思考形式の理論の発展としてライプニッツが構想した「普遍科学 scientia generalis」の理想の実現は解析法の進歩からのみ期待されうる、と彼は確信した。それ以後のライプニッツの論理学的研究は、すべてこの一点に集中された。「観念のアルファベット」に到達すること、そしてちょうど整数理論においてすべての数が素数の積と考えられ表現されるのと全く同様な意味で、思考のすべての複雑な形式をその構成要素、その究極的で単純な基本的作用に分解することが彼の目標であった。

こうしてここにおいても統一性、整一性、単一性そして論理的相等性が思考の最終的かつ最高の目標を形づくるように見える。すべての真の命題は、それが厳密に合理的な「永遠」の真理の領域に属する限り、「事実上同一な命題」であり同一律と矛盾律の原理に還元されうる。ルイ・クーチュラがそのすぐれた論文でなしたように、われわれはライプニッツ論理学の全体をこの観点から見ることができるし、あるいはそれ以上に出て、論理学のみでなく彼の認識論、自然哲学、形而上学をもこの視野に含ませることもできるであろう。後者の手続きをわれわれはただライプニッツ自身の指示だけによって行なってよいように見える。というのはつねに彼は、自分の論理学および数学と形而上学との間にはなんの隙間も存しない、自分の哲学全体が数学的でありそれは数学の最奥の核心から生まれたものだ、と宣言していたからである。

だが、われわれがライプニッツ哲学の種々の部門の間に見られるこの普遍的で緊密な連関を仔細に検討してみると、われわれが今述べたこの基本的モチーフは、たとえそれが彼の思想体系の構造にとってどれほど本質的で不可欠であろうとも、必ずしも彼の哲学全体を覆い尽くすものでないことがわかるであろう。事実われわれがライプニッツの実体概念の意味と特性を深く探れば探るほど、われわれはこの概念が内容上のみならず形式上でも、或る新しい思考の傾向を表現している事実をはっきり知るのである。もっぱら同一性の原理にのみ基礎をおく論理学、換言すれば認識のすべての意義が多様性を統一性に、変化を不変に、差別を厳密な同形性に還元することにあると考える論理学——このような論理学は新しい実体概念の内容には必ずしもふさわしくないであろう。

ライプニッツの形而上学はデカルトやスピノザのそれと比べると、それがデカルトの二元論やスピノザの一元論に代えて「多元的な宇宙」をもってしたことで区別される。ライプニッツの「モナド」は算術的な、すなわち単なる数的な単位ではなく、動力学的な単位である。だがこの単位、この単一性の真の相関概念は、個別性でなく無限性である。それぞれのモナドは力の生ける中心点であり、これらモナドの無限に豊富な内容と多様性が初めて世界の真の統一を完成する。モナドはそれが活動する限りにおいてのみ「存在」し、そしてその活動はつねに新たな状態を自らのなかから生み出しながらそれへ移行することにある。「モナドの本性は実り多いという点に、つまり自らのうちからつねに新しい多様性を産出する、という点に存在する」。このようにモナドの単純な瞬間はすべて、自らの過去を含み未来を孕んでいる。そしてこれらの瞬間瞬間のどれ一つも他とは完全に同じではないし、また純粋に静態的な「性質」の同一の総和に分解されうるものでもない。

われわれがモナドに見出すこのような規定性は、むしろすべて移行の姿で把握されなければならない。モナドが認識される仕方、その合理的規定性は、われわれがたった一つの特性を基準として把握できるものでなく、むしろわれわれがこの移行の規則を把握し、モナドのこの移行の特殊的法則性を認識できるという事実にもとづく。この考え方を最後まで押し進めれば、ライプニッツの世界観を一貫して支配している根本的なモチーフが同一律のそれだということは単なる見かけだけにすぎない事実をわれわれは知るに至る。デカルトやスピノザの場合の分析的な同一律に代って、今や連続性の原理が出現した。ライプニッツの数学および形而上学の全体系はこの原理のうえに構築されている。連続性とは、多数性のなかの統一性、生成のなかの存在、変化のなかの持続に他ならない。それは変化のなか、絶えざる規定の変動のなかで初めて自らを表現するような連関、従って統一性と相並んでそれと全く同様に多様性を原理的かつ本質的に要請するような連関を意味する。

普遍と個別の関係もまたこのような新しい観点から眺められる。なるほどライプニッツもまだ無条件で論理学での普遍性の「優位」を主張しているように見える。すべての認識の最高の目的は観念の間の、判断の主語と述語の間の普遍的で必然的関係を表現する「永遠な真理」の発見に存在する。事実的で単なる「偶然的」な真理はこの論理学的範型には到達しない。これらを純粋に合理的な規定に還元してついには完全にこれらの要素への分解に成功して初めて、われわれはこれを明晰判明に認識しうるようになる。ただこの目標は有限な人間的認識でなく、神の知性によってのみ到達されうる。だが、これが人間的認識にとって依然として従うべき規範でありその導きの星である事実にはいささかの変化もない。にもかかわらず他方においてライプニッツの論理学と認識論を支配している基本的観点によれば、普遍と個別の関係は決して単なる包摂の関係ではない。われわれは個別を普遍に従属させるばかりでなく、一つが他のうちにどのように包含され基礎づけられているかを認識しなければならない。

それ故に同一律と相並んでそれと同じ妥当性をもち、同じく不可欠な真理の基準たるべき「充足理由の原理」が出現する。ライプニッツによればこれこそすべての「事実の真理」の前提をなすものに他ならない。数学が同一律に従うのと同じ意味で、物理学は充足理由律に従う。物理学は単に純粋概念の関係の確定を目指すものではない。それは観念間の一致不一致の指摘で立ち止るのではない。むしろそれは観察と感覚的経験から出発しなければならないが、他方それはこれらの観察結果を単に配列整理するだけでこれらのデータの積みかさねに終っていては無意味である。物理学が要求するものは、この種の総和ではなくて一つの体系である。そして物理学がこのような体系に到達するのは、それが「事実」の弛い接合を自分のうちで固く結びつけ、その結果これらの事実が「原因」と「結果」の総括として現われるに至ったときである。空間的並列と時間的継続は、このような操作を経て初めて真の「連関」となる。そしてこの連関のなかの各項はすべて一定の規則に従って他を規定し条件づける以上、もしも宇宙の完全な認識が可能であると仮定すれば、その場合宇宙の或る任意の状態にその現象の総体を読みとることすら可能となるであろう。

ここでわれわれはこの根本的なものの見方の特殊的な内容に立ち入らず、ただその基本概念の構造の考察のみにとどめる。この場合この新しい一般的な見方のなかで、全体という概念がこれまでとは異なるいっそう深い意味を獲得したということは直ちに明らかとなる。なぜならば把握されるべきまとまった「全体性」は、もはや構成部分の単なる総和に還元されてそれに尽くされるものではないからである。この新しい全体性は、「機械的」でなく「有機的」なものとして現われる。全体性の本質は部分の総和のうちに存在するのではなくて、それに先行して、むしろこれら諸部分の本性を初めて可能ならしめるものに他ならない。まさにこの点にこそ、モナドの統一性が原子《アトム》のそれとは決定的に区別される理由がある。原子が物質の根本的要素であるという意味は、それが物質の分割に際して最後的に残る要素だということである。いわばそれは多数性に反撥し、これ以上の分割の試みに対抗して自らの不変性と不可分性を保持しようとする「単一性」である。これに反してモナドはこのような反撥や対抗とは無縁である。つまりモナドには単一性か多数性かという二者択一は存在せず、両者の内的な相互関係、両者の必然的な相関関係のみが存在する。モナドは単なる一でもなく単なる多でもない。それは「単一性における多数性の表現 multorum in uno expressio」である。モナドは部分から成立したり部分から結果する全体性ではなく、絶えず多様な規定性を展開する全体性である。モナドの個体性はこのような絶え間なき個別化と個体化の行為において実際に証明されるのであって、しかもこの個体化という行為は、一つの全体としてのモナドがそれ自体として自己完結的であり自己充足的である、という前提のもとで初めて可能で有意味となる。だからそれらの本性と実体はこのような特殊的規定を次々に受けることで何ら弱まったり分散することなく、それぞれのモナドにおいて完全な形で保存される。

ライプニッツはこの根本思想を概念的に、また術語的用法として力という概念に総括した。実際にライプニッツにとって力は、未来の状態を目指しそれを自らのうちに含む限りでの現在の状態そのもの（status ipse praesens, dum tendit ad sequentem seu sequentem praeinvolvit）に他ならない。モナドは寄せ集められた総和ではなくて動態的な全体であり、そしてこの全体性は種々な結果の無限の多様性においてのみ自らを表わす。そして力の表現の他ならぬこの無限の多様性においてのみ、それは力の生きた中心点としての自己の同一性を保持する。

もはや単なる存在の概念にではなく純粋な活動の概念に基礎をおくこのような見解は、個体性の問題に関して全く新しい意味を賦与するに至る。分析的論理学、すなわち同一律の論理学の限界内にあっては、この問題は、個体が普遍的概念に還元されその特殊な一事例であると立証されることによってのみ解決される。一般に個体は普遍性に還元し連接することによって初めて、「思考され」、「明晰判明」に認識されるようになる。感覚知覚または直接的直観に与えられたままの個別性は、それ自体では「混乱した」ものでしかない。われわれはこの定かならぬ全体印象について、それが存在する事実を確認できるけれども、真に厳密にしかも断定的にそれが何であるかを断言はできない。この「何か」を認識する役割は、つねに普遍的な観念のために取っておかれる。この認識は類的本性の洞察から、換言すれば或る共通の特徴を確定する定義づけからのみ獲得される。要するに、個体はいわば普遍概念に「包含」され包摂されるときにのみ、「概念」されるにすぎない。

もとよりライプニッツの概念論もまだ大部分はこの伝統的な図式の内にとどまっていたけれども、にもかかわらずこの伝統的図式を決定的に批判してこれを潜在的に変形したのは他ならぬ彼の哲学であった。実際ここにおいて初めて、個体に対して自己本来の奪うべからざる権利が認められるに至った。もはや個体は単なる特殊事例として機能するのではない。それはそれ自体で本質的な、それ自体で価値のある存在を表現する。つまりライプニッツの体系においては個体的な実体は宇宙の単なる断片的部分にとどまるのではなく、或る特定の立場、或る特定の「観点」から眺められた宇宙そのものとなる。そしてこれらのそれぞれ特徴的な掛けがえのない観点の包括的な全体のみが事物の真理を形成する。多様なモナドの世界像のなかで互いに一致しあう何か或る共通な部分が存在して、この一致する部分が「客観性」の共通な核心を構成するような具合にこの真理が決定されるのでは決してない。むしろ個々の実体としてのモナドが、自らの本性に固執し自らの固有な原理に従ってそれぞれの表象を発展させながら、この特徴的な創造行為を通じて他のすべての実体の集合と関係しあい、いわば調律されることによって真理は明らかになる。それゆえライプニッツ哲学の中心思想は、個別性の概念にあるのでも普遍性の概念にあるのでもない。この二つの概念はむしろ相互に関連しあって説明されねばならない。両者は互いに反映しあい、この反映からライプニッツの体系のアルファでありオメガである調和という根本概念が生み出される。ライプニッツは『真の神秘的神学について』という論文で「われわれ自身の存在のうちには、神の本質の胚芽、足痕、象徴、そしてその真の似姿が包蔵されている」と述べている。この言葉の意味は、すべての個別的なエネルギーの最高度の発揮のみがわれわれを存在の真理へ、現実世界の最高の調和と内的充実へと導くのであって、個別的なるものの平準化、均等化、画一化がこの理想に至るのではない、という趣旨である。この根本思想の出現とともに、新しい精神的方向づけが要求されるに至った。つまり単に個々の結果が変ったのでなく、世界観全体の思想的重心が移動した。

もちろんこの内的変化は、さしあたり十八世紀の哲学にとって何ら直接的な、歴史的に目に見える意義をもつようには見えなかった。つまりライプニッツの根本思想全体は、生きた現実的な力として直接に作用したわけではなかった。十八世紀は最初ライプニッツ哲学を全く不完全な、純粋に「通俗的」な形態で受容した。当初はライプニッツの思想を知る手がかりとしては、『単子論 Monadologie』や『弁神論 Théodicée』のように外部的で偶然的な機会によって書かれ、そのためこの理論を厳密に概念的に取り扱うことなく単にそれを一般向きに書き直し短縮して論じただけのわずかの書物しか存在しなかった。認識論に関するライプニッツの主著たる『人間知性新論 Nouveaux essais sur l'entendement humain』は、一七六五年にハノーヴァにあった手稿にもとづいてラスペの手で出版されるまでは十八世紀の視野には入りこまなかったし、この書物が知られるに至ったときには、十八世紀思想はすでに大部分自らの展開と進化を完了していた。だからライプニッツの思想の影響は、全く間接的なものにすぎなかった。つまりそれはヴォルフの体系のなかで変形された形において、初めて作用したのである。だがヴォルフの論理学と方法論がライプニッツのそれと著しく異なっていた点は、ヴォルフが再び導出の多様性を可能な限り簡単で整一な図式に還元しようと努めたことである。ヴォルフは調和の観念、連続性の原理、充足理由律などに彼の体系内の特定の場所を与えたけれども、他方において彼はこれらの本来の意義と自立性を局限して、これらを矛盾律からの導出もしくは演繹として立証しようとした。

こうしてライプニッツの思想と彼の体系の根本主題は、或る種の制約を受けて十八世紀に伝えられ、いわば異質的な媒体を通って屈折した像のように出現した。もちろんこの屈折を除去してこのような局限された見方を打ち破ろうとする動きも次第に始まった。ドイツではヴォルフの最もすぐれた弟子であるアレクサンダー・バウムガルテンが、その師ヴォルフからの精神的独立性をこの分野においてもやはり見事に立証した。バウムガルテンは自分の形而上学、とりわけ美学の構想において、これまで埋もれていたライプニッツの中心概念の或る種のものに立ち帰った。ドイツにおける美学と歴史哲学の発展は、今や最初にライプニッツのモナド理論および「予定調和の体系」で叙述され提起された個別性の問題の本質的な深い把握へとわれわれを連れもどす。だが他方、未だデカルト哲学の圧倒的な影響下にあった十八世紀フランス文化のなかへも、或る種のライプニッツ的根本概念の影響は次第次第に強く浸透しつつあった。もっともこの国では、この影響は美学や芸術理論の分野には及ばなかった。実際この分野は、十七世紀の古典主義理論の勢威から脱け出ることがきわめて困難だった。

道はむしろ自然哲学と記述的自然科学に向った。そしてここでも形式の硬直した概念は次第に弛みを見せ始めた。今やライプニッツの進化理論は日増しに強調されるようになり、それは固定した種概念によって支配されてきた十八世紀の自然の体系を内側から次第に変形していった。モーペルチュイによるライプニッツの動力学の根本思想の復興や同じく彼による連続性の原理の解釈と擁護から始まって、ディドロの有機体の物理学および形而上学、あるいはビュフォンの『博物誌 Histoire naturelle』における最初の包括的な記述的自然科学の出現に至るまで、その絶え間ない進歩のあとは明白である。ヴォルテールは

『カンディード Candide』のなかでライプニッツの弁神論を戯画化したし、さらに『ニュートン哲学の基礎』についての彼の書物においても、ライプニッツの概念を非難してそれが自然科学の分野においても同様に進歩の障害になっていた、と述べている。「ライプニッツの言う不十分な理由、連続性、充足性、モナド等々の概念は混乱の種であるだけである。そしてヴォルフ氏はここから方法論的に四折版全十五巻の著作を編み出したが、この著作はこれまで以上にドイツ人の頭脳を、無数の本を読むがわずかのことしか理解しない、という流儀に引き入れるだろう(10)」と彼は一七四一年に書いた。

だがヴォルテールはいつもこの調子で判断したのではない。たとえば『ルイ十四世の世紀 Siècle de Louis XIV』でのように彼が十七世紀の精神構造を解明してその根本的な動力を理解しようとしたとき、彼はライプニッツを無視できなかった。否、逆にここでは彼はライプニッツのすべての業績の普遍的な意義を何らの留保もなく承認している。これと同様なライプニッツ観の変化は、ヴォルテール以後の世代、すなわちフランス百科全書派の間で一段と顕著に現われた。ダランベールは一方においてライプニッツの形而上学的原理に反対しつつも、その哲学的・数学的天才にはつねに極めて深い尊敬を払っていたし、百科全書でのライプニッツに関するディドロの項目は、この哲学者に対する彼の熱烈な讃辞を含んでいる。彼はフォントネルと一致して、ドイツはこの一つの精神によって、ギリシアがプラトンとアリストテレスとアルキメデスという三つの精神によって獲得した一切の光栄に匹敵するものを獲得した、と述べている。

もとよりこのような個人的な賞讃から、ライプニッツ哲学の原理のより深い理解に至る道はなお遥かであろう。だがもしもわれわれが十八世紀の精神構造全体に通暁してその構造を理解しようとするならば、われわれはこの時代に合流する二つの思想の流れを明確に区別せねばならない。すなわち解析の古典的なデカルト的形式と、ライプニッツに始まる哲学的総合の新しい形式は、今や互いに作用しあって統合されるに至る。「明晰判明な概念」の論理学から、「起原」の論理学、「個別性」の論理学へと道は開けた。すなわちそれは、単なる幾何学から力学と力学的な自然哲学へ、「機械論」から「有機体論」へ、同一性の原理から無限性と連続性と調和の原理へと進む道であった。この二つの傾向の根本的な対抗のなかにこそ、十八世紀の思想が解決しなければならなかった重要な精神的課題が横たわっていた。そして十八世紀はその認識論や自然学において、その心理学や国家および社会理論において、その宗教哲学や美学において、さまざまな角度からこれらの課題と取り組んでいった。

# 第二章　啓蒙主義哲学思想に現われた自然と自然科学

## 1

近代的世界像の創出と形成に自然科学が果たした意義を評価しようとする場合、自然科学がこの世界像の内容に付加し、そしてそれによってこの世界像を決定的に変革するに至った個々の特徴をわれわれが考察するだけに終るならば、それは決して十分ではない。確かにこの影響は、ほとんど測り知れぬほどの大きい規模に見えるけれども、自然科学のなかから生まれ出たこの変革力の全貌は、決してこのような外延の大きさだけで表わされない。科学の果たした決定的な役割は、むしろこれとは別の面に存在する。すなわちそれは、科学が人間精神にもたらした新しい客観的な内実よりも、実はわれわれにそれが開示してくれたその新しい機能の点に存する。自然科学は対象的世界のなかだけに突き進んだのではない。同時にそれは人間精神が自ら自己を認識する際の媒体として役立った。こうしてここに、新しく目覚めた自然科学が単なるその素材の拡大によって人間の知識を豊富にしたという以上に、さらに重要で意義深い一つの動きが開始される。

すでに十六、七世紀から、これらの素材が無限の増大を示す事実は知られつつあった。古代・中世の世界観の硬直した形式は崩壊し、もはや世界は直観によって直接的に把握されるべき事物の秩序という意味での「宇宙《コスモス》」たることを止めた。空間と時間は無限の彼方へ拡大する。それらはもはやたとえばプラトン哲学における規則的な五つの天体の理論や、アリストテレス哲学における宇宙の階梯の理論に表わされるような、古代宇宙論の固定した構図では絶対に把握されないし、かつまた有限的な数量によって尽くすこともできない。一つの世界と一つの存在という見方に代って、たえず生成の胎内から新しく生まれ、そしてその一つ一つの世界はそれぞれ宇宙の無尽蔵の生きた過程の単なる束の間の一局面に過ぎない、というような無限に変化する世界が登場する。

だが変革の重要な面はこのような無制限な拡大にあるのではなく、むしろ精神がこのような拡大作用を通じて自分自身の有する新しい力を自覚するようになった、という点にある。すべての外延的な拡大は、同時に新しい内包性、新しい集中作用を自らのうちに生み出すのでなければ何一つ効果を生み出さず、結局は精神を空虚にするだけであろう。精神に自己の固有な本性を自覚させたものは、まさにこの内包性に他ならなかった。精神の最高のエネルギーとその最も深い真理性は、それが無限の彼方へ出て行くのではなくて、むしろこの無限性に対して自己を主張しうることに、すなわち精神の純粋な統一性が存在の無限性に匹敵する力を発揮する点に存在する。

すでにジョルダノ・ブルーノはこの新しい世界感覚を最初に極めて明確に表現して、自我と世界、主観と客観の関係をこの意味において確立した。彼にとって生成の無限の過程、すなわち絶えずわれわれの眼前に展開されるこの世界の偉大なる景観は、実に自我が自己の内部にのみ発見しうる最も深い意識の確証であった。われわれに無限への道を開いてくれるものは、理性の力のみである。理性はわれわれに無限者の存在を確認させ、われわれがそれを数量的に捕捉することを可能にする。数量的に捉えることは、決して無限性の領域を限定することを意味しない。むしろそれは、無限をその包括的・普遍的な法則性において認識することである。思考のなかで発見され定式化されるこの宇宙の普遍的法則性は、直観的に経験された宇宙の無限性に対応する必然的な相関概念に他ならない。それゆえ精神史的に見ればこの新しい自然観は、二重の動機によって発生し、見かけは対照的な二つの力によって形成される。つまりこの自然観のうちには、個別的、具体的、事実的なものを目指す衝動と同時に、絶対的な普遍性を目指す衝動が存在した。すなわち一方の根本衝動はこの世界に全力で固執しようとするものであり、他のそれはこの世界を超出してその本来的な地点からこの世界を俯瞰しようとする。感覚的欲望と感覚的喜悦もこの点で、自らを一切の現実的所与から解放して可能性の国を目指して自由な飛翔を試みようとする精神の力と結合した。ルネサンス以来次第に明確な形をとって現われ、のちにデカルト、スピノザ、ライプニッツのような十七世紀の大体系に自らの哲学的基礎と正当化の根拠を求めたような近代的自然概念は、何よりもこれら感性と理性、経験と思考、感覚的世界(mundus sensibilis)と叡知的世界(mundus intellegibilis)の間の新しい関係によって最も特徴的に表わされる。

だが自然科学の方法論におけるこの変化は、同時に純粋な「存在論」の内部における決定的な変化を含むものであった。つまりそれは、これまで存在の秩序を測定してきた尺度を改変してしまった。中世においては、存在の建築術を模写してその基本的輪郭を明確に描き出すことが他ならぬ思考の課題であった。スコラ哲学において完成された中世の宗教的体系では、現実のすべての個々の局面に応じた固定的で明確な位置が割り振られ、しかもそれらの価値はこれらの場所が第一原因たるものから隔てられる距離の大小によって一義的に決定される。ここにはいかなる懐疑の余地もありえないし、またあってはならない。思考はこの犯すべからざる秩序を生み出すのでなくそれを受け入れるにすぎないから、すべての思考は自らがこの不壊の秩序内での自らの安全を意識するのである。神、精神、世界の三つは存在の大きな軸点を形成し、認識の体系はそれに応じて整備される。

自然の認識はこの体系から除外されるわけでは決してないが、最初からそれは存在の或る特殊な領域に局限されている。それはこの領域を踏み越えようとすれば、必ずや自己の姿を失う、つまりこの定められた境界で道を照らしている光を見失うに至る。「自然」の認識とは「被造物」の認識と同義である。すなわち有限な、創造された、従属的なものにも可能である限りでの認識であり、従ってそれは感覚的かつ有限な対象のみを内容とする。このようにこの種の認識には、主観的のみならず客観的な制約が存在する。もとより特に中世的思考においては、自然認識は決して物理的・有形的な、すなわち物質的な存在と一致するわけではない。物体的世界およびその作用力についての自然的認識があるのみならず、法の、国家の、そしてさらに宗教およびその根本的真理に関する自然認識もまた同様に存在する。

そもそも自然的な認識の範囲は、その対象によってでなく起原によって規定される。どのような内容に関係するかを問わず、認識はすべてそれが人間理性からのみ生まれて他のいかなる確実性の基礎にも依存しない場合には、ひとしく「自然的」である。だから「自然」は或る種の特定な対象領域を意味するよりも、むしろ認識、つまり現実把握の或る一定の地平を意味するのである。自然の世界には、自然の光（lumen naturale）の視界にあるすべてのもの、すなわち自然的な認識の力以外の何らの助けによらずに理解され確証されるすべてが含まれる。

この意味において「自然の王国」には「恩寵の王国」が対置される。前者が感覚知覚およびそれと結びついた論理的判断ならびに推論、もしくは悟性の比量的使用を媒介としてわれわれに伝えられるに反して、後者は啓示の力によってのみわれわれにもたらされる。

この場合、信仰と認識、啓示と理性の間には必ずしも対立があるとは限らない。盛期スコラ哲学の厖大な体系は、この両者を調整してそれらを内容上互いに調和させることを自らの主要な課題とみなした。恩寵の王国は自然の王国を決して否定はしない。恩寵はいわば自然の上に聳え立って、それを覆うものであるとしても、それは自然の純粋な存在性そのものには全く干渉しない。「恩寵は自然を破壊せずして完成させる gratia naturam non tollit, sed perficit」。

だが、自然の真の完成が自然そのものに求められず自然の彼方に求められねばならない、という事実は依然として変りはない。科学も道徳も、法も国家も決してそれ自身の基礎に依拠できない。それを完成させるために或る超自然的な補強がつねに必要となる。つまり最初から「自然の光」は、それ自体いかなる固有な真理も含んではいない。この光は闇に蔽われており、自然は自らの努力だけではもとの状態に復帰することができない。確かに中世思想にあっても理論的および実践的に、神の法則と相並ぶ自然法則の独自な、相対的に自立的な領域、つまり人間理性が参加し人間理性が支配しうる領域が存在した。だがその場合にも、やはり「自然の法 lex naturalis」は「神の法 lex divina」に到達するための出発点であり前段階であるにすぎず、後者のみが原罪によって失われた人間本来の認識能力をわれわれに回復しうる。理性は依然として啓示の下婢として（tanquam famula et ministra）とどまらねばならない。自然の精神的・心理的な力の領域内においてすら、理性は啓示を目指しそれへの道を用意するにすぎない。

ルネサンスの自然観は、このスコラ哲学の時代からずっと生き残って現に十六、七世紀の初期プロテスタント神学の基底にあって何の疑点も挟まれず存続してきたこの世界観を、二つの角度から攻撃した。自然のこの古い概念を破壊する点で先頭を切ったのが、このルネサンスの自然哲学であった。[1] この哲学の根本原理と目的は次のこと、すなわち自然の真の本性は創造されたものの領域、つまり所産的自然（natura naturata）にではなくて創造するものの領域、つまり能産的自然（natura naturans）に求められなければならない、ということに帰する。* 自然は単なる被造物以上のものであり、そして自然そのものには神の作用する力がみなぎっているから、それは神の本源的な実在に参与できる。これによって創造者と被造物という二元論は止揚された。自然はもはや単なる被動者として神聖な動かし手に対立させられるのでなく、むしろそれ自らの内側から働く本源的な造形原理である。自己形成と自己発展のこの能力は、自然のうちに神の似姿を刻印する。この場合に神はもはや、起動的原因として自らと異質な素材に干渉し外部から影響する力としてではなく、むしろ神そのものが運動のうちに入り込んでその内部に直接的に現存する、と考えられるに至る。このような「現存性」は神のみにふさわしいことである。「神はまわりを動いて諸事物を導く外的な叡智ではない。神の胸のなかに生きるすべてのものがそれぞれ運動すると考えるよりも、神が運動の内的原理であると考えることが遥かに神に似つかわしい。これこそ神自らの本性であり姿であり魂に他ならない」。自然の概念の徹底的な変貌は、このジョルダノ・ブルーノの言葉に明らかである。自然は神の域にまで高められ神の無限性に溶け入っていくように見える。

だが同時に他方では、自然は個々の対象の個別性、自立性、特殊性をも意味した。それぞれが独自な作用中心点であるこれらの個々の事物から発するこの特徴的な力は、個々の存在がもつ掛けがえのない値打の、すなわち存在世界全体のなかで個々の物が自らに要求する「品位」の基礎をなすのである。

今や「自然」という言葉はこれらすべての事柄を含むようになった。つまりそれは、すべての部分を作用と生命の一つの包括的な全体性のもとへ帰属させるが、それは決して単なる全体への従属ではない。なぜならば、部分は全体の内部に存在すると同時に全体に対して自己を主張することによって、個体性と必然性から構成される一つの特殊存在をなすからである。個々の事物が従っている法則は、見も知らぬ他の立法者によって課せられたり押しつけられるのとは逆に、その法則はこれら個体そのものの存在に基礎をもち、それにもとづいてのみ十全に認識されうる。この帰結とともに、すでに第二の重要な一歩が踏み出される。

ここにルネサンスの動態的な自然哲学から数学的な自然科学への移行が決定的に遂行された。すなわち数学的自然科学もまた完全に法則性という基礎概念が成り立つに至り、そして今やこの法則の概念が一段と厳密に規定された意味を獲得するに至った。事物の本質がそれによって決定される作用法則を単におぼろげに感じとるのではなく、この法則を精密に認識することが、つまりそれに共感することのみでなくそれを明晰な概念で表現することが今や厳格な要請となる。このような要請に答えるものは感情でも感覚知覚でも想像力でもない。個別と全体の間の、「現象」と「観念」の間の連関が今までに試みられなかった新しい方法で追求される場合に初めて、これらの要請は叶えられるであろう。

感覚的観察は厳密な測定と結合され、この両者から自然理論の新しい形式が生まれなければならない。この理論も、ケプラーやガリレイがそれを確立した際には、未だ偉大な宗教的衝動で充たされ、その力によって推進されていて、理論が目指した目標は以前と全く同様に、自然の法則性に自然の神的性格のあかしを見出すことであった。だが他ならぬこの基礎的な宗教的感情のために、この自然理論は在来の信仰形態と不可避的に鋭く対立せざるをえない。

近代の数学的自然科学の精神の隆々たる興起に対して教会が挑んだ戦いの意味は、ひとたびこの観点から眺めれば極めて明白なものとなる。教会が躍起になって抵抗した相手は、単なる個々の科学的研究成果などでは絶対になかった。これらの研究成果と教会の教義の間では、調整もまんざら不可能ではなかったであろう。実際ガリレイ自身、長い間このような調整が可能だと信じて一途にそれを心がけた。だが結局彼が失敗に終った理由は、彼自らが悲劇的な思い違いをして、調整しようと努力した当の対立物の所在を全くあらぬ方角に求めたこと、そして彼自身の業績のなかで遂行されたこの方法的精神の革命的な変革を彼自身が十分に自覚しなかった点に存する。だから彼はこの古いものとの対立を究極的な根元において捉えず、単にそれから引き出される派生的・間接的な結論の調整と適応に腐心した。だが実際に教会の支配的権威が全力をあげて阻止しようと努めたのは、新しい宇宙論ではなかった。単なる数学的な「仮説」としてならば、教会はコペルニクス体系であろうとプトレマイオス体系であろうと、ひとしく受け入れることもできただろう。だが断じて許容できぬもの、教会制度の基礎そのものを危うくするものは、ガリレイが告げ知らせた新しい真理概念に他ならなかった(2)。

啓示の真理と相並んで、今や固有で本源的・自立的な自然の真理が出現した。この真理は神の言葉のうちにではなく神の仕事のうち、神が作った事物に現われる。それは聖書や伝説の記述にはもとづかず、いついかなる場合にもわれわれの眼に見える形で現われる。もちろんそれは自然の筆蹟を知りそれを解読しうる者にして初めて読みとることができる。自然の真理は通常の言葉によっては表現されない。ただ一つそれにふさわしい表現は、数学的な表記、すなわち数と図形による表記に他ならない。だがこの記号によって自然は、自らの完全な形式と整一的な完結性と完璧な明確さをわれわれに明らかにする。言葉による啓示はこれほどの明確さと透徹性、これほどの一義性と精密さの域には、絶対に到達できない。実際に言葉そのものは、あくまでもさまざまな解釈の余地を残す多義多様なものである。言葉の意味の解釈は人間がする仕事であり、従ってその結果は必然的に断片的にならざるをえない。ところが自然においては、宇宙の全設計図は確たる不壊の統一した姿でわれわれの眼前に横たわり、いわば人間精神がそれを認識し定式化するのを待っている格好である。

そして十八世紀の判決によれば、今やこのような人間精神がついに出現した。ガリレイが要請したものはニュートンにおいて現実となって現われる。ルネサンスが提起した問題は驚くべき短時日のうちに決定的な、そして究極的な解決を見出したように見えた。ガリレイとケプラーは自然法則の概念を、その内容の幅の点でも深さの点でも、また根本的な方法の意味においても確かに正しく理解してはいたけれども、彼らはこの法則の具体的適用を単なる個別的な自然現象、つまり自由な落体とか遊星の運動とかに見出したにすぎなかった。ここには依然として疑念が入りこむ余地が存在する。つまり自然の一特定部分を支配していることが立証されたこの厳密な法則は実は自然全体を支配していて、全宇宙が数学的認識の厳密な概念によって適合的に把握されうる、という証明はまだ成立していなかった。この証明はニュートンの業績によって達成された。もはやここでの問題は、特殊的な自然現象、すなわち或る特定の局限された領域の現象を規則と秩序に還元することではない。宇宙の「基本法則」そのものの確立とその明確な定式化こそが問題であった。このような意味での基本法則は、ニュートンの万有引力の理論によって達成され確立されたように思われた。人間的知性は初めてここで決定的な凱歌を奏し、自然の根元的な力に匹敵しうる認識の根元的な力がここに発見された。十八世紀はすべてニュートンの業績を、この意味において理解し評価した。

十八世紀はニュートンを偉大な経験論的科学者として尊敬するだけではない。十八世紀はくりかえして次のこと、つまりニュートンは自然に関してばかりでなく哲学に関しても、確実で永続的な規則をもたらしたということを強調した。ニュートンが自然科学のなかで発見し、この知識分野で末永く確立したいわゆる「哲学の規則 regulae philosophandi」、すなわち研究の準則は、彼の個々の研究成果よりも格段に重要な意味をもつ。ニュートンへの十八世紀の無条件な感嘆と尊敬の念は、彼の業績の意味をこのように把えたことにもとづいている。ニュートンの業績が比較を絶して偉大であるといわれるのは、単にその研究成果やそれの目指す目標によってではない。この目標へ到達するまでの手続きこそは真に偉大であった。ニュートンこそは自然科学に向って、恣意的・幻想的な仮定から明晰な概念への、闇から光への道を示した最初の人物である。

自然と自然法則は夜のうちに埋もれていた。
神が言った『ニュートンよ、生まれよ』と。——するとすべてが光となった。(3)

このポープの詩行には、ニュートンに対して啓蒙思想が捧げた尊敬の特質が最も簡潔に表現されている。ニュートンのおかげで啓蒙思想は、自らが今こそついに確たる地盤に立つことが可能となり、自分たちは将来のいかなる自然科学の革命によってももはや決して揺らぐことなき基礎をここに発見した、という自覚をもつことができた。自然と人間的認識の相互関係は今や最終的に確立され、この両者を結ぶ絆は今後は二度と断ち切られない。この相互関係に立つそれぞれの項はまったく自立的であるが、まさにこの自立性のために両者は完全な調和関係に立つ。人間のなかの自然は、いわば宇宙のなかの自然を進み迎えることによってそこに自らの本然の姿を見出すわけである。どちらか一方を見出したものは、必ずや他の一方の存在にも気がつくであろう。すでにルネサンスの自然哲学は自然という言葉によって、事物を外側から捕捉するのでなく事物の本性から由来して事物に本来的に備わっている法則を理解していた。

自然は事物のなかに植えつけられた力であり、
森羅万象が自らの固有の道を歩む際に従う法則以外の何物でもない。(4)

この法則を発見するためには、われわれは自分自身の表象や主観的想像を自然のなかへ持ち込んではならない。むしろわれわれは自然自らの進行を追跡し、それを観察や実験、測定や計算を通じて確定しなければならない。だがここでの計測の基本的尺度は、感覚的データのみから引き出されるのではない。それらの尺度は比較、計算、結合、区別などのような知性の本性を構成する普遍的機能全体から生み出される。

こうして自然の純粋な自立的法則性には、悟性の自立が対応する。啓蒙主義哲学は一つの精神的解放の過程で、自然の自立性と悟性の自立性とを同時に立証しようと企てる。今やこの両者はその本然的な姿において認識され、この本然の姿において互いに固く結びつけられなければならず、この両者を何らかの超越的な力あるいは超越的な存在によって媒介する試みは、今後全く不用となる。この種の媒介物は自然と精神のつながりを強化するどころか、この媒介物の本性についての複雑な問題や疑問を引き起すことで逆にこのつながりを弛め、あげくの果てにはそれを完全に切断してしまうであろう。現に近代の形而上学は機会原因論の体系においてこのような両者の切断を実際に行なった。つまりそれは自然の自立的作用と精神の自立的形態とを最高の神聖なる第一原因のために犠牲にした。このような超越性への退却とは逆に啓蒙主義哲学は、自然にとっても精神にとってもひとしく純粋な内在性の原理を宣言する。両者はそれ自らの固有な本性によって把握されなければならず、そしてこの本性は断じて暗い神秘的な、悟性が近づきえぬ何ものかではない。むしろ悟性が自らのうちから引き出すが故に自らの手で系統的に説明ができるこれら各種の原理こそ、この本質を形づくるものである。

自然科学的認識が啓蒙主義時代のあらゆる思想に及ぼした無限に近い勢威は、以上のような根本的見地から説明されるであろう。ダランベールは十八世紀を哲学の世紀と名づけたけれども、全く同じような根拠と自負をもってそれはしばしば自らを自然科学の世紀と名のった。

自然科学の研究組織はすでに十七世紀に大幅に発展しており、それは一定の内部的完成の域に達していた。一六六〇年におけるイギリスの「王立協会 Royal Society」の創設は、あらゆる種類の自然科学研究の確乎たる一中心を作り上げた。* それは以前から個々の科学者の自由な寄合いとしての「見えざる大学 invisible college」として存在していたものが、この年の国王の創設勅命によって国家的な公的な組織となっただけである。そしてこの協会は当初から、或る特定の方法論的見地を代弁していた。それはつねにくりかえして、物理学ではあらかじめ経験的な検証に耐えて実験によって真だと認められていない概念は受け入れることができない、と強調した。

ここに始まった運動は直ちにフランスへ伝わり、この国においては一六六六年にコルベールが設立した「科学院 Académie des Sciences」に最初の足場を見出した。だがこの運動は十八世紀に入って初めて、すべての精神生活の分野で十分な幅と効果をもちうるようになった。この時代に入るや否や、この運動は大学や研究機関の枠を越え出るに至った。

それはもはや単なる学問的興味の問題を越えて、すべての文化の最も重大な関心事となった。今や経験科学の研究家や数学者や物理学者のみならず、精神科学のあらゆる領域において新しい方向を目指して努力していた思想家たちも、残らずこの運動に巻き込まれた。これら諸科学の革新とそして法、社会、政治、さらには詩作の精神に対する一段と深い洞察でさえも、自然科学の偉大な手本を不断に見習わない限り不可能のように思われた。

自らの一身のうちにこの自然科学と精神科学の結合を実現しただけでなく、その著作『哲学綱要』のなかでこの結合の基礎原理を最も明確に規定したのは、やはりダランベールその人であった。「自然科学は日に日に新しい富を蓄積するし、幾何学は自らの領域を拡大することによって隣接する物理学の分野に光明をもたらした。世界の真の体系がついに発見された。……要するに、この地球から土星まで、天体の歴史から昆虫の歴史まで、あらゆる分野で自然科学は革命された。そしてそれとともにその他のすべての科学も、新しい様相を呈し始めた。だが自然科学によって生み出されたこの精神的高揚は、自らの枠内でとどまりはしなかった。それはあたかも奔流のように堤防を破壊し、あらゆる分野にほとばしり出た。世俗的学問の原理から啓示の基礎に至るまで、形而上学から趣味の問題まで、音楽から道徳まで、神学者たちのスコラ的論争から経済的問題まで、自然法から実定法まで、要するにわれわれに最も直接に関係する諸問題から、まだ当面は間接的に関係するだけの問題まで、あらゆる問題が議論され分析され、少なくとも論及された。多くの対象に投げかけられた新しい光明、それとともに発生した新しい暗黒、それがこの精神の普遍的運動の果実であり成果であった。それはちょうど潮の干満の作用が多くのものを海岸に打ち上げ、他の多くのものを運び去るのと同様である」[5]。

十八世紀の著名な思想家で完全にこの根本傾向の影響外にあったものは一人もない。ヴォルテールは彼自らの創作や哲学的随想によってでなく、彼のニュートン擁護の論文『ニュートン哲学の基礎 Éléments de la philosophie de Newton』によって、フランスにおいて新しい時代を画した。同様にディドロの著作には生理学の理論を扱ったものがあり、ルソーの著作には化学の基本法則についての論文が存在する。モンテスキューの最初の著述は物理学および生理学の問題に関するものであり、彼がこの研究をそれ以上続けなかったのは若い頃からの眼病がこの頃悪化して彼の科学的観察を困難ならしめた、という単なる外的事情によるものらしい。彼は若い時代の彼に特有な調子で次のように言う。「言ってみれば自然は、長期間自分たちの最も大事な宝を守り通してきたが、この毅然たる態度で守りぬいてきた宝を一瞬に奪い去られてしまった乙女のようなものだ」[6]と。十八世紀全体が次のような確信、つまり人間の歴史上今や初めて、注意深く秘められた自然の秘密を奪い去る時期がついに到来したのであり、今後はもはや自然を暗黒に委ねてそれを解き難い秘密だと驚嘆するのでなく、それを知性の明るい光に照らし出し自らの根元的な力を用いて分析しなければならない、という信念に貫かれるに至った。

だがこのことの達成のためには何よりもまず、神学と物理学を結びつけている紐帯を最終的に断ち切ることが必要であった。この結び目はすでに十八世紀にはかなり弛んでいたけれども、まだ完全に切り離されてはいなかった。聖書の権威は純粋自然科学の分野においてすら、未だ極力擁護されていた。ヴォルテールが「聖書物理学」に対してくりかえし浴せた嘲笑は今日のわれわれには時代おくれの皮相なものに見えるけれども、当時この嘲笑が極めて危険で手強い敵を相手になされたという事実を*、公正な歴史的審判は忘れてはならない。正教的信仰は逐語的霊感（inspiratio verbalis）の原則を決して放棄したのではない。自然に関する真正な知識は天地創造についてのモーゼの説話のうちに含まれており、従ってこの内容の大筋は他からとやかく言われる筋合でない、という論理がこの原則のうちに存在した。神学者ばかりでなく物理学者や生物学者も、この学問を擁護し解釈することに努めた。一七二六年にはイギリス人デラムの著作『物理的神学 Théologie physique』のフランス語訳が現われ、つづいてデラムの『天文神学 Théologie astronomique』、ファブリキウスの『水の神学 Théologie de l'eau』、レッサーの『昆虫の神学 Théologie des insectes』等が現われた(7)。ヴォルテールはこれら神学的物理学上のいわゆる業績なるものに対し戦闘を挑んだばかりでない。何よりも彼はこれらの物理学を方法論的に撃破し、それが神学的精神の奇怪な産物であり信仰と科学が生んだ雑種である、との論難に努めた。「或る著者は物理学の論証によって私に三位一体を信じこませようと努めて、神における三つの位格は空間の三つの次元になぞらえられると言い、別の著者は私に化体の秘蹟が手に取るように分かりやすく論証されうる、つまり偶有性が本体なしにも存在することを運動の基本法則にもとづいて立証できる、と言う始末である」。だが神学と物理学との明晰な方法的区別は、ようやく認められ始めた。

この問題においては地質学が、世界創造に関する聖書記述の年代的図式を打ち破ることによって先頭に立った。すでに十七世紀においても、とりわけこの図式への攻撃が集中されていた。フォントネルは天体の不変性への古代人の信仰を、自分の記憶する限り園丁が死んだことはないと言いはる薔薇の花のようなものだ、と断じた。このような批判は特定の経験的な事実、なかんずく古生物学上の発見によってその正しさが裏づけされてからはいよいよ激烈になった。トマス・バーネットの著作『地球の聖なる理論 Telluris sacra theoria, 1680』と『哲学的考古学 Archaeologia philosophica, 1692』は聖書の世界創造の記述の客観的真理を立証する努力であったけれども、彼でさえこの目的のためには逐語的霊感の原則をはっきり放棄して、それを寓話的に解釈することで聖書のなかの時間の単位を完全に無視せざるをえなかった。聖書における天地創造のそれぞれの日に代えて時代という単位が当てがわれ、それぞれの時代には経験的諸発見の事実に適応する適当な時間的長さが振り分けられる。その後ビュフォンの偉大な著作『自然の諸時代 Epoques de la nature』において、この観察方式は科学的研究の究極的な原則にまで高められた。ビュフォンは神学との論争を好まなかったので、彼の著作に最初の攻撃が及んだ際にソルボンヌの決定に従った。だが天地創造の説話についての彼の沈黙は実際、はっきりした宣戦布告以上に雄弁であった。つまり今や初めて、あらゆる種類の宗教的独断から離れ、観察事実と自然科学理論の普遍的基本原理のみにもとづいた物理学的な世界史記述が出現した。このことによって伝統的体系は決定的な破綻に導かれた。そしてヴォルテールの多忙な精神は半世紀以上にもわたるその著述活動において、この古い体系全体を一つまた一つとすべて破壊し去ってしまうまで止まるところを知らなかった。

実際このような破壊作業は、新しい物理学の構築のための不可欠の前提であった。つまりようやく今初めて科学は、はっきりした意識をもってかつてのガリレイに対する裁判を再び取り上げたわけである。科学はそれ自らの法廷へガリレイを召喚し、科学自らの基本原理に従って彼への判決を下すに至る。そしてこの判決は、それ以後いかなる立場からも再び本気で異議を申し立てられることがなかった。敵側すらも結局は無言でそれに承服した。これは啓蒙主義哲学が収めた最初の偉大な勝利であった。啓蒙主義はこの点において、ルネサンスが着手した事業を完成した。つまりそれは、合理的認識のための一つの確乎たる領域を、すなわちその内部ではいかなる妨害、いかなる外的権威の強制も存在せず、合理的認識が思う存分自由に活動できる領域を築き上げた。そしてこの自由にもとづいて初めて、合理的認識は自らの本性の、そして自らに内在する能力の完全な自覚に到達することができた。

## 2

フォントネルはその著作『世界の複数性についての対話 Entretiens sur la pluralité des mondes』のなかで、自然の事象を大舞台で演じられる演劇と比較することで、デカルト哲学の世界像を説明している。平土間に坐っている観客の眼前には、さまざまな順序で出てきてまた消える事象の系列が展開する。彼はこれらの事象を眺めることに熱中し眼前の光景の豊富さに気を取られて、それらがいかにして作り出されるかを気にかけたりしない。だがたまたま観客のなかに機械を扱う心得がある人物が混っていたならば、彼はこのような光景を眺めるだけでは満足しないだろう。彼はこの絶えず変化する光景を生み出している機械仕掛を見抜くまで満足しないはずであり、実は哲学者の態度もこの機械技師の態度と同様である。だがこの場合は事態がいっそう困難になる事情がある。つまり自然が絶えず生み出す舞台にあっては、その機械仕掛が自然によって注意深く隠されていたので、われわれがこの秘密の発条《ばね》を突きとめるのには何世紀もかかった。近代科学が初めてこの自然の舞台裏をのぞくことを許された。科学は現象それ自体ばかりでなく、それを動かしている歯車装置をも見究めた。そしてこのような洞察が芝居の魅力を減殺するどころか、むしろ舞台の価値はこの発見によって格段に高められた。宇宙の運動を規整しているこの仕掛の洞察は自然を単なる時計仕掛に還元する結果になって、それ故それは自然の品位をおとしめるであろうと多くの人が信ずるならばそれは誤りである。「私は自然が時計仕掛に似ていることを知れば、いっそうそれをすばらしいものと思う。このようにすばらしい自然が、これほどまで簡単な仕掛にもとづいていることはおどろくべき事実である(8)」。

フォントネルのこの比較には、単なる気のきいた機智以上のものがある。実際にそれは十七世紀の自然科学の全体的構造にとって決定的に重要な一つの考え方を含んでいる。デカルトの自然哲学は、この考えにその形式と普遍的適用を与えたものであった。われわれが自然を単に諸現象の総和とみなしたり、自然事象のもつ空間的広がりやその時間的継起のみを眼中に入れる限り、自然の正しい理解は不可能である。われわれは現象から原理へとさかのぼることが大切であり、そしてこれらの原理は普遍的な運動法則においてのみ発見されうる。いったんこれらの法則が発見されて厳密な数学的表現を受けるならば、ここにすべての将来の認識の道は開けることとなる。われわれは自然の全体性を通観して宇宙の最奥の構造を把握するためには、単にこれらの法則に含まれているものを完全に発展させればそれで充分である。

デカルトの『宇宙論』は、まさにこのような根本的な理論構想の実現として意図された。「私に物質的素材を与えよ。そうしたら私はそれで宇宙を作って差し上げよう」というのがデカルトのモットーであった。* 思考はもはや世界を単に経験的な所与として受けとることで満足しない。それは今や宇宙の構造に肉迫し、さらにこの構造を自らの素材で作り出すという任務を自らに設定するに至る。思考は自らのもつ明晰判明な観念から出発することによって、あらゆる現実世界の範型をそれらのなかに見出す。思考が依拠する数学的原理の明証性は、思考を自然の全領域において確実に導く。なぜならばここには一つの確乎として定まった道が、すなわちそれ自体完結したただ一つの演繹の連鎖が存在し、それは自然事象の最高にして最も普遍的な第一原因から始まって個々の自然法則やあらゆる個々の極めて複雑な結果にまで通じているからである。明晰判明な観念の領域と事象の領域の間、あるいは幾何学と物理学の領域の間には何らの境界も存在しない。物体の実体性が純粋な延長に存在する以上は、この延長に関する認識である純粋幾何学はそのまま物理学の主人である。幾何学は物体的世界の本性とその普遍的な根本性質を厳密な定義に表現し、ここから始まる思考の不断の推論によって個別的・事実的なものの規定にまで進みゆくわけである。

　だがデカルト物理学のこの壮大な構想は、経験的な検証に耐えることができなかった。デカルトがこの道を進んで行けば行くほど、そして自然の特殊現象に接近すればするほど、彼はますます増大する困難に逢着した。そして彼はこのような困難を克服するために、次から次へと新しい一段と複雑な機械論に訴えざるをえず、それ故に彼はますますこの仮説の網の目に巻き込まれていった。

この繊細に織りなされた織物はニュートンの手によってずたずたに切断された。同じくニュートンも自然のなかに普遍的な数学的原理を発見しようと努力したが、彼は物理学が完全に幾何学に還元されうるとはもはや信じなかった。彼はむしろ物理学の研究の独自な機能と特殊な性格を承認し、そしてこの特性を実験と帰納的推理の方法で基礎づけた。物理学的研究の過程は、上から下へ、つまり公理や原理から事実に至るのでなく、その逆に後者から前者へ進むべきである。われわれは事物の本性に関する一般的な仮定から始めて、次にそこから個々の事象の認識を引き出すという流儀を取らない。われわれはむしろ直接的観察によって与えられたままの知識から出発して、そこから次第に上昇して自然事象の第一原因へ、その単純な要素への遡行を試みなければならない。こうして今や演繹の理念に対して、解析の理念が登場する。しかも解析はその本性上無限につづく故に、それは或る有限な、最初から通観しうるような思考系列に限定されるのではない。むしろそれは経験科学の一つ一つの段階ごとに、常に新しく取り上げられねばならない。解析はいかなる絶対的な終結も知らず、ただ相対的・一時的な停止地点を有するにすぎない。

同様にニュートンも彼の根本理論である万有引力の法則を、単にそれ自体さしあたっての停止点とみなしたにすぎない。すなわち彼は引力が普遍的な自然現象であることの立証で満足し、その究極的な原因を追求しようとは考えなかった。彼は明らかに引力についての機械論的理論を斥ける。現に経験はわれわれに、このような理論を立てるための十分な証拠を与えていない。だが彼はそれと同じ意味で引力についてのいかなる形而上学的な根拠をも斥ける。このような推測もまた物理学者には決して許されない越権行為である。ニュートンが取り組んだ課題は、ただ引力という現象のみであった。そして彼はこれらの現象を、単なる概念や抽象的定義によってではなく、具体的な個別事例として自らのうちに含みそれらを余すところなく記述する包括的・数学的定式によって表現しようとした。物理学の理論は自然現象の純粋な記述という領域を越え出ようと欲しないし、越え出るべきではない[9]。この見地に立つ限り確かに引力は物質の普遍的性質ではあるが、それは決してその本質的性質とみなされるべきではない。

世界を純粋思考において構築してそれを単なる概念から組み立てようとする自然哲学は、ニュートンの考えによればつねに二重の誘惑と危険に曝される。つまり自然哲学はそれが何か普遍的な、つねに反復して再現する事物の性質を見出すや否や、すぐさまそれを実体化する、すなわちそれを事物の絶対的に現実的な根本性質に仕立て上げるか、そうでなければそれをいっそう基本的な普遍的原因からの帰結とみなしてそれを分解し還元してしまう。だが純正なる経験主義は、このどちらの手続きとも全く無縁である。経験主義は現象を確定することで満足する。だが他方で経験主義はいかなる現象も、これ以上の分析の余地を許さない何か究極的な存在であるとは決して考えない。ただ思考は早まってこのような分析に取りかかってはならず、それは実験と経験の進展に応じて期待されねばならない。ニュートンが、さしあたり引力はこれまでの既知の何らかの物理学的原理によっては十分に説明されない「究極的な」、すなわち当面は「還元不可能」な性質である、と主張したのはまさにこの意味に他ならなかった。だがこのことは、将来観察が一段と発展する場合には、この引力という現象もまた同様に、もっと簡単な自然現象に還元されるようになる、という可能性を必ずしも排除するものではない。スコラ哲学における物理学が想定したような何らかの「隠れた」性質の仮定はもとより恣意的で無意味であるが、他方もしも将来われわれが多種多様な自然現象を、物質のもつ若干の基本的性質と運動の或る特定な原理に還元することに成功したならば、これらの性質や原理の究極的原因が当面われわれには未知であっても、それは科学的洞察の偉大な、そして決定的な進歩を意味するであろう。

ニュートンは、たとえば彼の『光学 Optics』[10]の終章に表現されているこれらの古典的命題によって、十八世紀の理論的自然研究全体のためのプログラムを明確に示した。自然科学がここにデカルトからニュートンへの道を意識的・精力的に歩んだという事実は、当時の自然研究の発展の上で最も重要な転回点を形成する。われわれが先に引用したフォントネルの文章に現われているような純粋に「機械論的」な自然哲学の理念は今や次第に押し退けられ、最後には新しい物理学の認識理論家たちによって完全に放棄されるに至る。

すでにコンディヤックはその著『体系論 Traité des systèmes, 1749』で語気鋭く、十七世紀の壮大な形而上学的建築を生み出したあの「体系の精神」は物理学の領域から追放されなければならない、と述べている。「事物の本性」と称せられるものにもとづく普遍的な、しかし恣意的な解釈に代って、自然現象の単純な観察とその経験上の結合の事実が地味に提示されなければならない。物理学者は宇宙の機械構造の説明の試みを最終的に断念しなければならず、彼がなしうる最高の課題は、宇宙を規整する特定の普遍的関係を首尾よく明らかにすることである。

こうして自然科学の理念はもはや幾何学の範例にならってでなく、算術のそれにならって規定される。コンディヤックに従えば、そもそも数の学問は関係一般の理論、すなわち関係についての普遍的論理学にとっての最も明確で最も単純な例証を提供する。(11)だがこの認識の理念は、ヴォルテールがそれをデカルト物理学に対する戦闘のスローガンにしたことで初めて広範な影響と強力な効果を発揮した。ヴォルテールは問題を単純化し一般化する彼特有の能力を駆使し、たちまちこの問題を普遍化してしまった。ニュートンの方法は断じて物理学のみに妥当するのではない。それはすべての認識一般に妥当して、これらの認識を最初から或る特定の条件と特定の領域に限定する役割を果たす。

事実もしもわれわれが数学という羅針盤を使わず、また経験の松明《たいまつ》でわれわれの足元を照らし出さないならば、われわれはただの一歩も踏み出すことができない。事物の本性、それの純粋な物自体をいずれは解明しうるというわれわれの希望は、所詮空しいものに終る。物体の一部分が他の部分に作用することがどのようにして可能であるかを普遍的概念にもとづいて認識することも、われわれが自らのもつ観念がどのようにして発生したかを明確に洞察することも、同じ不可能なことに属する。これら両方の場合、われわれは「何があるか」の確定で満足すべきであり、「どのようにしてか」と問うべきではない。どのようにしてわれわれは考えたり感じたりするか、どのようにしてわれわれの四肢が意志の命令通りに動くか等々を問うことは、いわば創造の秘密を探るにひとしい業である。第一原理についてはどのような認識も成立しない以上、すべての認識はここで立ち止まらねばならない。本当に第一義的なるもの、端的に本源的なるものを、結局われわれが充全に認識することは不可能である。「われわれはいかなる第一原因もいかなる第一原理も認識できない」とヴォルテールは言う[12]。

認識の確実性または不確実性についての問題もまた、今や自然科学における構成的理念から純粋な分析的理念への推移の結果として、そこでの役割は大幅に振替えられるに至る。デカルトにとってすべての認識の確実性と不変性の基礎は認識の第一原理に存し、事実的なるものはそれ自体すべて不確実にして問題的な存在にとどまる。感覚に訴える現象はつねに誤謬の、つまり感覚的迷妄の可能性を含む故に、われわれはそれに頼ることができない。単なる現象、単なる仮象の枠を抜け出ることによってのみ、つまり確実性の保証を自らのうちに含む概念へ経験的な素材を関係づけて、概念で表現することを通じてのみ、われわれはこのような迷妄を免れることができる。それ故に原理に関しては直接的・直観的な確実性が存在するのに反して、事実的なものに関しては間接的・派生的な認識のみが存在する。従って事実がもつ確実性は、原理のもつ確実性に従属し依存する。

ところがニュートンとロックに始まる新しい物理学的認識理論はこの関係を逆転させる。実際は原理が派生的であり、事実は事実（matter of fact）として本源的なものである。「それ自体」において確実な原理などは存在しない。おしなべて原理が真理であり信ずるに足る内実を持つのは、われわれがそれを使用するからである。そしてこの用途は、われわれがその助けによって所与の現象の多様な内容を完全に総括し、或る特定の見地に立ってこれを配列し整序する点にこそ存在する。この配列し整序するという機能をわれわれが看過するならば、あらゆる原理は無意味になってしまう。原理は自らのなかにその根拠をもつものではない。それがもつ真理性と確実性とは、原理が根拠づける当の素材に依拠せねばならない。そしてこの素材は観察されるもの、事実的なものの領域に帰属する以上、たとえどのように普遍的な原理であろうとも、完全にこの分野を見棄ててそれを「超越」することはできない。

十八世紀の半ばにはこの思想はフランスにおけるニュートン理論の信奉者たち、たとえばヴォルテール、モーペルチュイ、ダランベールらを通じて一般の承認を得るようになった。「機械論」および「唯物論」への転向を十八世紀の自然哲学の特徴とみなすことが従来までの通説であり、人は多くこれによってとりわけフランス精神の根本傾向を定義し尽くしたとしばしば信じたけれども、実はたとえばドルバックの『自然の体系 Système de la nature』やラメトリの『人間機械論 L'homme machine』に現われているような唯物論はここでは何ら典型としての意味をもたない孤立的現象にすぎない。この二つの著作はいずれも例外的な事例であり、それらは十八世紀の指導的な科学者たちが除去し克服しようと努めたあの独断的方法への退行を示すものである。百科全書派の科学的精神はドルバックやラメトリによってでなく、ダランベールによって代表される。そしてダランベールにおいてわれわれは、事物の最終的な説明原理としての、つまり宇宙の謎の解決策としての機械論や唯物論に対する激烈な反対を見出す。

ダランベールはニュートンの方法的原理からいささかも逸脱しなかった。やはり彼も事物の絶対的本性やその形而上学的根拠についてのどのような設問もことごとく斥けた。「もしもわれわれが物体の基本的なものとみとめる若干の性質から、われわれの目に映ずる他の第二義的な諸性質を引き出すことに成功し、そして自然現象の一般的体系がつねに整一的・連続的であって、そこに何らの不整合や矛盾を含まないのならば、そもそもそれ以上われわれが物体の本性を究明するどんな意味があるというのか。われわれはこの点で立ち止まろう。そしてそれでなくてさえあまりにも局限されているわれわれの明晰確実な知識の範囲を、これ以上さかしらな詭弁で縮小する気を起こさぬようにしよう」。精神と肉体の一体性およびその相互的関係について、われわれの単純な観念の起原について、運動の究極的原因についての問題にふれて彼は言う。「神はわれわれのかすかな視界にヴェールをかぶせ賜うた。だからわれわれは、これを除けようと努力しても無駄である。これはわれわれの好奇心と自負にとっては悲しい宿命であるが、それは人間全体の宿命である。われわれはこの事態から少なくとも次の結論を引き出すべきであろう。すなわち形而上学の多くの問題に関する哲学者の体系、いっそうはっきり言えば哲学者の夢想は、人間精神によって獲得される実際的認識を総括することのみを目指す著作のなかには全く入りこむ余地がない(13)」。

だが認識のこのような批判的な自己限定によって、実はわれわれは今やいっそう厄介で重大な問題に直面するに至った。ダランベールの哲学は、事物の本性そのものの認識をわれわれにもたらす宇宙の形而上学的な定式の構想を断念した。哲学は現象の領域に立ち止まることによってこれらの現象の体系、つまり現象の恒常的・普遍的な秩序を明らかにすることのみを心がければよい。だが一体、他ならぬこの体系の真理たることを、すなわちこの種の秩序の存在そのものを、何がわれわれに保証するのか。少なくとも現象のこの普遍的な体系が自己完結的であり、それはそれ自身の内部では完全に同質的・整一的であるという事実の保証あるいは決定的証拠はそもそもどこに存在するのか。この整一性はダランベールによって要請されたが、彼はこの要請をそれ以上具体的に基礎づけはしなかった。だがことによるとこの要請も、要するに一種の信仰ではないのか。そしてそこにはやはり証明されていない、否、証明ができない形而上学的前提が含まれているのではないか。

すでに古典的合理主義はデカルト、スピノザ、ライプニッツなどの指導的思想家においてこの根本問題に直面していた。すなわち彼らは、自然の統一性の問題を神という第一原因の統一性の問題に還元することでこの難問を解決したと信じた。自然が神の作品であることが確かである以上、自然が神的精神の映像をわれわれに反映することは確かな事実である。自然は神の不変性、永遠性を証しするしるしとなる。こうして自然の起原、自然の素性こそが、それの最も確実で深遠な真理の保証となる。自然の整一性は神の本性に由来する。神は一者であり自らのうちで調和的であること、そして神は自らの思考と意志作用において不変であるとしか考えられないことは、単なる神の概念を考えただけで明白である。神にあって存在性の変化が可能であると想定することは、神の本性を否定することにひとしい。スピノザによる神と自然の等置、彼の「神すなわち自然 Deus sive natura」の定式は、全面的にこの根本的な考え方にもとづく。現存の自然の秩序とは別の秩序が可能であった、とたとえ思考のうちでも想定することは、神が今の神と別のものでありえた、と想像することに通ずる。「だからもしも事物が別の本性をもちえたか、あるいは別の方式によって作用するように決定されたとするならば、そしてその結果自然の秩序が別のものでありえたとするならば、神の本性もまた現にあるものとは別のものでありえたであろう[14]」。だからわれわれは自然の法則について語るときと神の法について語るときは、実は同じ一つのものを別の表現を用いて述べているに過ぎない。すなわち「あらゆる現象を支配し決定する自然の普遍的法則は、常に永遠なる真理と必然性を自らのうちに含む神の永遠の決定以外の何ものでもない[15]」。

ライプニッツにとっても自然の不変性についての、観念的なものと実在的なものとの間の調和、事実的なものと永遠なる真理との一致についての決定的な証拠は、感性的世界と叡知的世界がひとしくそこから由来する最高原理の統一性に訴えること以外にありえなかった。無限数の解析すなわち微分計算の根本原理は何らの限定なく自然に適用されうるし、連続性の原理は単に抽象的・数学的な意味ばかりでなく具体的・物理学的な意味を有するということを立証するためにも、ライプニッツは実在的なものについての法則が数学および論理学の純粋な観念的法則から決して逸脱することがない、ということを自らの論拠とした。「それは偏えに、すべての物が理性によって支配されていて、万一そうでなければ何らの認識も規則も存在しないことになるからである。そしてこの後者のような事態は、断じて最高の原理の本性にふさわしくない[16]」。

だがこの論証には明白な循環論法が含まれてはいないか。自然がわれわれに示すように見える経験的整一性から、われわれは果たして神の絶対的な統一性や不変性を推論してよいか。そしてその次に今度は、後者を論拠にして自然の秩序の完全な整一性、その欠陥のない完結性を主張することが許されるのか。われわれがこのようにして第一に立証されるべきものを最高の原理に祭りあげるならば、そして自分たちの経験的な判断と推理のすべての確実性を、この確実性そのものよりも格段に問題的で不確実な形而上学的仮定に根拠づけるならば、それは最も初歩的で最も簡単な論理法則への違反であり、われわれの立場を根こそぎ失わせるものではないか。実際この点でわれわれの思考は、自然哲学の単なる内容的問題のすべてのものよりも遥かに重要な任務と遥かに厄介な責任をわれわれに課すするような決定を迫られる。なぜならばここでの問題は自然の単なる内容でなくて自然の概念であり、経験の単なる結果でなくて経験の形式だからである。

神学による支配と後見から自然科学を解放するという課題は、啓蒙主義哲学にとっては比較的容易な事柄と考えられた。啓蒙主義はこの解放を実現するためには、ただそれ以前の諸世紀の遺産を継承するだけでよかったし、要するに、実際にはすでに分離されていたものをただ概念のうえで確認しさえすればよかった。だからこの方向に沿って果たされた成果はいずれも真に新しい思想の芽生えというよりは、一つの締め括りというべきであり、それは十七、八世紀の科学的業績が確立したといわれる方法的事実の単なる整理もしくは純化であるにすぎなかった。

だがいったんわれわれが他ならぬこの科学それ自体の権利根拠について問う段になると、

ここに新たな根本問題が発生する。つまりわれわれが自然科学をあらゆる神学的・形而上学的内容から解放して、科学を純粋に経験的な陳述のみに局限するとしても、もしも他方で科学の構造それ自体からの形而上学的要素の除去に成功しないとしたら、一体これまでのわれわれの努力は何の役に立つのか。そして現に今われわれの感覚に与えられているものの単純な肯定以上に出る言明は、すべてこの種の要素を含むものではないだろうか。自然の体系、換言すれば経験それ自体の絶対的同質性は、果たして経験の帰結であり経験から演繹し証明されるものなのか。むしろそれは経験の前提であり、要するに一個の予断を意味するものではないか。そしてこの予断、この論理学的なアプリオリ性も、実は形而上学的・神学的なアプリオリと全く同様に疑わしいものではないだろうか。われわれは経験科学の領域から個々の形而上学的な概念ないし判断をすべて排除するだけでなく、この道を最後の論理的帰結にまで押し進め、自然の概念そのものからその支柱となっている神の概念を取り除こうとする勇気をもたなければならない。そうなれば果たしていわゆる自然の「必然性」や自然の普遍的な永遠不壊の法則は一体どうなるか。果たしてこの自然必然性についての直観的な確信がありうるのか、それともそれには別の確乎たる演繹的証明が存在するのか。それともわれわれはこの種の証明をすべて断念して最後的な一歩を踏み出す決心を固めなければならないのか。すなわちわれわれは、事実の世界はそれ自身だけで立っているにすぎず、従ってわれわれがこの世界のいっそう堅固な基礎、その合理的「根拠」を求めることは全く筋違いである、と承認しなければならないのか。

これらすべての問題においてすでにわれわれは、数学的自然科学の現象主義からヒュームの懐疑論へ移行する発展を先取りして述べた。そしてこの推移は決して単なる思想構造上の問題ではなく具体的な歴史の過程の問題であって、われわれはこの過程を十八世紀思想の流れのなかで一歩一歩追跡し、その最も細かい分枝や媒介項をすべて詳細に分析することができる。これまでの哲学史家たちは他ならぬこの点で失敗して、その結果彼らはヒュームの懐疑論の真の出発点を見出すことに失敗した。これまでの流儀のように、もしもわれわれがヒュームの学説をイギリス経験論哲学の関連において把え、それを経験論の前提から歴史的に展開し導出するだけで満足するならば、このヒュームの出発点は決して明らかにならないであろう。ヒュームの学説は一つの終りではなく、むしろ新しい始まりを意味する。それはベーコンからホッブズへ、ホッブズからロックへ、そしてロックからバークリへと続く思想の連鎖の単なる一つの項以上のものである。たしかにヒュームはこれらすべての思想家から思考の或る種の道具を、つまり経験論と感覚論の概念的・体系的な装備を採り入れたけれども、彼自身の固有な問題は別の源泉から、つまり十七、八世紀の自然科学における問題提起の延長線、その直線的な継承から発生した。この発展過程の重要な一環をなすものはニュートン学派の業績であり、とりわけオランダの思想家および自然科学者によってニュートンの根本概念が厳密な方法的仕上げを経た過程である。(17)

この国土においてニュートンの思想は、驚くべき整合性と一貫性をもって発展した。つまり彼らはこれにもとづいて経験科学の論理学を導出しようと試みる。オランダではすでに早くも十七世紀に、厳密な事実把握と厳格な実験方法の完成への努力が、科学の仮説の意義と価値を明確に規定しようとする批判的思考との模範的な結合を実現していた。

オランダの偉大な科学者クリスチャン・ホイヘンスはこの両者の統一の古典的な見本である。その『光学論 Traité de la lumière, 1690』においてホイヘンスは、経験と思考、さらに理論と観察との関係について、その明晰さと厳密さで遥かにデカルトを凌ぐ原理を確立した。物理学においては純粋な数学的証明や推論において到達しうるような高度の明証性に達することはできず、そして物理学の根本的真理にはいかなる直観的な確実性もありえないことをホイヘンスは強調した。物理学において要請される目標は、単に「道徳的な確実性」に過ぎない。しかしそれは、実際的な用途の上では厳密な証明に何ら劣るところがない高い蓋然性の程度に達することができる。実際もしも或る基本的仮説の前提のもとにわれわれが到達した結論が経験において完全に裏づけられるならば、そして特にわれわれがこの結論を基礎にして新しい観察を予測することができ、しかもそれが実験によって確認されることを見出すならば、われわれは物理学にこそふさわしいような種類の真理に到達した、ということができる。(18) 十八世紀のオランダの物理学者たちはこのような考えに依拠し、自分たちがこの考えの最高の、そして究極的な確証をニュートンの理論に見出したと信じた。事実ニュートンの理論は、経験によって直接的に検証されうる以外のいかなる仮説的要素も導入しない、と考えられていた。

一七一七年にスグラーフェサンデはライデン大学の数学および天文学の教授の職についたが、彼はその就任演説において、自分はこのニュートン理論の根本思想をあらゆる方面に発展させ解明することに努力する、と述べている。だが他ならぬこの発展の過程において、今や彼は或る奇妙な、そして困難な問題に逢着した。つまりわれわれが或る種の観察から類推して別の、直接的に観察しなかった事例を予見する場合、われわれはこの予見に際して自然の整一性の公理を前提にするわけである。この公理なくしては、すなわちわれわれが今日自然のなかに見出す法則は今後も変りなく存続するであろうという仮定なくしては、われわれが過去の経験から未来を推論することは明らかに全く不合理となる。だがこの公理自体はいかにして証明されるか。

スグラーフェサンデは答える。この公理は決して厳密な論理的なものでなく、実用的なものにすぎない。その妥当性は思考の必然性から直接由来するのでなく、ただ行為に際しての必要性から由来するにすぎない。なぜならばどんな行為も、事物とのいかなる係わりも、もしわれわれが以前の普遍的経験の教訓は将来もそのまま妥当しその効力を持ち続けると想定しない限り、われわれ人間には不可能となるからである。それ故に過去と現在にもとづく将来への推論は、決して形式論理学的な、三段論法的な拘束力をもつ推論ではない。だがそれにもかかわらずそれは、これと全く同じように有効で不可欠な類比的推理である。物理的な事物に関する知識、事物の経験的本性に関する知識はこの類比的推理以上に出ることはない。だがわれわれはこの類比的推理で満足せねばならないし、また満足すべきであろう。なぜならば、そのものの否定が人間の経験的存在の一切の手段の破壊と一切の社会生活の廃棄を含むものは、すべて真理として妥当しなければならないからである。[19]

こうして全く突然に事態は奇妙な回転を見せた。物理学の確実性はもはや純粋に論理学的な前提にでなく、生物学的な、そして社会学的な前提に基礎づけられるに至る。もっともスグラーフェサンデ自身は再び形而上学的な説明と解釈へ逃げ込むことによって、この思想の新鮮さと急進性を弱めようとした。「自然の製作者はわれわれ人間が類推によって推理することを余儀なくさせた。[20] 従ってこれは、われわれの推論の正当な基礎として役立ちうるであろう」と彼は述べた。だがこの推論、この「従って par conséquent」のなかにわれわれは、論点変更（μετάβασις εἰς ἄλλο γένος）* の過誤を明らかに見てとることができる。類比的推論の心理学的・生物学的な必然性は、そもそも論理的必然性について、すなわち推論の「客観的な」真理について何ごとかを語りうるであろうか。数学的経験主義はこの点において懐疑的経験論と紙一重であり、ニュートンからヒュームへの歩みは今や不可避となる。この二つの見方は、今や一吹きの息で倒れそうな極めてうすい壁に仕切られているにすぎない。

デカルトは認識の確実性についての自らの理論を保証すべく、「神の誠実さ」に訴えざるをえなかった。われわれが最高度の明晰さにおいて把える概念や原理、あるいは純粋数学の概念および原理の絶対的妥当性を否定することは、神の誠実さを疑うことにひとしかった。だが今やこれと反対にわれわれは、最高の物理学的原理の真理性、換言すれば経験一般の真理性を確認するためには、神の誠実さにではなく神の善意に頼らざるをえない。なぜならば人間に不可欠で死活にかかわるほど重要で必然的な確信が、何らかの物質的な自然の事物に基礎をもたなければならない、ということは、神の善意からのみ発することだからである。われわれが創造者の善意を念頭におく限りわれわれは安んじて類比による推論に依拠できるであろう、とスグラーフェサンデは言う。「なぜならば類推の確実性はこれらの法則の不変性に基礎をもつものであり、万一にもこの法則が変化するならば、必ずや人類はそれによって痛手を蒙って短時日で滅亡してしまうからである」[21]。だが今やこのために、物理学の方法についての根本問題は、明白に弁神論の問題に転化する。もしもわれわれが弁神論の問題を抹殺するか、それに否定的な回答を与えるならば、物理学的帰納の確実性の問題もまた今や全く別の新しい局面を迎える。

ヒュームによって遂行されたのは、他ならぬこの転回であった。数学的経験論は、今やそこでは「自然の整一性」の確信がわずかに或る種の「信念」にもとづくにすぎない地点にまで押し進められた。ヒュームはこの結論を採用した。だが同時に彼は、この信念からすべて形而上学的な要素を剝ぎとって、そこからすべての超越的部分を排除する。この信念はもはや何らの宗教的根拠にもとづくことなく、純粋に心理学上の根拠にもとづくに過ぎない。それは人間本性の純粋に内在的な必要性から発する。この意味においてヒュームの「信念 belief」の理論は、経験科学そのものに宗教的基礎を与えようと試みてきた思想の系譜の継続であり、その皮肉な解決に他ならない。この解決策の本質は、科学と宗教の関係における役割が交代したという点にある。もはや宗教がその高級な「絶対的」な真理の力によって科学の確実な基礎を据えるのではない。むしろ科学的認識の相対性が、宗教に魔術的な権威をもたらすことになる。科学と同様に宗教も、「合理的な」、厳密に客観的な基礎をもつことがない。われわれはこの両者をそれぞれの主観的な原因から導き出し、それを人間本性の或る特定の根本的衝動の表明として、たとえ正当化できないまでも少なくとも理解することで満足せねばならない。

われわれがここで因果論の問題の追求において到達したこの帰結は、他方で実体の問題の方面からもわれわれに解決を迫るものであった。この方面においても数学的経験論はすでに決定的な推移を先取りしていた。現にすでに数学的経験論は、われわれが経験によって認める物質のさまざまの根本的諸性質の相互間には何ら固定した継起および共存性の関係が存在せず、それ故に、その或る一つの性質が別の性質から厳密な論理的必然性にもとづいて概念上演繹しうる、という考え方への疑問を投げかけていた。

この種類の演繹はデカルトが物理学に対して要請した理想に他ならなかった。デカルトは純粋な幾何学的性質から出発しつつ、これらの性質は通例われわれが物質的世界に帰属させる他のすべての性質を含んでいる、との立証に努めた。不可入性、重さ等を含めた物質のすべての性質はひとしく単なる延長という性質に還元される。それ故に延長こそが物質的世界の真理であり本質であり実体に他ならず、その他の一切の性質は単なる偶有性、つまり「偶然的」性質にすぎないものとされる。だがニュートンおよびその学派はこの点でもデカルトの演繹的理念に対抗して、純粋な帰納的理念を対置させる。彼らは次の点、つまり厳密に経験の導きの糸に従って進む限りわれわれはつねに諸性質の規則的な並存に逢着するのみで、その一つを他から引き出すことなど不可能である、と強調した。

この問題の発展を辿る際にも、われわれはオランダの物理学者の学説を考慮することが特に有益である。スグラーフェサンデも、またその弟子にして後継者であるミュッセンブルークも、物質の本質的性質と非本質的性質の区別は結局無意味である、という主張をくりかえし強調した。なぜならば経験によって広く確認され、従ってわれわれが普遍的な法則と考えている何らかの自然法則、たとえば慣性の法則が物質の何らかの本質的・必然的な本性を示すものか否かを、われわれはいかなる手段によっても知ることができない。「これらの法則が物質の本性に由来するものなのか、それともそれらは単に神が物体に賦与したところの、だがどのような意味でも本質的・必然的とは言えないところの、何かの根本性質に由来するにすぎないのか、あるいはさらに、われわれが目にする各種の結果はわれわれに窺い知れない外的な原因にもとづいて生ずるのか、われわれはこれらの点について全く無知である」。われわれは経験的な確実性にもとづいて延長や形状、運動や静止、重さや慣性等を物質の根本性質とみなすことはできる。だがこれら既知の性質以外にも何らかの別の性質が存在して、たぶんわれわれは将来これらを発見してそれらを同じく根本的で本源的な性質と考えるに至る十分な理由がある、という可能性を何ら妨げるものではない。[22] それ故この点においてもわれわれは、最後的な断念の覚悟を固めねばならない。「本質」を「現象」と分離したり後者を前者から引き出したりする代りに、われわれは純粋に現象の世界の次元にとどまらねばならない。一つの性質を他の性質から「説明」しようとする代りに、われわれは経験が示す多様な徴表の経験的な並列で満足せねばならない。現実認識の点ではわれわれがこの種の断念によって失うものは何一つ存しないであろう。われわれは単にそれによって、今日まで常に経験的知識の前進を押しとどめ攪乱してきた理念から解放されるだけである。

今やこの立場から実体概念の完全な廃棄までの、つまり事物の観念とは単に諸性質の総和もしくは集合の観念に過ぎないという主張までの距離がわずかの一歩にすぎないことも また明白であろう。この推移は着実に、しかも目立たずに進行した。経験論哲学の基礎からあらゆる「形而上学的」要素を排除する試みは、今やその行きつく地点にまで到達して、最終的にはこの哲学自身の論理的基礎をさえ疑問視するまでになった。

3

このように数学的物理学が厳格な現象主義の領域内にとどまり、さらには懐疑的な結論にまで進んでいったのに対し、一方で自然科学的な通俗哲学はそれとは全く反対の方向に進んだ。この哲学は批判論的な逡巡や疑問に悩むことなく、どのような認識論的禁欲にも気を惹かれなかった。それは、一体何がその最奥のところで世界の結合を支えているのかを認識する衝動に駆り立てられ、そしてこの謎の解決に限りなく近づいて、ついにはその解決策を見出しうると自ら信じた。この解決に到達するための積極的な努力は、何ら必要でない。われわれが為さなければならないことはむしろ、今日まで自然科学の進歩を押しとどめて科学が自らの道を決然として最後まで歩み通すことを妨げていた各種の障害を除去することである。

人間精神が自然を真に征服して自然のなかで安住することを常に妨げてきたものは、自然を超越した問題を設定しようとする始末の悪い衝動であった。もしもわれわれが「超越性」への問いかけさえ中止するならば、自然は立ちどころに神秘な存在であることを止めるであろう。自然の本性は決して神秘でも不可知でもない。むしろ人間精神がそれを人為的な闇で覆っただけである。われわれが自然の面貌から、言葉や恣意的な概念や幻想的な偏見のヴェールを剝ぎ取ってしまうならば、自然はその本来のままの姿、すなわち自らのうちに根拠を有し、それ自身の力で存続し、それ自身によって完全に説明される有機的全体性として現われる。自然の原理を自然そのものを超えた領域に求める外在的な説明は、決してその目的を達することができない。もともと人間は自然の産物であり、自然の外部にあってはどのような人間の生存も不可能である。自然法則から自らを解放しようとするすべての試みは無意味である。人間は思考においてすら、単に見かけだけこの法則を超越しうるにすぎない。どのように人間精神が感覚的世界の領域を超越しようと焦っても、結局人間は再びこの世界に立ち帰らざるをえない。実際に人間に与えられた唯一の力は、感覚的データを結合することだけである。この過程でわれわれが自然から獲得する知識はすべてこの感覚データに尽くされるが、同時にここには一方で、いかなる暗い曖昧な余地も残さない、この上なく明晰にして完全な秩序が出現する。自らの地歩を守りつつこの謎に立ち向う精神にとって、自然の謎は消滅する。この精神は自然のなかにいかなる矛盾、いかなる分裂をも見ず、ただ一つの存在とただ一つの法則形式を見るだけである。

通常われわれが知的現象とみなすものをも含めて自然のすべての過程、事物の物理的および「道徳的」な全体的秩序は、ことごとく物質と運動とに還元されこの二つに解消される。「存在することとは、運動する力を有すること、現に運動しつつあること、運動を保存しつつそれを他に与えたり他から受け取ったりすること、そして或る有限な種に特有な運動を経験することを意味する。つまり自己を保存するということはさまざまな運動量を与えたり受け取ったりすることであり、これらの作用で生存は保持される。換言すれば、それは自らの本性を強めるに役立つ物質を引きよせて、自らを弱め破壊するものを斥けること以外の何ものでもない」。現在のわれわれ、そして将来のわれわれは、そしてわれわれの観念や意志や行動は、すべてひとしく自然がわれわれに賦与した本性と根本性質からの、そしてこれらの性質が発展し変化する際の状況からの、必然的結果以外の何ものでもない[23]。

故にそれのみが自然の真理性をわれわれに確信させる唯一の推論は、決して演繹的・論理的あるいは数学的なものではない。それは部分から全体へ至る推論である。自然全体の本性は、われわれ人間の本性を出発点とすることでのみ解明され規定される。従って人間の生理学こそが今や自然認識への出発点となる。数学および数学的物理学はその中心的地位から押しのけられ、それに代って唯物論的教説の創設者の場合には、生物学と一般生理学が中心的位置につく。

ラメトリは医学的観察から出発し、ドルバックはとりわけ化学および有機的な生命の学問を拠りどころにした。コンディヤックの哲学を反駁したディドロは、単純な感覚をあらゆる現実的な事物の原初的要素だと想定するだけでは不十分だ、と断言した。この領域を越えて研究は進まなければならない。科学はわれわれの感覚の基底を明らかにしなければならず、そしてこの基底はわれわれの肉体的組織のなか以外にはありえない。だから哲学の基礎は感覚の分析にではなくて、博物学、生理学、医学にこそ存在する。ラメトリの処女作は『霊魂の自然誌 Histoire naturelle de l'âme』と題された。そして彼に従えばこのような霊魂の叙述は、われわれが厳格に肉体的現象の生起を追跡して精密な観察によって要請されること以外に何もしない場合に初めて実現される。彼が熱病にかかったときに得たこのような観察こそ――そのとき彼は自分の感情的・精神的・生活全体が完全に一変する様子を極めて明瞭に意識したという――彼自身の言によれば彼自身の研究とその哲学体系全体の方向を決定づけたものであった[24]。今後は感覚的・肉体的経験のみが彼の唯一の指針たるべきである。「ここにこそ、わたしの哲学者たちがいる」と彼は感官について述べた[25]。ディドロに従えば、この世における可視的なもので満足せずに、目に見える結果から目に見えない原因へさかのぼろうとする者は、自分が理解できない時計の機械仕掛をそこに潜む何か精神的なもののせいにする農夫と何の変りもない。

独断的唯物論はこの点で現象主義と同一の道を辿ったために、現象主義の結論を受け入れることなしにその武器を利用できた。なぜならば唯物論もまたわれわれに、それは物質の絶対的本質を規定することに何の関心も持たないこと、またこのような問題はそれ自身の推論に何ら決定的な重要性をもたないことを教えたからである。「不活発で単純な物質がどのようにして活動的・有機的な物質に変化していくかを知らないでも一向わたしが平気なのは、ちょうど赤いガラスなしには太陽を見つめることができなくとも結構私が平気であるのと全く同様である。わたしは自然の他の不可解な驚異についても、全く同様に考える。たとえばわれわれの貧弱な目には小さな土くれとしか映じないような生物に、どのようにして感覚や思考が生じるかを知ろうとする興味をわたしは有しない。要するに、すべての人は次の一つのこと、すなわち有機的物質は運動の原理を自らのうちに含み、これこそが有機的でないものと有機的なものとを区別する決め手であること、そしてすべての動物的生命はこの有機的組織の差異に依存することを承認しさえすればよい」と、ラメトリは説明する。人間とサルおよび他の高等動物との関係は、ホイヘンスが組み立てる惑星時計と原始的な時計との関係と同じである。「もしも惑星の運動を記録するためには、一時間ごとの経過の告示のために必要であるよりもいっそう多くの部品や歯車や発条《ばね》が入用であるならば、そしてもしもヴォーカンソンが彼の鴨を作るよりは彼の笛吹き人形の製作にいっそう多くの技術を必要とするならば、恐らくその技術をもう一段高めることで彼がものを言う生物を作り出すことすら不可能ではなかっただろう。……つまり人間の身体は細密な技術と熟練によって作られる巨大な時計仕掛なのである[26]」。

　身体と精神の関係がもはや十七世紀の形而上学的大体系の場合のように実体という観点からでなく、もっぱら因果性の観点から取扱われるようになったことは、十八世紀唯物論の方法的特徴に属する。両者がその「本質」上どのように関係しあうかの問題に、われわれは煩わされる必要がない。われわれは両者の効果が分かち難く結合している事実を確認すればそれで十分である。両者間にはっきりした境界線を引くことは不可能である。身体的現象と心理的現象を分離することは、何一つ経験に根拠を有しない恣意的な抽象である。われわれがどれほど精密な観察を重ね、どれほど実験上の分析を進めていったところで、身体的現象を心理的現象から区別しうる地点には到達できない。両者は常に一体をなしており、また両者は全く同一の性格のものである以上、一方を排除すれば他方も必ず破壊される。そもそもわれわれが事物の本性を把握し判断するのは、その作用結果による以外にない以上、われわれがそれらの本性の同一性を推論するのは、これら両者の作用結果の必然的・根本的な同一性にもとづく以外にはありえない。

「死せる」物質と生命現象との、運動と感覚との間に存在するように見える差異は、何らわれわれを悩ませない。感覚作用が運動からどのようにして生ずるかはわれわれが知るところではないが、そもそも同じような無知は、われわれが物質そのものとその基本現象を取り扱う場合にも存在するではないか。われわれは機械的な衝撃がどのように転移していくか、つまり或る一定の運動量が或る物体から他の物体へどのように伝達されるかについても、概念的に「理解」することもそれ以上の説明を与えることも不可能な故に、ただこれらの現象の経験を通じての確認で満足せねばならない。

いわゆる「精神物理学」的な問題についても、同様の経験的な確証が可能である。どちらの場合においても問題は同じような謎であるが、一面においてはひとしく明白な事実である。もしもわれわれが経験についての陳述のみで満足し、決してこの領域を越えた問題を提起しない限り、経験によってわれわれは、異なった物質の性質の間に存するのと全く同様の確乎たる結合が身体的現象と精神的現象との間にも存在している事実を教えられる。延長という根本性質と並んで他の諸性質を物質に帰属させることが何一つ怪しむに足りないならば、何故にわれわれはそれに感覚や記憶や思考などの能力を賦与することをためらうのか。それ自体としての思考が有機的物質と決して矛盾しないのは、たとえば物質の不可入性や電気性や磁性あるいは重さなどの、いずれも単なる延長には還元されず、延長とは異なる新しい性質が物質と矛盾しないのと同じである[27]。そして感覚や表象の作用について言えることは、われわれの欲望や情熱、われわれの意志の決断や道徳的行為にも同様にあてはまる。これらの現象の理解のために、われわれが超現世的、超物質的な原理を想定したり単なる空虚な言葉に過ぎない単純な精神実体に訴えたりする必要は全くない。「およそ生物が動き、感じ、考え、後悔するためには、つまり要するに身体的に、それ故に取りも直さず道徳的に、それが身を持していくのに必要なすべての活動を営むためには、運動という最小の原則を想定するだけで十分であろう[28]」。

だが唯物論の体系のこの周知の結論だけでは、われわれは当面その表面を眺めただけで、その真の思想的核心を把握したことにはならない。というのは、一見したところでは奇妙に響くかもしれないが、概してこれの思想的核心は単なる自然哲学ではなく倫理学によって初めて明らかにされるからである。

　十八世紀において唱導され擁護された形の唯物論は、実は単なる自然科学的または形而上学的教義ではなく、むしろ命令法であった。つまりそれは事物の本性についての命題《テーゼ》の確立を目指したばかりでなく、命令し禁止するものであった。この特徴はとりわけドルバックの『自然の体系』に明瞭に現われている。表面的に見れば、ドルバックの教説は最も峻厳で首尾一貫した決定論の体系のように見える。人間およびその欲望や意志だけで説明されるような要素は、決して自然の姿に混入されてはならない。この領域においては、正しいとか正しくないとか、良いとか悪いとかの観念は全く存在しない。ここにおいてすべての存在、すべての事象を支配している原理は、完全な価値の同等性であり厳然たるその無差別性である。あらゆる現象は必然的であり、いかなる事物もいったん与えられた性質と状況のもとでは、決して現実にあった以外の生起の仕方がなかった。だから悪も罪も混乱も、自然のうちには全く存在しない。「自然界では万物が秩序立っている。そのどのような部分も、それが自然から受けとった本質に由来する確実で必然的な規則から逸脱する余地がない[29]」。

　それ故に人間が自らを自由であると考えることは危険な自己偽瞞であり、知的な愚鈍さに他ならない。人間を形成するものは原子の組み合わせであり、彼を駆り立てるものは原子の運動である。人間の本性を決定してその運命を導く条件は、決して人間自らに依存するものではない[30]。

だがこの唯物論の命題の内容とその話しぶりとは、まことに奇妙な矛盾を露呈する。なぜならば「笑わず、悲しまず、憎まず、ただ理解する」というスピノザのモットーは、ここでは全く顧みられていない。表題から明瞭なように、ドルバックの自然哲学は、もっと包括的な全体的体系への単なる導入部としての意味しか持たず、『自然の体系』は『社会体系』や『普遍道徳論』のための基礎をなすものであり、彼の思想を支配している本来的な傾向はこの後者の二つの著書に明瞭に現われている。

人間はすべての偶像から、すなわち事物の根本原因に関するすべての幻想から自らを解放せねばならず、こうして初めて人間は、自らの世界の秩序を自らの手で確立しそれを安全に維持することができる。これまで政治的・社会的制度の真に自律的な規制を妨げてきたものは神学的精神主義であり、実際にこの精神主義は機会あるごとに科学の発展を妨害する監視人であった。「経験に対する不倶戴天の仇である神学という名の超自然的な学問は、自然科学の進歩にとって打ち勝ち難い障害であり、ことごとにその発展を阻止してきた敵手である。物理学も博物学も解剖学も、この迷信の意地の悪い目を通してでなければこれまで何一つものを見ることができなかった[31]」。だがこの迷信の支配は、それが道徳的秩序の形式に干与する場合に特別に危険となる。事実この場合に迷信は人間がもつ知識を残らず破壊するばかりでなく、人間の幸福そのものの真の基礎を危くするに至る。それは人間を無数の妖怪によって怯えさせ、彼らが自らの生存を純粋に享楽することを不可能にする。すべての精神主義との断乎たる訣別こそ、この状況を救う決め手である。それ故にわれわれは神とか自由とか不死とかいう観念を一切破壊しなければならない。そうすればこれらの観念によって生み出された超越的世界からの絶えざる干渉が、現世の合理的な秩序を脅かし破壊する余地は今後ないであろう。

同様な形式の議論の進め方は、ラメトリの『人間機械論』にも滲透している。世界は断乎として無神論的たらんと決意しない限り、決して幸福にはなりえない。神に対する信仰さえ消滅すれば、同時にすべての神学的論争や宗教戦争も跡を絶つであろう。「これまで神聖な毒によって穢されてきた自然は、そのとき再び自分の権利と純潔を取りもどすであろう」(32)。

だがこのように『自然の体系』が闘士として告発者として登場し、単なる理論の確立だけでは満足せずに人間の思考と信仰に関する規範を提示するに及んで、当然のことながらそれは困難なジレンマに陥ることとなった。自然現象の絶対的必然性についてのこの教説は、自分自身の論法の落し穴にはまる。この教説にもとづく限り、そもそもわれわれはどのような権利で「規範」なるものについて語れようか。われわれは一体どのような根拠にもとづいて、物事を要請し評価できるというのか。この教説はすべての当為を単なる妄想とみなして、それらを挙げて単なる「不可避」に転化するものではなかったか。この必然性に素直に従うこと以外、一体われわれは何をなしうるのか。われわれがこの必然を導いてその道筋を決定することが果たして可能であろうか。

十八世紀におけるこの『自然の体系』に対する批判ですら、その論証法の根本的欠陥を正しく突いていた。フリードリヒ大王はこの書物に対する反駁の際に、この点を特に強調して次のように言った。「人間はすべてその行動において運命論的必然性のままに導かれる、という主張にすべての論証を尽くした以上、著者はわれわれが一種の機械であり、盲目的な力に操られる人形にすぎないという結論に到達せざるをえないはずだ。にもかかわらず、彼は僧侶、政府および全教育制度に対して当たり散らす始末である。つまり彼は、人間が奴隷にすぎないという命題を一方で立証しておきながら、他方ではこれらの行為をなす人間が自由であると信じている。何という愚劣、何という背理であるか。森羅万象がことごとく必然的原因に動かされるのならば、すべての勧告、すべての教育、すべての賞罰は全く余計なもの、説明不可能なものになるであろう。実際に彼の論理に従えば、それは人が樫の木に説教してオレンジの木になれと説得するのも同然だからである」。

もちろんドルバックの論理よりももっと精緻で流動的な弁証法は、この種の異論を克服してそれを巧妙に自らの議論の網目へ織り込むことができた。ディドロは、この運命論の体系が結局は帰着するすべての二律背反を極めて明確に洞察し、それに最も明快な表現を与えた。だが同時に彼は、これらの二律背反をその起動力ないし媒介手段として用いて、自らの弁証法的思考をあくまで徹底させる。彼はそこに循環論法が存在する事実を認めながらも、同時にそれを機智の卓越した機能へと変形する。彼の最もすぐれた独創的な著作は、この衝動に鼓吹された。小説『運命論者ジャック Jacques le fataliste』は、運命という観念がすべての人間的思考のアルファでありオメガであることを示そうとする。だが同時にこの作品は、いかにしばしばわれわれの思考がこの観念との矛盾を生むに至るか、われわれの思考はこの観念を肯定し主張しつつある間にも、それを暗々裡に否定し廃棄する羽目に陥るかを示している。われわれはこの状況を不可避なものと洞察すること、そしてわれわれが表象や判断、肯定や否定の過程で再三犯さざるをえないこの必然性の理念への背反をこの必然性の固有な範囲に内包せしめること、これ以外に何ら選択の余地は存在しない。ディドロに従えば、われわれの生存と思考の円環を完成するものは、自由と必然性というこれら両極間の往復運動、この振動にほかならない。単なる一面的な肯定や否定によってでなくこの往復運動によって初めて、われわれは自然全体を包括する概念、すなわち、善と悪、一致と矛盾、真理と虚偽の二つの契機を無差別にひとしく自らのなかに含む故にこそ、逆にこれらすべてを超越する概念に到達しうる。

　だが全体としての十八世紀は、ディドロを無神論から汎神論へ、唯物論から力学的汎心主義へと駆り立てて、次にまた逆に一方から他へ押し戻したこの彼の弁証法の渦巻には巻き込まれなかった。その思想の発展全体の過程で、『自然の体系』は相対的に軽微な役割しか演じなかった。ドルバックの仲間に最も近い思想家たちですら、彼の著作の急進的な結論を拒否したばかりでなく、その前提そのものをも否定した。

ヴォルテールの諷刺の的確さは彼がこのドルバックの著作の最も致命的な弱点を間髪を容れず攻撃したことに、まざまざと示される。彼は、ドルバックが独断主義と不寛容に対する戦いを旗印に掲げながら、彼自身の理論をすぐさま独断的な教理に持ちあげ、狂信的態度でそれに固執したという事実が示す矛盾を容赦なく指摘した。ヴォルテールは自分たちの自由思想家という立場が、この種の論証にもとづいて認められるのに我慢ならなかった。そして彼はドルバックとその流派から、「無神論者としての免許状 le brevet d'athée」を受け取ることを拒否した。さらに彼はドルバックの叙述方法やこの書物の文学的価値について、いっそう手きびしく批判する。ヴォルテールによればこの著作は、彼として我慢できない唯一の文学的ジャンル、つまり「退屈な種類 genre ennuyeux」に属するものであった。(33)

実際ドルバックの文体は、その冗長さと廻りくどさを別にしても、全く無味乾燥である。それは自然の観想から単にすべての宗教的要素のみならず、一切の美的な要素を排除して感情と幻想の効果を残らず消し去ることを意図するものである。絶対的な盲目性と必然性によって作用する自然を美化し崇拝することは愚かな業である。「われわれは、あらゆる感覚作用を一切有しない一つの全体のなかの、そしてそこではすべての形状、すべての結合が発生して多少の期間存続した後にすぐさま滅亡していくこの全体性のなかの感覚的部分だ、ということに思いを致そう。われわれは自然を、眼前に存在するすべての形象が生み出されるために必要な素材をすべて蔵している巨大な作業場である、とみなそうではないか。そして自然の働きを、われわれ自身の脳髄にしか存在しない想像上の原因に帰する真似を止めようではないか(34)」。

このような言葉は疑いもなく、ゲーテが「私が若い仲間たちとストラスブールにいて百科全書学派についての話を耳にした際に、われわれはあたかも巨大な工場の無数の動く糸巻や織機の間を歩きながら、たまらない騒音、感覚を麻痺させる一切の機械作用、見通すことができないほど複雑に入り組んだ過程を目にして、そして織物の一片の生産に必要とされるすべての要素を考えるに及んで、自分が身につけている上衣そのものにさえ嫌気がさした」と書いたとき頭に浮べていたものである。そして『自然の体系』についてゲーテは言う。「このような種類の本が危険であることを、自分たちは理解することができなかった。これはあまりにも灰色で途方もない死んだような感じを与えたから、われわれはこの種のものが目の前にあることそれ自体に我慢ならなかった。われわれはそれが幽霊であるかのように思ってぞっとした」と。

ドルバックの著作の出現後直ちにこれに対する反撃が開始された事実は、この書物が単にすべての宗教的な勢力ばかりでなく、時代のすべての生ける芸術的な勢力を激高させた、という事実を示している。当時これらの勢力は、単に体系的美学の新しい形成に努力していたばかりでなく、十八世紀の自然哲学の建設に忙しく従事していた。そして近代自然科学の発展に画期的な影響を及ぼす巡り合わせになった新しい運動は、これらの努力から生まれたのである。

## 4

ディドロは十八世紀思想家のなかで恐らくこの時代のあらゆる精神的動きと推移への最も鋭敏な感覚を有した人物であるが、彼はその著『自然の解釈について De l'interprétation de la nature, 1754』で、この世紀が今や重要な決定的転回点に到達したかに見える、と述べている。今や科学の分野において偉大な革命が始まりつつある。「一世紀も経ないうちにわれわれはヨーロッパ全体を通じて偉大な幾何学者を三人ともたないだろうと、わたしは躊躇なく断言する。この学問はすでにその頂点に到達してしまって、間もなくオイラー、ベルヌーイ、ダランベール、ラグランジュが到達した地点で行き止まりになるだろう。彼らがヘラクレスの柱*を立ててしまったために、われわれはこの地点を越えて進むことができないだろう」。われわれは純粋数学の歴史に関する限り、この予言がいかに的中しそこねたかを知ってはいる。もう一度数学を革命して、十八世紀が予測できなかった規模でその領域を内容的にも方法的にも拡大したガウスが死んだのは、ディドロの予言にある百年がまだ過ぎ去る以前のことであった。だがそれにもかかわらず、ディドロの予言は正しい予感を含んでいる。

実際に彼が強調したかった論点とは、自然科学の領域で数学はもはや従来のような排他的威信を長くは維持できないだろう、ということだった。今や新しい競争者が立ち現われ、数学はそれを完全に圧服することはできない。たとえ数学がそれ自身の領分内でどれほど完璧で、自らの概念をどれほど精緻かつ明確に鍛え上げたとしても、他ならぬこの完全性が、必然的にそれ自らの内在的限界を意味するだろう。なぜならば数学は自らが作り上げた概念を自分で越え出ることができず、従って経験的・具体的な現実への直接的な接触ができないからである。ただ実験のみが、そして自然の個々の忠実な観察結果のみがこの通路をわれわれに開いてくれる。だが実験の方法があらゆる点において有効であり生産的であるためには、われわれはそれを完全な自律性に委ねて、あらゆる後見人からそれを自立させなければならない。こうして自然科学の領域においても、われわれは形而上学の体系のみならず数学がもつ体系化の精神と戦わなければならない。数学者が自らの概念的世界を完全に展開させるにとどまらず、挙げて現実の事象を自分たちの概念の網目に把えることができる、と信じ込むに至る瞬間に彼は形而上学者となる。「幾何学者たちが形而上学者を非難していた時期に、彼らは自分たちの学問も結局は形而上学にすぎないとはまさか考えもしなかった」。

　このような見方が世に行なわれるにつれて、十八世紀の物理学全体を支配していた数学的自然科学の理念は次第に後退し始める。そしてそれに代って純粋な記述的自然科学を要請する新しい理念が登場してきた。ディドロは、これらの理念が個々に具体的に現実化するずっと以前に、すでにその一般的な輪郭を把握して表現していた。彼は問う。数学的知識の輝かしい発展という事実にもかかわらず、なぜわれわれは自然に関する真に確実な信頼すべき知識をもつことがこのように少ないのか。天才の人数が少なかったのか。それとも考察と研究が不十分だったためだろうか。否、決してそうではない。本当の理由はむしろ、われわれが概念的知識と事実認識との関係を原理的に間違って考えていたことに存する。「抽象的な学問がこれまであまりにも長年月、すぐれた頭脳を領してきた。概念や言葉は際限なく増えたが、事実についての知識は立ちおくれた。……だが哲学の真の富は、どのような種類であるかに関係なくこの事実的なものに含まれている。自分の所有する銀貨が何枚かを勘定できない人間は一エキュしか持たない者と比較して格別金持ではないという考えは、合理主義哲学の偏見に他ならない。不幸にして合理主義哲学は、新しい事実を集めることよりも既知の事実を比較し結合することに熱心だった」[35]。この特徴的で啓蒙的な言葉によってディドロは、新しい思考方式のスローガンを述べる。

計算し秩序づけて体系化する十七世紀合理主義の精神は、今や新しい傾向、つまり現実の多様な内容を信じてそれに心置きなく自らを委ね、これらの内容が明晰判明な概念で表現されうるか、数量的計算に還元されるかなどには一切無関心な新しい傾向によって、その地位を脅やかされるに至った。たとえ従来までのような概念の体系が今後も構築されるにしても、われわれはこれらの体系が現実に対してもつ意味と関係について、もはや錯覚を抱く余地はないであろう。「エピクロスやルクレティウス、アリストテレスやプラトンのように、すぐれた想像力と偉大な雄弁の才と、そして自分の考えを生き生きした気高い姿に描き出す技量を自然から賦与された体系的哲学者は幸福だ。彼が構築した体系はいつの日か崩れ落ちるだろうが、彼が描いたその彫像はその廃虚に依然として聳え続けるだろう」。このようにもはや体系は普遍的でなくて個人的な意味、客観的・論理的でなくて美学的な意味をもつにすぎない。体系はなるほど認識の用具としては不可欠であろう。だが人は単なる用具の奴隷になってはならない。人間は体系に使われるのでなく、体系を使いこなさなければならない。「汝がライス*のものにならないなら、ライスを所有してもよい(36)」。ここに登場したものは新しい科学研究の方向、いわば探究精神の新しい気質であり、そして今やそれは自らの特性と自らの方法的価値の承認を世の中に向って迫るに至った。

このような立場の正当づけは、すでに数学的物理学の内部で採用されてきた考察方法に端を発した、と言ってよい。すでにニュートンの弟子と支持者たちは再三、デカルトの合理的物理学との論争において、自然を説明するという要請が自然現象を完全に記述する要請によって代位されなければならないことを強調してきた。[37] 純粋数学で行なわれてきたような定義に代って記述が登場しなければならない。もとより物理学者にとって事象の厳密な記述は、結局それの測定に帰着するであろう。つまり純粋な数量的価値によって規定され、このような数学的価値関係を通じて表現されるもののみが真に厳密に記述されるものである。

だが物理学から生物学へと分野が変ると、この純粋記述の要請は別の意味を帯びるようになる。今や問題は、直接的に観察された現実を量の集合へ変形し、数量と度量の網目に組み入れることではない。むしろ今日の問題は経験的現実それ自体の固有な特殊形式の把握でなければならない。この経験的現実の形式こそが存在の豊富さと多様性において、また充実した生成の過程において、今やわれわれの眼前に提示さるべきである。通常われわれが自然を認識する際に用いる各種の類概念と種概念の論理的構造は、自然のこの現実的豊富さと真っ向から対立する。これらの概念は必然的に直観内容を限定する結果にならざるをえないし、この内容の完全な把握どころか、逆に内容の稀薄化と貧困化へ導くであろう。われわれは個々の内容の豊富さと自然形式の個々の具体的事例を汲み取るのを可能にするために、われわれにこの具体的内容に密着しつつ同時に柔軟に動くことを可能にさせる概念構成の方法を作り上げることで、この貧困化を防止しなければならない。

ディドロはこのような概念構成の模範を、植物学に関する自らの系統的論述で示した。「あえて言うならば、場合によっては方法というものほど手数がかかる無駄な代物は存しない、という逆説さえ成り立つかもしれない。方法はわれわれにとって無しにはすまされぬ真理への導きの糸である。われわれはそれを見失えば必ずや道に迷うに至る。もしも子供にしゃべり方を教えるのに最初はAで始まる言葉を教え、その次にBで始まる言葉に移るように決めれば、子供がアルファベットの終りにまで達するには生涯の半分もかかるだろう。方法は推理の領域ではすばらしいに違いないが、わたしの考えによれば一般に博物学、ことに植物学においては有害なように思われる」(38)。このことは、これらの学問が体系や方法なしにすませうることを意味しない。ただこれらの学問の体系の形式は、「合理的」学科の体系から借用されるものであってはならず、むしろ学問の特殊的な主題から引き出されてそれに適応するものでなければならぬことを意味する。

だがもしもディドロが自然の解釈に関して彼の思想を書き上げた当時、この種の学問上の要請が或る意味ではすでに実現されていなかったならば、たぶん彼はこの要請をこれほど明確にしかも決定的には表現できなかったであろう。実はちょうどこの時に、ビュフォンの『博物誌 Histoire naturelle』の最初の三巻が発刊されたばかりであった。新しいタイプの自然科学が、すなわち或る意味ではニュートンの『プリンシピア――自然哲学の数学的原理 Philosophiae naturalis principia mathematica』に対応する作品がここに生まれた。もとよりビュフォンの著作はその内容、独創性、創造力の点において到底ニュートンの著作とは比較にならないが、この著作が自然科学的な概念構成の一つの基本的方向を極めて明確に表現し、普遍的構想にもとづいてそれを大がかりに展開した限りでは、その方法的重要性は決してニュートンに劣るものではない。彼はこの著作の緒論において、自然認識の厳格に一元論的な理念を最初に設定して後にそれにすべての個々の研究部門を従属させることは無意味であり誤謬である、という事実から出発する。

この種の方法的一元論は、すでに数学と物理学との対抗という事実において早くも破産する。そもそも数学の「真理」性は、厳密な必然性の連鎖によって結合された、純粋に分析的な命題の体系に存するが、それは結局のところ、ただ一つの認識内容を多様な形式において表現するにすぎない。だがこの真理の概念は、いったんわれわれが現実の領域に接近してそれに順応しようとする途端に、その意味と力を失うに至る。ここにおいてはわれわれは、もはや自分自身が作り上げる概念、つまりその形式や構造をわれわれが任意に規定したうえで演繹的に次々と導出しうる概念を取り扱うのではない。従ってここでは、単なる観念間の比較の際に存在したあの明証性は消滅する。それ故にわれわれはこの場所では、蓋然性の領域を一歩も越え出ることができず、経験の独占的な指導に身を委ねなければならない。

実際に経験のみが、物理学的対象の真理がもちうる種類の確実性をわれわれに与える。

われわれは観察を積み重ねてそれを深め、そして事実を普遍化し、それを類推によって結合することで、最後には個々のものが全体とどのように関連し特殊的結果が一般的結果にどのように依存しているか、を完全に展望しうる認識の高さに到達しなければならない。この段階では、われわれはもはや自然を自分の概念とではなく、いわばそれ自体と比較することになる。われわれは自然の機能の一つ一つが他の機能といかにぴったり適合しあっているか、そしてそれらが全体として一つの作用の全体性に統合されているかを入念に見る。(39)

もしもわれわれがこの全体性を類や種に従って分割しようと考えるならば、この統一性を認識することは不可能となる。このような分類の仕方は命名法の体系を生み出すかもしれないが、自然の体系を生み出すことはありえない。所与の事実についての展望を可能にする点ではこの種の分類法は有用であり不可欠でさえあるけれども、万一にもわれわれがこれらの単なる記号にすぎないものを、記号が表している現実そのものと混同して、名目的定義にすぎないものを実質的定義と思い誤ってここから事物の「本性」についての何らかの解明を期待するならば、それはこの上なく危険である。ビュフォンによればリンネの『植物の哲学 Philosophia botanica』さえもこの暗礁に遭って難破した。リンネは一定の性質と特徴を恣意的に選び出し、それにもとづいて植物界を分類しようとする。そして彼はこの種の単なる分類法、すなわち分析的な配列の手続きによって、植物界の関連、構造、組成の全体像を捕捉できると考えているが、実はこのような全体像は、ここに示された彼の手続きを原理的に逆転することで初めて獲得される。われわれは分析的な区分ではなく、むしろ結合の原理をここに適用しなければならない。われわれは厳格に区別された種へ個々の生物を帰属させるのではなく、それらをその近似性において、一つの型から他の型への推移、それらの進化と変形の関係において研究しなければならない。実際に自然の本来的な生命を形成するものはこのような局面である。自然は一つの種から他の種へ、一つの属から他の属へと目に見えない区別によって進化し、しかも半分はこちらの類、半分はあちらの類に帰属するように見える中間的段階も数多く存在する以上、われわれの思考はこれらの微妙な推移を追跡して、自然の形態の流動性を表現する弾力的なものにならなければならない。

この意味でビュフォンは徹底した唯名論の立場へ進む。自然界にはただ個々の生物だけがあって、種や属というものは一切存在しない、と彼は言う。そしてこの立場は観察によって普遍的に検証される、と彼は確信する。「一つの大陸に棲息する動物は他の大陸には発見されないし、われわれが同じ種類のものを見つけたと信じたときでも、それらはわれわれがほとんど識別できないほど変化したものである場合が多い。生物学的形態の型は絶対に不変ではないこと、生物の本性はきわめて多様な姿を呈し、しかも時の流れのなかですっかり変貌することがありうること、そして生存に最も不適当で不完全な種属はすでに滅亡したか、近いうちに滅亡するであろうという事実の確認のために、これ以上の証拠が果たして必要であろうか[40]」。

ここでは一般的進化理論への準備としてのビュフォンの命題のもつ意味を論ずる必要はない。われわれの問題にとっては、彼の理論の内容よりもその形式が、すなわちビュフォンがその著作活動全体のなかで次第次第にその具体的な内容を具備するに至った特定の認識理念を唱導した事実が、いっそう重要な意味をもつ。生物学的認識の独特な構造はここに初めて明確に表現され、それは理論物理学の形式に対抗して自己を主張するに至った。自然科学の方法はその法則をもはや数学から排他的に受け取ることを止め、歴史上の知識の根本形式のいわば第二の焦点として公認される。「自然の考古学」の思想が最初に明確に展開されているカントの『判断力批判 Kritik der Urteilskraft』のなかの有名な個所は、明らかにビュフォンの著作に直接もとづいて書かれたように思われる。

ビュフォンは言う。「ちょうど人類の歴史を研究する際にわれわれが、古文書を参考にして鋳貨やメダルを調査し古代の碑文を解読して、人間の歴史上の革命や精神の新紀元の時期を決定するのと同様に、われわれは自然史においても、この世界の記録を探索して地中から最古の遺物を掘り出し、断片を収集し、自然の多様な年代にさかのぼりうるあらゆる物理的変化の徴候を集約して、それらを一つのまとまった証拠に統一しなければならない。これこそは無限の空間に確実な支点を設定し、時間の無限な流れに何らかの里程標を立てるための唯一の方法である[41]」と。

このような手続きには純粋な自然記述の強みが潜んでいる。そしてこの方法は生物学において、次第に従来までのスコラ的論理の方法、すなわち最近類概念(genus proximum)と種差(differentia specifica)による定義の方法に取って代るようになった。精密に記述されたもののみが言葉の真の意味において「定義される」、すなわち明確に認識され限定されうる(il n'y a de bien défini que ce qui est exactement décrit)。そして自然科学的概念構成の本性と目的に関するこの考え方の変化とともに、自然現象の本質的な内容についての見方もまた変化する。現にデカルトにあっては定義に関する論理学的・数学的教義が、その対応物、その必然的な系として厳密な機械論的な自然説明を要請していたが、今や考察の重点が定義から記述へ、類から個へと移動するにつれ、機械論的原理はもはや唯一にして十分な説明根拠として妥当しなくなる。今や存在から生成をでなく、逆に生成から存在を導出し理解しようとする自然観への推移が開始される。

## 5

デカルト物理学の体系はフランスにおいては、教会の教理や「実体的形相」のスコラ的物理学の信奉者の抵抗を急速に克服していった。十七世紀の半ば以後この体系は急速な力で広まって、単に狭義の学者仲間の世界で受け入れられたばかりでなく、フォントネルの『世界の複数性についての対話』を通じて一般的・社交的な「教養」の一要素とさえなるに至った。デカルト哲学の影響は極めて広大でしかも永続的であり、本質的にこれとは正反対のことを目指す思想家ですら、この影響を逃れることができなかった。デカルトの理論は十七世紀のフランス精神の形式を作り出す基礎となり、そしてこの形式の堅固さ、強靭さは自らの内容とは全く異質な要素をすら吸収し克服するほどになった(42)。

このようなほとんど絶対的な権威を、デカルト哲学はイギリスでもドイツでも獲得できなかった。ドイツは自国の精神的生命を、ライプニッツの基本思想の影響下で発展させた。実際にライプニッツ哲学は極めて徐々にしか滲透せず、一歩一歩その地歩を獲得して進まなければならなかったけれども、それにもかかわらずそれは静かな深い影響力を発揮していった。

一方イギリスにおいては経験論の体系がデカルトの体系、とりわけ本有観念の教義と実体概念の把握の仕方への批判を次第に強めていったばかりではない。ここでは再び直接にルネサンスの動態主義に結合し、さらにそれを越えてその古代の源泉、とりわけ新プラトン主義へさかのぼろうとする一種の自然哲学の形式が生き続けた。これらの傾向はその最初の総括と体系化をケンブリッジ学派*に見出した。この学派の指導者の一人であるヘンリ・モアは、当初デカルト哲学の出現に際しては、それが精神主義の決定的勝利であり、物質と精神の、延長的実体と思考的実体の断乎たる分離の実現であるとして熱烈に歓迎していたにもかかわらず、その後自らの自然理論を展開するに際しては他ならぬこの点でデカルトに反対するに至った。デカルトは二つの実体を区別するにとどまらず、この両者を互いに分離してしまった、とヘンリ・モアは非難する。デカルトは論理的区別をあまりにも押し進めたため、この両者の現実的な結合が全く不可能になる越え難い溝を作り上げた。だが自然の統一性と生命はこの両者の連関に、この両者の作用の一体性にもとづく以外にない。だが万一われわれが、精神的なものの領域は人間の自己意識に始まると想定するならば、すなわちそれを「明晰判明な」観念の領域に限定してしまうならば、この統一性は破壊されてその生命は抹殺される。だが自然の形式の連続性の洞察は、このような限定の仕方が原理的に不可能である事実を明白に示す。われわれが至るところ有機的な自然界に認める多様な生の形式と自己意識の形式の間にはどのような分裂も存在しない。生の最も原初的な過程から思考の最高の営みまで、不明瞭で混乱した感覚から最高の反省的認識に至るまで、切れ目なく一つの階梯が続いている。経験がこのような連関をわれわれの目に明らかにする以上は思考はそれに従わねばならないし、現象が絶え間ない連続性を呈する場合には原理や認識根拠においても、デカルトの体系にあるような険しい対立が存在することは許されない。

デカルトは動植物の生命を無雑作に否定し去った。彼は動物を機械作用のみによって動く自動機械と考えた。モアとカドワースの「形成的自然 plastic nature」に関する教説は、デカルトのこの方針との対決であった。生命は思考の力あるいは自己意識に局限されるのとは逆に、むしろこの形成的な力にいっそう普遍的・根本的な表現を見出す。その存在の様式、あるいはわれわれの感覚に映ずる外的形状において、その内部に働いている特定の形成力を体化し表現してそれをわれわれに間接的に開示する存在物には、われわれは例外なく生命を認めなければならない。この「形成的自然」の組織体系は最も単純な自然現象から最も複雑な現象まで、自然の基本的成素から極度に分化した高級な有機体まで支配している。宇宙の秩序と連関はこの形成的自然にのみ依拠していて、単なる質量や運動に依存するのではない(43)。

ライプニッツはこの形成的自然の理論を明白に斥けて、これと別の方面からデカルト哲学の批判を行なった(44)。彼は生物学者として、形而上学者として、確かに有機的生命の現象を自らの考察の中心点に据えたけれども、他方で彼は、デカルトが科学の場面で確立した数学的な自然説明の偉大な原理に再び手を加えたりそれを制限したりしないよう、細心の注意を払った。それ故にケンブリッジ学派の思想家がデカルトの「数学的疾病 morbus mathe-maticus」について語ってこの病癖をデカルトの自然理論の根本的欠陥と考えたのに反し、ライプニッツは、生命の理論が数学的・物理学的認識の原理と何ら矛盾するものではないということを逆に強調した。

ライプニッツによれば、この二つの観察方法の統一性と調和が保証されるためには、自然のあらゆる現象は例外なく厳格に数学的・機械論的に説明されるが、機械的作用の原理それ自体は決して単なる延長や形状や運動にではなく、それとは別の根元に求められねばならない、という事実を人が承認する必要がある。機械論は現象の領域内でわれわれに唯一の安全な道を示す思想的羅針盤に他ならない。機械論は一切の現象を「充足理由律」に服属させることで、それらの合理的把握と十全な説明とを初めて可能にする。だがこの説明方法はこの世界の了解を実現したことにならない。このような了解は、現象を単に比量的に概観してそれを時間的・空間的に秩序づけることに終らない。われわれは事象の一つの項から時間的・空間的にそれと相隣る他の項に進んだり、あるいは一つの有機体が発展の過程において経過するさまざまの段階を逐一追跡してそれらを因果関係で結合したりするのではなく、むしろ階梯全体の共通な基礎が何かを問わなければならない。だがこの基礎そのものは決してこの階梯に帰属する要素の一つではなく、この階梯を越えた存在である。この基礎を認識するためには、われわれは現象の数学的・物理学的秩序を離れて実体の形而上学的秩序へ進み入らなければならない。

われわれは派生的・誘導的な力を原初的・本源的な力に基礎づけなければならないが、この基礎づけの作業こそライプニッツのモナドロジーの体系が遂行しようと試みたものである。モナドは一切の事象がそこから生起しそこに由来する主体であり、モナドの作用性すなわちその前進的発展の原理は、原因と結果の機械的な連関ではなくて目的論的な連関である。個々のモナドは真の実現態《エンテレケイア》であり、それぞれが自分の本性を展開してそれを高めることで、一つの形成段階から他のいっそう完全な発展の段階へ上り行こうと努める。それ故にわれわれが「機械論的」生起と呼ぶものは、この実体的な単位である内在的で合目的な力の内部で行なわれる動態的生起の、単なる外面であり感覚的表出にすぎない。かくしてデカルトが物体の実体をなすと信じた延長は非延長的なものに、「外延的」なものは「内包的」なものに、「機械論的」なものは「生命的」なものに依存するとされる。「物体のうちにおいて機械的または外延的に表現されるものは、実現態《エンテレケイア》そのものにおいては動態的モナド的に集約される。そして現象はモナドから結果する以上、この実現態《エンテレケイア》には機械作用の源泉と機械的な事物の表出がある」[45]。

こうして数学的な自然説明の権威を完全に承認しつつ新しい「有機体の哲学」を基礎づける試みが、ここに実を結ぶに至る。少なくともその後十八世紀の自然哲学の発展に絶え間なく作用し影響し続けた一つの新しい問題が、ここに提示された。この問題を常に生き生きした現実的な主題たらしめたものは、単に理論的動機や抽象的な思索のみではなかった。芸術精神の豊かな人々が強く自覚した新しい美学的な世界観が、ここではそれに劣らず重要な役割を演じた。ライプニッツの根本概念たる調和の概念のなかにも、この二つの要素の相互滲透は早々と看取される。だが新しい自然概念の構築におけるこの美学的動機の重要性は、シャフツベリにおいて特に際立っている。

シャフツベリは彼の自然観を、ケンブリッジ学派の「形成的自然」の理論に基礎づけた。だが他方彼は、特にヘンリ・モアがこの理論から引き出したような神秘主義的帰結を一切拒否した。彼の意図は、純粋な形式概念をその精神的な「超感性的」源泉において認識すると同時に、一方ではそれにもかかわらずこの概念の純粋な直観的規定を依然として保持するように工夫することにあった。シャフツベリは世界を一つの芸術作品とみなし、そこからこの芸術作品を作り上げた芸術家、すなわちその作品のすべての形象に直接的に出現する芸術家へとさかのぼっていく。この芸術家は何らかの外的な手本に従って行動してこの模型を単に写し取るのではなく、またその創作において或る特定の予め与えられた計画に従うのでもない。芸術家の活動は純粋に内在的に決定され、従って外的事象の、すなわち一つの物体の他物体への作用からの類推によっては説明されない。

こうしてシャフツベリの世界観全体を支配し貫通している目的概念は、今や同様に新しい局面と新しい意味をもつに至った。ちょうどわれわれが芸術的創造と鑑賞において決して外的目的には支配されず、むしろ活動の目的を純粋に活動それ自体に、すなわちそれ自身としての創造と直観に見出すのと同様に、自然の「天才」についても同様なことがあてはまる。天才はそれが活動することによってのみ存在するが、その本性は何らかの具体的作品に、あるいはその作品の無限の多産性に還元されはしない。この本性はただ作用し形成するという行為においてのみ表現される。そしてこの行為はまた、すべての美の源泉に他ならない。「美しく作られたものでなく美しくするものこそが、真に美しい存在である」。シャフツベリは彼の美学から発するこの目的内在性を自然哲学においても貫くことによって、新しい根本的な知的傾向を生み出した。

この点でも彼は自分の手本であったケンブリッジ学派の思想家たちをも越えて進んだ。つまりケンブリッジ学派がすべての有機的作用には不可欠とみなした「形成的自然」は、概して神の意志の指導と支配に委ねられる従属的な力にすぎなかったから、神は世界の上にそれの「目的」すなわち超越的な原理として君臨し、他方で形成的自然は世界の内部で作用し、普遍的目標にかかわる最高原因から個々の形成作用をいわば委託されて遂行する単なる道具にすぎない。シャフツベリにあっては、低級なものと高級なものとの、最高にして神聖な力と、自然の各種の「鬼神的《デモーニッシュ》」な力との対立もまた消滅する。彼は全のうちに一を見出し、一のうちに全を見出す。美の内在性のこの立場にとって、自然においても上位と下位、内と外というような区別はもはや存在しない。彼岸と此岸という絶対的な対立も今や止揚されるに至って、「内的形式 inward form」の概念がこの種のすべての対立を克服した。ゲーテの言葉によれば「外部で妥当したものは内部でも同じように妥当する」ということが自然の内実である」。自然に対する新しい感情の力強い流れが、この源泉から十八世紀の精神史に流れ込んだ。シャフツベリの自然讃歌は特にドイツ精神史の発展に決定的な影響を及ぼした。ヘルダーや若いゲーテの自然観を形作ったあの根元的な力を解放したのは、実にシャフツベリのこの呼びかけに他ならない(46)。

ヘルダーやゲーテの自然観について語るとなると、われわれはもちろん啓蒙主義の時代の境界を越え出るわけであるが、この点についても十八世紀思想に全く断絶を見出すことができない。啓蒙主義時代はむしろ極めて着実な歩みで、この世紀の変り目まで到達した。ライプニッツの体系と彼の多方面な思考は、この発展の連続性と一体性を最初から保証し媒介した。フランスにおいても世紀の半ば以後ライプニッツのモナド概念の展開は、次第に強い影響を及ぼすようになる。とりわけこの点でライプニッツ思想のフランスへの橋渡しをしたのはモーペルチュイである。彼のライプニッツに対する個人的関係はもとより多少の矛盾を含むけれども、彼の形而上学、自然哲学および認識論がライプニッツの根本概念と実際に関連していることは明白である。最小作用の原理に関する彼の主張、連続性の原理の根拠づけの仕方、および時間・空間の現象的性格についての彼の学説は、すべてライプニッツに依拠している。もとよりモーペルチュイはこれらの点でライプニッツへの直接の依存を避けようと努力する。たとえば彼はライプニッツの基本的学説を暗黙のうちに採用しながらも、ライプニッツの体系それ自体、ことにヴォルフおよびその門弟たちが考えたような形の体系を批判し攻撃した。この曖昧な彼の立場はケーニッヒとの論争に際して彼に禍いした(47)。だがケーニッヒが指摘したモーペルチュイのライプニッツへの依存は、

「最小作用の原理 Principe de la moindre action」の彼の考えよりもむしろ彼の生物学理論において一段と明白に現われている。彼のこの理論は、ドクトル・バウマンと称する著者によりエルランゲンで一七五一年に印刷されたラテン語論文『就任論文——自然の普遍的体系についての形而上学的考察 Dissertatio inauguralis metaphysica de universali naturae systemate』のなかで述べられている。この書物が学説史上でもつ特殊な意味は、十七世紀の自然哲学で相対立していた二人の偉大な論敵を和解させて両者の理論を調停しようとする試みがここで初めて果たされた、という事実にもとづく。

モーペルチュイはフランスにおけるニュートン理論の最初の擁護者であった。彼はこの点ではヴォルテールにすら先んじてこの人物の手引きをした開拓者であった(48)。だが彼は早くから、ニュートンの万有引力の法則が記述的自然科学、すなわち有機的生命現象の理解と解釈の面では、決して十全な基礎として役立たないことを認めていた。天文学および物理学の領域ではニュートンの理論は極めて輝かしい業績を示したけれども、いったんわれわれが化学の領域に立ち入るや否や、もはやニュートン理論のみでは完全には解決できない全く新しい問題が出現する、とモーペルチュイは強調した。もしもわれわれが万有引力の一般理論を化学の領域においても同じような究極的な説明原理として維持しようとするならば、少なくともわれわれは引力の概念に物理学の場合とは異なったいっそう広い意味を付与しなければならない。さらにわれわれが化学から生物学の領域へ移って植物もしくは動物の構造を説明する段になると、われわれはここでも再び同様な意味変化を経験するに至る。種の増殖の問題を始めとして遺伝学説の複雑な問題は、純粋に物理学的な方法だけでは解決されない。それどころかこの観点からは、これらの問題の定式化すら不可能である。むしろここにおいてわれわれは、物理学者において前提されているのとは異なった新しい物質概念の採用を余儀なくされる。デカルトの延長もニュートンの重力もひとしく生命現象の理解には役立たないし、ましてそれらの原理からこれらの現象を導き出すことなど金輪際不可能である。われわれに残されたことはただ、不可入性、可動性、慣性、重力等々の純然たる物理学上の属性と並べて、生命現象に直接関連する他の属性を付加するだけである。

この点でモーペルチュイはライプニッツの理論に立ち帰った。つまり自然現象の真の究極的な説明根拠は決して単なる質量の概念には存しない、それは意識という点からのみ、すなわち表象と努力という属性を通してその本性が決定されるような単純な実体にこそ見出されなければならない、というのがライプニッツの主張であった。さらにモーペルチュイは、もしも人がこれらの属性を存在の根本要素として承認し、決して派生的な性質として取り扱わないと決心しない限り完璧な自然説明は不可能であろう、とまで主張する。

もっともその反面でモーペルチュイは、実体の世界と現象の世界、「単純なもの」の世界と「合成されたもの」の世界を区別したライプニッツの急進的意見に与しようとはしなかった。彼はモナドの概念に接近したときも、万物がそこから結果するこの根本的な単位要素をライプニッツのように形而上学的な点ではなく、むしろ物理学的な点と考えようとした。この単位に到達するためにわれわれはそれ自体としての物体的世界を離れる必要はないし、物質的生起の平面を越え出る必要もない。われわれは単に、物質の概念を作り変えて、それが意識という基本的事実を排除せずそれを自らのうちに含むものにするだけでよいのである。換言すれば、われわれは物質の定義に延長、不可入性、重力等々の性質ばかりでなく、欲望（désir）、嫌悪（aversion）、記憶（mémoire）などの性質を含ませなければならない。このような結合の姿は必ずや矛盾を含むはずで、このように全く異質な、否、完全に相反する多くの属性が一つの主体で結合される余地はない、という異論も何らわれわれを悩ます必要がない。なぜならばこの抗弁は、自然科学者が用いる種々の説明は事物の本性を規定してそれを完全に表現する実質的定義である、という前提のもとでのみ成立するからである。

デカルトおよびその学派のように意識と思考を精神の本質規定と、そして延長を物体の本質規定とみなすならば、もとよりこの場合この二つの規定は全く共通な要素を含まない以上、彼らのように精神と物体の間に絶対的な障壁を設けて、一方に振りあてた属性を他方には決して認めないことも、あるいは首尾一貫した論理かもしれない。だがいったんわれわれが、われわれの思考の働きは結局経験的な性質の確認に限られるという事実を認めるならば、このような相互排除はもはや妥当しなくなる。これらの性質が内部において互いにどのように結びついているか、またそれらが果たして本質上互いに調和しうるかどうかについては、われわれは問えないし問うつもりもない。経験が絶えずそれらを同時にわれわれに示していさえすれば、そしてわれわれがそれらの規則的な共存の事実を確認できるならば、それで十分である。「思考と延長が両方とも単に性質に過ぎないならば、両者はその固有な本性がわれわれには知られていない一つの同じ主体に属していると考えることもできる。これらの哲学者の推理はすべて徒労に終った。つまり延長と可動性の並存という事実が何ら不思議でないならば、延長と精神の並存という事実が不可能であることも証明することはできない。もとよりわれわれは或る単一の対象に延長と思考を帰属させることには、延長と可動性を結合することよりも強い抵抗を感ずる。しかしこれも結局、経験が後者の結合を絶えず眼前に直接的に示すのに対して、前者の連関はわずかに推論と帰納を通じてのみわれわれに知られるという事情による[49]」。

物質概念のなかに「精神的」規定と「物理的」規定を並存させて直接共存させる企てに抗弁する論理学的形而上学的異論が、このようにして克服されてしまえば、今や自然哲学の構築は何の障害もなしに進捗するだろう。われわれは意識を無意識から導き出そうと考えたりはしない。そのような想定は無よりの創造を主張するにひとしい。感覚や知性を、さらにいかなる種類の心理的性質をも備えない原子だけの結合にもとづいて精神の発生を説明できると考えることは全く馬鹿げている。(50) だから今やわれわれに残された道は、真の根元的現象としての意識を原子そのものの内部に移し入れること、意識を原子から発生させるのでなく、それが原子の内部で発展して次第に高い明晰度に到達するようにさせることだけである。

もとよりライプニッツの自然哲学の固有な根本原理は、モーペルチュイがこれらの理論を展開する流儀により、全く痕をとどめぬまでに拭い去られる。ライプニッツの唯心論はここでは一種曖昧で不明瞭な物活論《ヒュロゾイズム》に変質してしまう。物質は当初から霊的なもの、つまり感覚と欲望、或る種の親和性と反撥性をもった存在と考えられる。物質の個々の部分には、適合的な要素を求めその逆の要素を斥けようとする「本能」があるばかりではない。それぞれの部分は或る特定の自意識をもつ、と考えられる。一つの部分が他の部分と結合して大きい一団を作り上げる際にも、この自意識はそのために失われることはない。これらの生命ある分子の集合から新しい全体意識が生まれ、その構成元素はこの全体意識に参加してそのなかへ融け込む。「知覚は元素の本質的な性質であり、それは消滅することも増減することもない。元素の多様な結合の結果として、それが各種の変化を受けることはあるけれども、宇宙全体として見る限り、たとえわれわれがその総和を確定できないとしても、それは常に同一量を構成している。……それぞれの元素は他との結合を通じて自らの知覚を他のそれと混和させて、その固有な自意識を失ってしまう故に、われわれもこれらの個々の元素の原初的状態の記憶を喪失し、従ってわれわれ自身の由来をも全く知ることができないだけである」(51)。

モーペルチュイの学説はディドロによってその著『自然の解釈について』に受け継がれたが、もとよりディドロはこれらの理論の欠陥を見抜かずにはいなかった非常に鋭い批判者であった。唯物論を越え出ようとするこのモーペルチュイの企てに、ディドロが他ならぬ唯物論の一変種を見出したことは正しかった。そしてこの単に小細工を施されただけの唯物論の形式に対して、ディドロはもう一つ別の、純粋に動態的な見方を対置させる。われわれがディドロについて語る場合、彼がさまざまな時期に抱懐していた全体的な哲学を一つの決まった名称によって特徴づけ、彼の思想をいわば固定してしまうことは、もとより危険である。ディドロの思想はあくまでも流動の過程でのみ、つまり不断の休みなき運動においてのみ理解される。このような思考の働きは何か特定の成果を挙げたときに終るものではないから、われわれはこの軌道の個々の地点においては決してこの運動の本性と目的を知ることができない。ディドロはその生涯において、数えきれないほど頻繁に自らの「見地」を変えた。だがこの変化そのものは、決して偶然的・恣意的なものではなかった。この事実はディドロが抱いた次のような確信、すなわちわれわれが宇宙を観察する際の或る特定的見地、われわれがそれに接近しようとする際の或る特殊な観点は、それだけでは決して宇宙の内実性、その内的多様性、その絶え間ない変化を十分に汲みつくすことができない、という確信の現われに他ならない。だからディドロは決して自らの考え方を定着させたり、確乎たる究極的定式で自己を表現しようとは考えなかった。彼の思想は一貫して流動的・弾力的であった。だが他ならぬこの流動性においてこそ彼は、それ自体静止することなく永久に運動し、絶えず変動し続けている現実に接近しうると考えた。この無限に変化しつつある宇宙は、ただ弾力的な思考によってのみ、つまり一つの地点から直ちに他の地点へと飛翔でき、眼前の所与の考察で満足することなく無限の可能性に浸りつつそれを開拓し検証しようとする思考によって、初めて洞察されうる(52)。その知性の並びなき特異性によってディドロは、初めて十八世紀哲学の静態的な世界像を克服して、それを純然たる動態的世界像に変えた開拓者の一人となった。ディドロにとってあらゆる概念的図式、単なる分類の一切の試みは、窮屈で不十分なものと考えられた。それらは少なくとも個々の瞬間において認識の現状を固定し、確認する限りでのみ、有効であるにすぎない。だからこのような概念の図式によって認識そのものが掣肘を受けることで、将来に向けての予断をここから導き出してはならない。われわれの心はいつも新しい可能性に開かれていなければならず、或る特定の固定的な掟や規則によって経験の地平を局限させてはならない。ディドロはこのような見地に立って、新しい自然哲学の概念を作り上げた。

自然に枠をはめて、われわれ人間の分類方法にそれを無理に適用させようとする企ては無益な努力に終る。自然は多様性と、絶対的な異質性だけを知っている。自然のどのような形式も同一の状態にとどまらず、その個々の姿は、それを形成する力が次の瞬間には再び崩れ去ろうとする一時的な均衡状態を意味するにすぎない。「動植物界においては、いわば個体が発生し生長し存続し滅亡して消えてゆく。種全体についても全くそれと同様のことが言えないだろうか。……哲学者が次のように想像することはできないだろうか――すなわち永遠の昔から動物全体に固有の要素がいくつか存在して、それは物質の総体のなかに分散して埋没されていた。そしてこれらの要素は時折互いに結合して胚種を作り出すが、この胚種は無限の組み合わせと発展とを経ることにより、初めに運動、その次に感覚、表象、思考、反省力……と次々に新しい機能を獲得した、これらの発展の個々の段階にはそれぞれ何百万年の歳月が過ぎていっただろう、そして恐らくそれは今後もっと別の変化を受けるだろうと(53)」「われわれ以前に消え去ったすべての動物の種を、またわれわれ以後に出現してくるすべての種を知る人が果たしているだろうか。万物は変化し、万物は過ぎゆく。ただ全体のみが永遠に存する。世界は絶え間なしに生まれ、そして滅びる。あらゆる瞬間において世界は始まると同時に亡びつつある。……物質の果てしなき大海のうちにはただの一瞬といえども、他のものと、否、自分そのものとさえ同一な分子は存在しない。事物の新しい秩序は生まれつつある（Rerum novus nascitur ordo）――これこそ宇宙の永遠なるモットーに他ならない」。だから哲学者にとって「かげろうの屁理屈 le sophisme de l'éphémère」*、つまり世界は必然的に現在あるがままの姿に違いないという妄想ほど、悪質で危険極まるものはない。世界の現在の姿は、その無限の生成の過程のほんの一瞬間のものにすぎない。そしてこの生成の過程がいつか生み出すであろう豊かな内容は、どのような思考によっても先天的に測定されない[54]。

ディドロが自然を特徴づけて述べたこの「事物の新しい秩序が生まれつつある」というモットーは、まさに十八世紀の思想の歴史におけるディドロ自身の位置についても当てはまる。彼は観念の新しい秩序を導き入れた。彼は単に過去の学問的業績を乗り越えたばかりではない。これらの業績を生み出してこれらの確実な基礎となっていた思考様式そのものを、彼は打ち破った。

# 第三章　心理学と認識論

## 1

　十八世紀思想において特徴的なことは、自然問題と認識問題が全く分離できないほど緊密に結合されていた、という事実である。思考は、同時に自らの内面に立ち帰ることなしには外的対象の世界に立ち向うことができない。思考は同じ一つの行為において、自然の真理性と自らの真理性とを確認しようと試みる。認識は器具として適用され器具として無制限に使用されるのみではない。認識のこのような用法の根拠とこの器具の性質についての問題が、ますます急務として取り上げられるに至った。この問題を提起したのは決してカントが最初ではない。ただ彼はこの問題を新たに定式化して、それにいっそう深い意味と抜本的な解決を与えただけである。

　精神の限界を規定する（ingenii limites definire）という普遍的な課題は、すでにデカルトが極めて明確に、また決定的に把握したものであり、ついでロックも同じ問題を彼の経験論哲学全体の基礎に据えた。ロックの経験主義もまた意識的かつ「批判的」な意図を含む。彼によれば経験という機能を追求する課題が、経験の対象の規定に先行しなければならない。われわれは何らかの任意な対象の認識にもとづいてその事物の本性を見究めようと試みてはならず、われわれの最初の設問は、そもそもどのような種類の対象がわれわれの認識に適合し認識によって限定されるのか、でなければならない。だがこの問題の解決、つまり人間知性の特殊的性格に対する正確な洞察は、われわれがこの人間知性の全領域の点検によって、認識の原初的要素からその最高の形成物に至る発展の全過程を追跡して初めて可能となる。だから批判的問題は発生的問題に帰着する。人間精神の生成の姿のみが、それの本性に関する真に十分な解明をわれわれに可能にする。

こうして心理学が認識批判の基礎をなすと考えられるに至り、それはカントの『純粋理性批判 Kritik der reinen Vernunft』以前は何ら怪しまれることなくこの位置を占めてきた。ライプニッツの『人間知性新論 Nouveaux essais sur l'entendement humain』に始まるこれに対する反撃は、その力を発揮するのに数十年間後れを取った。この著作は一七六五年に至ってやっとハノーヴァの図書館の草稿から公刊されたが、それ以後ですら、この影響力は当面ドイツ哲学とドイツ精神史の領域のみに限られた。カントが体系的に発展させた「超越論的」な方法と「心理学的」な方法の間の、経験の「開始」とそれの「成立」との間の厳格な区別は、十八世紀思想の基本的問題の歴史的考察においては採用できない。実際にここでは両者の境界は絶えず混じり合った。「超越論的演繹」は「心理学的演繹」から全然区別されなかった。認識の根本概念の客観的な妥当性は、これらの概念の由来にもとづいて規定され判断される。こうして心理学的源泉が論理的基準に転化する。だが他方で、心理学の問題提起に影響してそれを方向づける或る種の論理的規範が存在することもまた疑いない。こうして心理学はきわめて反省的な性格を帯びることとなる。

つまりそれは心が生み出す形象もしくは機能の単なる把握だけでは満足せず、精神の機能の究極的基礎に立ち戻り、その原初的要素にまでそれを分析することを心がける。まさにこの方法において心理学は自らが一般的自然科学に属し、それらと最も近い関係に立つのを感ずる。心理学の最高の理想は、ちょうど化学が無機的物質の、解剖学が有機的物質の分析術であるのと同じ意味で「精神の分析術」になることである。ヴォルテールはロックについて言った。「多くの理屈屋たちが精神についての物語を書き上げた後へ、一人の賢者がやってきてその歴史を上品に書いた。ちょうど優秀な解剖学者が人体の発条《ばね》を説明するように、ロックは人間理性を解剖してみせた(1)」と。

認識の真理性、すなわち概念と対象の一致についての根本問題は、十七世紀の合理主義の大体系においては、この両者すなわち概念の世界と対象の世界が、存在の同じ一つの基底的な層に還元されることで解決されてきた。この基底的な層において概念と対象は一致するはずであり、この根本的な合致から他のすべての間接的な対応は導き出される。人間認識の本性もこの対応自体から、つまり精神が自らの内部に見出す諸観念にもとづいてのみ解明されうる。これらの「生得的」な観念こそ、人間精神の起原と使命とを完全に保証し確認すべく最初から精神に刻印された印章に他ならない。

デカルトによればすべての哲学の出発点は、われわれの精神に存在して他のすべての認識のいわば模範となる、これら基本概念（notions primitives）を考察することに存する。これらの基本概念に属するものは、存在、数、持続などのように、すべての思考内容に例外なく含まれる概念であり、さらにこれ以外にも物体的世界については延長、形態、運動などの概念、また精神の世界については思考の概念が付け加わる。(2) これらの単純な模範と原型には、すべての経験的な現実性と、物体のすべての多様性、そして心理的過程のすべての形姿が含まれている。そのようにこれらの原型が経験的現実に接近しうるのは、同時にそれが本源に立ち戻ることによってに他ならない。本有観念はいわば工匠としての神が自己の作品に押した商標（les marques de l'ouvrier empreintes sur son ouvrage）である。だからこれ以上、それが現実といかに結合しているか、またそれが現実に「適用」されるいかなる可能性があるかを問うのは無用である。これらの観念が現実に適用される理由は、それらが現実世界と同一の源泉から発生したために、これら観念自体の構造と事物の構造との間には当然何らの対立もありえないからである。明晰判明な観念の体系としての理性と、被造物の総体としての現実世界の間の不調和などは絶対にありえない。なぜならば両者は同じ一つなる統一的実在の、別々な表現にして説明にすぎないからである。

こうして神の「原型的知性 intellectus archetypus」はデカルト世界像において思考と存在を、真理と現実をつなぐ固い紐帯となる。そしてデカルト思想のこの基本的特徴は、彼の直接的な弟子や後継者の場合いっそう明白になった。デカルトを乗り越える発展は、現実と人間精神との、思考実体（substantia cogitans）と延長実体（substantia extensa）との直接的結合がすべて完全に否定され廃絶されるという点に存する。精神と肉体との間、われわれの観念と現実との間には、神の存在によって与えられ生み出される以外のどのような結合も存在しない。道は存在の一つの極から他の極へ直接に通ずる代りに、必然的に神の存在と作用という中点を経由する。われわれが外的対象を認識してそれに働きかける行為も、この媒介を通ずる以外にありえない。

こうして本有観念についてのデカルトの教説は、マールブランシュにおいては「われわれはすべての物を神において見る」という命題にまで強化された。事物の真の認識は、われわれが自分たちの感覚知覚を純粋理性の観念と関連させる場合にのみ成立する。われわれの表象が客観的な意味を獲得するのも、そしてそれがわれわれの自我の単なる変形であることを止めて客観的な実在と客観的秩序を表出するのも、偏えにこの関連によってである。感覚的性質、すなわち色や音、匂いや味の感覚は、それ自体では何ら存在または世界についての認識の要素を含むものでもない。われわれが直接に体験するこれらの感覚は、世界刻一刻変化するわれわれの精神の状態を表現するにすぎない。科学的方法のみが、このような精神状態のなかから、客観的に存在し客観的に妥当する自然の秩序と、それがもつ確乎たる法則性への指示を発見しうる。だが科学がこのような移行を果たしうるのは、それが偶然的なものを必然的なものに、単なる事実的なものを合理的なものに、時間的なものを超時間的で永遠なるものに帰着させる限りにおいてである。

われわれが自然すなわち物体的世界の認識に到達するためには、われわれは「物質」に何らかの感覚的性質を帰するのでなしに、それを純粋な「延長」に還元しなければならない。だがこの還元の操作に引き続いて、直ちに別のいっそう深い還元が始まらねばならない。つまり延長を、それがわれわれの具体的直観、つまり「想像力」に与えられるままの意味において把握するだけでは決して十分ではない。延長をその固有で厳密な意味において理解するためには、われわれは想像力が作り出した形象から自分を解放して、単なる想像的・感性的な延長から「叡知的延長」へと進まなければならない(3)。この叡知的延長の観念を媒介として初めて人間精神は、自然すなわち物体的現実を認識しうるが、この叡知的延長そのものの観念は、それが本来的な「観念の場所」としての神に関連づけられて初めて把握される。この意味においてすべての真正な認識行為、理性によるすべての行為は神と人間精神との間の直接的一体性と連結とを作り出す。われわれの認識の根本概念がもつ妥当性、価値、確実性は、われわれがこれらの根本概念において神の働きに参与するという事実によって、今や全く疑問の余地がないものとなる。一切の論理学的真理と一切の論理学的確実性は、究極的にはこの形而上学的な参与という事実にもとづくのであって、論理学的真理はそれ自身の完璧な証明のためにこそ参与を要請するわけである。われわれに認識の道を照らし出す光明は外部からでなく内部から、すなわち感覚的事物の領域からでなくイデアと永遠な真理の領域から発する。だがそれにもかかわらず、この純粋に「内的」な光は専らわれわれ自身に属するものではなく、別のいっそう高い光源に由来するものである。「それは実にわれわれ万人の主である光輝ある実体の光彩である」[4]。

われわれはデカルト的合理主義のこのような形而上学的展開を考察して、啓蒙主義哲学が異論を唱えねばならなかった点がどこにあったかを、ここから極めて明瞭に知ることができる。啓蒙主義哲学はここ認識の問題においても、以前それが自然の問題に関して逢着して当時は立派に解決できたと自ら信じていた課題と、全く同一の課題に直面したのである。つまりそれは、自然および認識をそれ自らの足で立たせ、それ自らの諸条件から説明するという課題であった。両者いずれの場合においても、「超越世界」への飛躍は避けねばならず、認識と現実の間、主観と客観の間に、それとは異質の権威が介入することは許されない。この問題は経験の基礎に据えられて、そこで解決されなければならない。経験を一歩でも越え出ることは単なる見せかけの解決であり、知られざるものをいっそう未知のものによって説明することを意味するにすぎない。それ故に先天主義と合理主義がそこに認識の最高の保証を見出したと信じたこの種の媒介は、断乎として拒否されねばならない。啓蒙主義哲学が自らの最重要な課題をそこに見出した思考のこの大規模な世俗化の過程は、特にこの点に関して鮮明に現われている。

「認識とその対象の間の関係」というこの論理学的・認識的問題は、宗教的・形而上学的な見地を導入したところで解決はできない。この種の試みはただ論点を混乱させるだけに終る。カントは、彼の批判問題の最初の明確な定式化を含む有名なマルクス・ヘルツあての手紙のなかで、この種の解決の試みをもう一度はっきり排斥してこう述べている。「プラトンは以前の古い神の概念を持ち込んでそれを純粋知性の概念と原理の起原としたが、他方マールブランシュは今日も世に行なわれる神の概念を採用した。……だがわれわれの認識の起原と妥当性を規定する際にこのようなデウス・エクス・マキナ（機械仕掛の神）を持ち出す手口は、およそ人間が選びうる最も不合理な試みである。それはわれわれの認識の推論手続きにおける悪循環を意味するばかりでない。それは種々な気まぐれを育て、信心ぶったり思い煩ったりする妄想を養うためにいっそう甚しい欠陥を有する」[5]と。

カントは彼の根本命題に属するこの消極的部分においても、依然として啓蒙主義哲学の共通の確信を完全に擁護している。啓蒙主義はつねにくりかえして、認識問題を超越世界を通じて解決する試みに反対してきた。ヴォルテールは、この種の傾向に対する倦むことなき闘争において、好んでマールブランシュの体系を引合いに出す。彼はマールブランシュをあらゆる時代を通じて最も深遠な形而上学者の一人に数えた。(6) だがそれだからこそヴォルテールは再三マールブランシュに言及して、形而上学的「体系精神」の無能力を証明しようと試みる。(7)

ヴォルテールやすべての百科全書派の運動においては、もとよりこの否定的な批判は、同時にそれ以後もはや全く確実と考えられる決定的な論証を内包する。事実われわれがもしも超越性への逃避を遮断するならば、そもそも自我と外的世界、主観と客観の間にどのような媒介がありうるか。つまり一方が他の一方に直接的に影響を及ぼすという結合以外に、どのような結合がこの両者の間に考えられるのか。もしも自我と外的対象が存在の別種の層に所属しながら、それにもかかわらず互いに接触して結合するのならば、ここには外的な事物が意識に関与するという以外の説明は考えられない。ところがこの種の関与の形式でわれわれに経験的に知られる唯一のものは、直接的作用という形式である。この形式のみが表象と対象の間の隙間を架橋しうる。われわれの精神のなかに存在する観念はすべてそれに先行する「印象」に基礎を有して、この理由にもとづいて初めて十全に説明されるという命題は、今や疑うべからざる原理にまで高められるに至る。因果関係一般の普遍的妥当性をあれほど攻撃したヒュームの懐疑主義すら、因果関係の一つの特殊形式であるこの原理を斥けなかった。たとえ或る特定の観念の原型が必ずしも明示されずに隠されたままであったとしても、それが存在して、われわれはそれを見出す努力をしなければならないという事実は、全く疑いを容れる余地がない。この点への疑念は単に軽率さと思考の一貫性の欠如を露呈するものにすぎない。(8)

それ故にわれわれは今や次のような驚くべき根本的な逆説的結論、つまり心理学上の経験主義は他ならぬ自らの命題の発展のためには、その教説の冒頭で或る種の心理学上の公理を想定せざるをえない、という事実に突きあたる。「予め感覚のなかに存在しなかったものは知性のなかに存することができない nihil est in intellectu quod non antea fuerit in sensu」という原則は、綿密な帰納によって検証された事実的真理としては決して主張されえない。にもかかわらず今やこの原則には、単なる経験的蓋然性にとどまらない、完璧にして疑うべからざる確実性、さらに実に一種の必然性すらが帰せられるようになる。ディドロははっきり述べている。「もしも『予め感覚のなかに存しなかったものは……』という古い原則が第一の公理としての明証性を有しないならば、形而上学において証明可能のものは何一つ存在しないし、われわれは自らの知的能力についても自らの意識の起原と発展についても、何一つ知ることがないであろう(9)」。この言明は特徴的である。なぜならばそれは、経験主義といえども普遍的な原理とその直接的な明証性への訴えかけを完全になしですませることができない事実を示すからである。しかし今やこの明証性の機能面は変化した。もはやそれは純粋概念相互の結合についてではなく、事実の関連に対する洞察を表わすものとなる。精神の形而上学に代って精神の歴史叙述、つまりロックがデカルトに反対して主張した「ありのままなる記述的方法」が登場しなければならない[10]。

十八世紀の前半においては心理学および認識論のすべての問題に関してのロックの権威は、依然ほとんど揺るぎのないものであった。ヴォルテールは彼をプラトンの遥か上位に置いたし、ダランベールは百科全書の緒論において、ロックはニュートンが科学的な物理学の創始者であるのと同じ意味で科学的な哲学の創始者である、と述べている。コンディヤックは心理学史の概説でロックをアリストテレスと直結させて、心理学の諸問題の解決への真の貢献という見地から見れば、この両者の間に介在するものは完全に無視できる、と述べている[11]。

イギリスおよびフランスの心理学は単に一つの点でロックを乗り越えようと試みた。それらはロックの心理学の原理にまだ残っている二元論の最後の残滓を除去することによって、「内的」および「外的」経験の区別を廃棄し、すべての人間的認識をただ一つの源泉に帰着させようと欲した。「感覚」と「反省」の対照は単に表面的であり、精密な分析に際しては消滅する。ロックからバークリへ、バークリからヒュームへの経験主義哲学の発展はこの感覚と反省との区別を最小限にし、結局はそれを完全に払拭しようとする一連の努力の表われであったし、これと同様十八世紀フランス哲学に現われた批判も、主にこの一点、つまりロックが反省に帰属させた自立性の最後の要素の除去を目指してこの論点を強調した。

反省とは精神が自らの状態、自らの本性を認識することであるといわれるが、そもそもこのような種類の認識が現実的・経験的な所与として成立しうるのか。およそ何らかの物質的なもの、すなわちわれわれ自身の身体の性質または状況と関係する何らかの感覚が経験内に入り込むことなしに、「われわれ自身」を純粋に経験することが可能であろうか。そもそも経験において純粋な「自己感覚」、抽象的な自己意識が見出されることが起りうるであろうか。この問題を提出したモーペルチュイはこの問題に断定的に答えようとは欲しなかったが、結局は否定的見解に傾く。われわれが純粋な存在の観念を深く立ち入って検討し分析すればするほど、この観念を各種の感覚的所与から分離することは不可能となる。われわれはこの観念の成立の際にとりわけ触覚が決定的役割を果たす事実を知る[12]。同様の結論はコンディヤックによっていっそう急進的な形で表示された。そして彼はこの結論をもとに、ロックの心理学と認識論の基礎の根本的な批判へと進んでいった。

疑いもなくロックは重要な一歩を踏み出して経験論的研究の道を切り開いた最初の人物であるが、彼は中途で立ち止まって最も重要な問題の前で尻ごみした。つまり比較、区別、判断、意志などの精神の高級な機能が問題となる段階で、突然ロックは彼の発生論的方法を放棄する。彼は単にこれらの機能の列挙で満足し、これらを精神の根元力とみなすだけで、それらを源泉まで追跡しようとは考えない。だから研究の糸はまさしく最も大事な決定的な地点で切断される。ロックが本有観念を攻撃した手並は鮮やかであったが、精神の本有的機能についての偏見には手を触れなかった。見たり聞いたりすることとまったく同様に、観察や理解などの働きも決して最終的で分解不可能な根本的性質ではなく、われわれが経験と学習を通じて初めて獲得する後天的な成果に他ならない(13)。だからわれわれはこの点にいっそう深く立ち入って、この発展過程を追跡しなければならない。精神機能を絶えず開発していく手続きに何らかの上限を設定することは許されない。これらの手続きはいわゆる「高等」な知的活動の前で中止されてはならず、むしろそれはこれら高級な活動に到達する段階において初めて決定的で十全な威力を発揮する。そしてこれらの活動においても、もともと感覚的本源要素のなかにそっくり完全な形で含まれていなかった要素は存在しない。各種の心理的な働きや知的機能は何ら本来的に新しい、それ故に神秘的な要素を表わすものではない。それらの諸機能は、すべて実は変形された感覚にすぎない。もしもわれわれがこの精神の機能の生成と、この精神機能にまつわる感覚要素の変形過程を一歩一歩追跡していくならば、われわれは必ずや、これら精神作用の個々の局面が明確な境界線で仕切られずに互いに連続し融合し合っていることを知るであろう。これらの心理的な変形過程を全体として考察するならば、われわれはそこに思考や意志の作用と感覚や知覚の作用とが同一の系列の形で存在するのを見出す。

コンディヤックはヒュームのように事物を単なる「もろもろの知覚の束または集合」に還元するという意味での「感覚主義者」では決してない。彼はただ精神の単一な本性に着目し、意識の真の主体はこのような本性のなかでのみ見出される、と強調したにすぎなかった。人格の統一は必然的に感覚主体の統一を、つまり身体の個々の部分に作用する多様な印象に応じて多様な変容を蒙る或る単一な精神的実体の存在を前提する。[14]だから厳密に言えば、感官はわれわれの認識の原因でなく機会因にすぎない。なぜならば感覚の主体は感官ではない。正確には身体の器官の変容が起る機会に心が感覚するからである。われわれは自分が知覚する最初の感覚を注意深く観察し、最初の精神機能の基礎を説明することにより、それらの機能がどのように発展していくかに注目しそれを極限まで追跡しなければならない。要するにベーコンが言ったように、われわれは人間精神の構造を正しく理解するために、いわばその全体を新しく創造し直さなければならない。[15]

もとよりコンディヤックは精神の「新しい創造」のこの試みに際して、単なる経験的な観察だけに終始したわけではない。彼の『感覚論』は単にこれら観察結果の列挙を試みただけではなかった。それは厳格な体系的計画に従いつつ体系的な前提から出発し、それを堅く保持しながら一歩一歩この前提を立証しようとする試みであった。さまざまの印象を刻み付けられることで生命に目覚め、次第に豊富で多面的な生の形式へと進んでゆく有名な彫像の例は、コンディヤックが考える「精神の自然史」が一方では思弁的・構成的な動機をそのなかに含むという事実を明白に示している。

またコンディヤックは、精神の生成とその多様な形状の発展の単なる叙述だけでは満足しなかった。彼はこの生成の傾向を解明して、その真の起動力を突きとめようと考える。この彼の試みには新しい実り豊かな素地がある。すなわちわれわれが単なる概念もしくは観念の領域、つまり理論的認識の領域にとどまる限り、生成の究極的な力を明らかにすることができないことを彼は洞察した。今や精神界の別の次元に移行することが必要である。精神活動の基礎をなし、その多彩なエネルギーの生き生きとした源泉となるものは思弁や単なる観想ではない。運動が静止から説明されないように、精神の動力学が静力学に依拠する余地はないのである。精神のすべての変容の背後に潜むこの潜勢力、片時も決まった形状を取ることなく次々に新しい形状と機能へ移行してゆくこの潜勢的な力を理解するためには、われわれは精神のなかに本源的な起動的原理を想定しなければならない。この原理は単なる表象や思考にではなく、ただ欲求と志向にのみ見出されうる。それゆえ衝動は認識に「先行」して、そのための不可欠な諸前提を作り出す。

ロックは意志行為の現象の分析において、人間を刺戟して特定の意志行為を起させるもの、そしてあらゆる個々の場合に彼の決断の具体的原因となるものは、決して将来の善の単なる表象（この場合には人間の行為がこの善の実現のための手段となる）ではない、と強調した。この種の表象には、つまり相対的な善か悪かの選択という見地から意志の個々の可能な目標を理論的に考量する働きには、何の起動力も内在しない。この力は将来の善の理論的予見や予測によって生まれるのとは逆に、精神が特定の状況下で不快や不安を経験した記憶から、精神が不可抗的にこの状況から逃げ出そうとする感情から生まれる。そしてロックはこの不安[16]（uneasiness）をわれわれのあらゆる意志作用の真の起動力、その決定的な刺戟とみなした。コンディヤックはこのロックの立場を引き継いだ。だが彼はこの見地を、意志の現象の領域を遥かに越えて精神の機能全体に拡大しようとした。彼にとって「不安 inquiétude」はわれわれの意欲と願望、意志と行為の出発点のみならず、感情と知覚の、思考と判断の、否、「反省」というわれわれの精神の持つ最高の働きにとっての出発点でもある[17]。

こうしてとりわけデカルトの心理学によって新しく確認され権威づけられてきた慣習的な観念順序は逆転した。意志が表象にではなくて、表象が逆に意志にもとづく。ここにおいてわれわれは初めて、形而上学の分野においてはショーペンハウアーへ連なり、認識論の分野においては現代のプラグマティズム理論に発展する、あの「主意主義的」傾向を明確に認めることができる。

コンディヤックに従えば現象の純粋に理論的な次元における精神の最初の作用は、感官が提出するものを単純に捕捉する、知覚という行為に存する。知覚は直ちに注目という行為に接続する。注目とは或る特定の知覚にしばしばとどまることによって、心理的現象の全体から個々の感覚的経験を選別する行為を意味する。だが選別して或る特定の知覚を強調することは、或る知覚を他よりも好ましく思う何らかの根拠がなければ成立しないが、この選別の根拠それ自体はもはや純粋に理論的ならぬ実践的な領域に属する。注意力は何らかの意味で自我に直接に「関係する」もの、すなわち個人の好みや欲望に合致するものを捕捉する。

同様にわれわれの記憶の方向を規定するものも、同じくこれらの好みや欲望である。記憶は単なる機械的な観念連合からは説明されず、むしろそれは生活上の欲望によって決定され支配される。或る忘れ去られた観念を再び闇から引き出して生き返らせるものは、われわれの欲望である。「観念は以前それらを生み出した欲望の作用によって再生する」。観念はわれわれの記憶のなかでいわば多くの渦を作り出し、そしてわれわれの欲望が増大し分化するに応じてこの渦の数もまた増大する。これらの個々の渦は或る特定の運動の中点をなし、そしてこの運動はこの中点から、精神領域の周辺である明晰にして意識的な観念にまで連なっている。「これらの渦は、欲望がいっそう烈しくまたは弱くなるに応じて、そのなかの或るものが代る代る優位を占める。すべての渦は驚くべき多様さをもって流れ去ってゆく。渦の力全体を支える感情が弱くなったり覆い隠されたり、あるいは従来まで知られなかった形で現われたりするに応じて、これらの渦も凝集しあい滅ぼしあい、あるいは生まれ変る。たった今他の多くを自らの流れに引き込んだ渦も、次の一瞬にはそれ自身が他に呑まれてしまうし、欲望がひとたび消滅すればすべての渦は一つに溶けあう。今や残るものは混沌状態のみであり、観念は何ら特定の秩序もなしに消えては生まれる。それはあたかも奇妙で不完全な映像を結ぶ活人画である。これらの観念に再び一定の輪郭を与え、それに正しい光を当てることは欲求の役目である」[18]。コンディヤックによれば、われわれの観念の論理学的秩序は第一次的でなく派生的な事実にすぎない。それは生物学的秩序の或る種の反映でしかない。或る場合に最も重要で「本質的なもの」に見える事柄は、大抵の場合事物の本性よりもむしろわれわれの「関心」の方向によって決められる。そしてこの関心はわれわれに有用な事柄、われわれの自己保存に必要な事柄によって決められる。

われわれは今や啓蒙主義哲学の全体的特徴にとって極めて重要な問題に直面するに至った。「啓蒙主義」の概念を極端に狭く解釈する影響を受けて、人々は十八世紀の心理学が極度に「知性主義的」であったと、つまりその分析が主として観念や理論的認識の領域に限定された結果、他方で感情生活の力と特性が無視されてきた、と非難するのが通例であるが、このような見方は公正な歴史的検証に耐えることはできない。十八世紀のほとんどすべての心理学体系は、少なくともここに提起された問題を明確に認識し解決してきた。

すでに十七世紀においても、感情および情念の分析は再び心理学と哲学一般の関心の焦点となっていた。デカルトの『情念論 Passion de l'âme』やスピノザの『エチカ Ethica』第三部における感情論の展開は、決して偶然に書かれた副次的著作ではない。それらは彼らの体系の不可欠な構成部分であった。だが全体としてこれらの体系には、精神の純粋な「本質」はこの側面からは把握し規定されない、という考えが支配していたことは確かである。この本質とは取りもなおさず「思考」であり、それの真に純粋な特性はここにこそ見出される。それ故に曖昧で混乱した感情ではなく明晰判明な観念こそが、精神の真の本性を示す。衝動や欲望や感覚的激情は、ただ間接的にのみこの本性に属する。それらは精神の根元的な性質でも傾向でもなく、むしろ精神が身体と結合している状態から結果する攪乱にすぎない。

十七世紀の心理学と倫理学は、主としてこのように感情を「精神の攪乱 perturbationes amini」とみなす考え方に基礎をおいていた。このような攪乱を克服する行為のみが、すなわち精神の受動部分に対するその能動部分の勝利、「情念」に対する「理性」の勝利を意味する行為のみが倫理的な価値をもつ。このようなストア主義の根本的立場は十七世紀の哲学を決定づけただけではなく、この時代の一般的な精神に[19]滲透している。デカルトの基本的な考え方とコルネーユのそれが直結するのもこの点である。理性的な意志がすべての感覚的衝動や情熱に打ち勝つことこそが、人間の自由の確証でありその核心に他ならない。

十八世紀はこのような極端に否定的な感情の評価から乗り越え出た。十八世紀はもはや感情を単なる障害とはみなさず、逆に感情が精神のすべての機能の根元的で不可欠的な推進力であることの立証に努力した。すでにドイツにおいては、ライプニッツの根本思想がこのような方向に影響を及ぼしていた。実際ライプニッツによるモナドの概念規定は、それの本性を単なる「表象」または理論的認識に還元しようとするものでは決してなかった。モナドは表象作用のみに局限されるのではない。それは表象と努力とを自らのなかに結合する。表象の概念に対応して傾向の概念が、そして「知覚 perceptio」の概念に対応して「将来あるべき知覚 percepturitio」*の概念が同じ資格で相並ぶ。(20)

ドイツの心理学は総じてこのライプニッツの根本前提を忠実に継承することによって、意志および純粋感情の現象に心理学体系での自立的な地位を与えることができた。だが一方フランスおよびイギリスにおいては、似たような発展が別の角度から開始された。ヒュームの認識批判的な懐疑主義は、心理学の領域においてさえ従来妥当とされてきた一切の尺度を逆転してしまった。それはいわば価値の大転換であった。というのはヒュームは、通例人々が人間の最高の能力として崇める理性が、実はわれわれの精神的機能において全く従属的な役割しか果たさない、という事実を示したからである。理性は精神の「低級」な機能を統御するどころか、逆にそれらの機能に不断に依存せねばならず、感覚と想像力の協力なしには理性は一歩も踏み出すことができない。すべての理性的認識は結果から原因へさかのぼるただ一つの推論に帰着するが、他ならぬこの推論それ自身は純粋に論理的な根拠をもっていない。この推論を説明しうるものは、ただ間接的な方法だけである。つまりわれわれがこの推論の心理学的起原を明るみに出して、因果律の妥当性についてのわれわれの信念の根元を突きとめる手続きである。だがその時われわれは、この「信念」が決して特定な、普遍妥当的で必然的な理性の原理に依拠するものではなく、わずかに人間本性の或る種の「本能」ないし衝動に由来するにすぎない事実を知るであろう。この衝動はそれ自身では盲目的であるが、この盲目性にこそそれのもつ真の力が、すなわちわれわれの表象作用全体を支配しているこの衝動の力が潜んでいる。

ヒュームは自らのこの理論的結果を用いてここから精神作用の平準化の手続きを開始し、それをあらゆる精神的現象の局面に体系的に拡張した。彼は精神の高級な機能面を、一貫した方法的計画に従って取り除く。ヒュームは彼の『宗教の自然史 The natural history of religion』で、われわれ人間に「超越世界」を告げ知らせるとする宗教の公言がすべてどれほどまで幻想的で根拠ないものであるか、を示そうとした。宗教の、つまり神の観念と神の信仰の真の基盤は実はこれとは別のところにある。われわれはこの基盤を本有観念や本源的・直観的確信に見出すべきではないし、思考や推論や理論的証明によって宗教に近づくこともできない。ここでもわれわれは宗教の最も深い根を人間の衝動に見出す以外に道はない。恐怖の感情はあらゆる宗教の発端であり、宗教のすべての多様な形態はひとしくこの感情に由来し、それから説明される。

われわれはこのヒュームの学説のなかに新しい思想の方向を見てとる。そしてこの傾向は、十八世紀のフランス文化の内部でも止め難い力となって広がっていった。ヴォーヴナルグが彼の『人間精神認識のための緒論 Introduction à la connaissance de l'esprit humain, 1746』で、人間の真の、そして最奥の本性は理性にではなく情念に存する、と述べたことは烈しい革命的な宣言にほかならなかった。感情を理性の力によって支配するというストア的要請は、常に単なる幻想にすぎない。理性は人間における指導的・支配的な力ではない。たとえて言えば理性は、時計の文字盤で時を指し示す針のようなものにすぎない。この針を動かしている機構は内部に隠れていて目に見えない。それと同様にわれわれの認識の機械装置とその究極的な動力因は、われわれが別の全く非合理的な領域から絶えず受けとる第一次的・根元的な衝動のなかに潜む。

フランス啓蒙主義の最も明晰で冷静な思想家たち、純粋に合理主義的な文化の代弁者たちまでが、この主張では一致した。ヴォルテールは『形而上学概論』のなかで、情念や名誉欲、野心や虚栄心なしには人間性の進歩も、趣味の洗練も、芸術や科学の向上も考えられない、と述べている。「プラトンが永遠の幾何学者と呼び私がここで永遠の機械技師と呼ぶところの神が、自然界を生気づけ美化する際に用いたものはこの起動力である。情念はこれらのすべての機械を運転させる車輪に他ならない(21)」。エルヴェシウスの『精神論』も同じ立場に立っているし、ディドロの思想家として最初の独立的な哲学論文である『哲学断想 Pensées philosophiques』も同じこの考えから出発している。感情に逆らうことは無意味であり、感情の破壊に努めるに至っては、それは理性の誇り高き殿堂の土台を掘り崩す行為である故に、まさに愚の骨頂である。詩や絵画や音楽のすべての美しい要素、芸術や倫理のあらゆる崇高な要素は、一切がこの源泉に由来する。だから感情は弱められるのとは逆に強化されなければならず、感情の圧殺ではなくて感情相互の調和こそは、精神の真の力が生まれる根元である。[22]

こうして心理学的方向づけと評価の変化が徐々に現われ始めた。この現象はすでにルソーの主要作品刊行以前に現われ、これとは別個に発展したものである。このような変化はわれわれが後に見るように、単に理論的認識の体系にとって重大な意味をもったばかりではない。それは啓蒙主義の時代の倫理学、宗教哲学、美学などのあらゆる領域に影響を及ぼして、これらの分野の問題を新しい基盤に据えたのである。

## 2

われわれが十八世紀の認識論や心理学で取り扱われた個々の問題を概観する際に、これらの問題はその多様性や内的差異にもかかわらず一つの共通の中心点に集まっていることを知る。すなわち個々の特殊研究は対象の多様性とその表面上の分散状態にもかかわらず、その都度新しく普遍的で基本的な理論問題に立ち帰り、いわばこの一点に研究のあらゆる糸を結びつけた。[23] モリヌークス*の「光学」のなかで最初に提起されるや否や直ちに哲学的興味を最大限に喚起した問題が、すなわちこれである。

一つの特定の感覚知覚の領域から引き出された経験は、果たして質的にこれとは異なった内容と異なった種類の構造をもつもう一つの領域をそれから構築できるであろうか。われわれに知覚の一領域から直接に他の領域へ、たとえば触覚の世界から視覚の世界への直接的な移行を可能にする内的な結びつきは、果たして存在するであろうか。触覚にもとづいて具体的な物体の形を正確に知ることができ、各種の物体を確実に弁別できた生まれつきの盲人が、今や巧妙な手術によって視力を回復したとする。そして彼は純粋な視覚的データにもとづいて、すなわち何ら触覚の助けなしにこれらの形状を弁別しなければならないとしよう。その場合に彼は果たして以前と同じ弁別能力を有するであろうか。彼は視力によって立方体と球体とを直ちに区別しうるであろうか。それとも彼がこれら二つの物体の触感とその視覚像との結びつきを回復するまでには、長い困難な調整の期間が必要であろうか。

これらすべての問題が直ちに統一的な解決を見出したのでは必ずしもなかったが、いったんこの問題が提起されるや否や、直ちにそれは固有な特殊科学の分野を越えた影響を及ぼした。バークリの哲学日記は、この問題がどれほど彼の精神を強く領していたか、そして彼の知覚理論の全体系がこの問題をいわば胚種としてどのようにして形成されたかを示している。バークリ哲学の序論であり彼の哲学のすべての内容を含蓄的に含む『視覚の新理論 Essay towards a new theory of vision』は、このモリヌークス問題の全体的・体系的な展開と解明の試み以外の何ものでもない。この問題はその後数十年経ても、フランス哲学において昔と変らぬ新鮮な興味と豊かな成果を生み出していた。ヴォルテールはその著『ニュートン哲学の基礎』でこの問題を立ち入って究明したし[24]、ディドロはこの問題を彼の最初の心理学的・認識論的著述である『盲人書簡 Lettre sur les aveugles, 1749』の中心点に据えている。コンディヤックもこの問題の魅力に完全に把えられて、「われわれはこの問題のなかにすべての近代心理学の起原と鍵とを見出さなければならない。われわれが最も単純な知覚行為から始まって知覚世界を次々築き上げる過程において判断作用が演ずる決定的な役割に着目したのは、この問題を手がかりとしたためである」とまで述べている[25]。

このモリヌークス問題のもつ決定的・体系的な重要性はこうして明確にされた。つまり果たして「感官」はそれ自身だけでわれわれの意識に物的世界像を産出することができるか、それともこの物的世界が産出されるためには感官は他の精神能力の協力を必要とするのか、そしてその場合これら精神能力はどのようにして規定されるのか等々という普遍的問題は、モリヌークスが提出したこの一つの具体問題から発生した。

バークリは彼の『視覚の新理論』や『人間知識の原理論 A Treatise concerning principles of human knowledge』で次のような逆説、すなわちわれわれがこの知覚の世界を構築する際に与えられる唯一の素材は単純な感覚知覚だけであるが、他方これらの知覚像自身は、われわれの感覚的な現実世界像が具備している「形式」についての一片の暗示も含んでいない、という逆説から出発した。われわれはこの現実が一つの確乎たる組織としてあることを、すなわちその内部では個々の要素がすべて決まった場所を占めており、諸部分の相互の関係は厳密に規定された形でわれわれの眼前に存在していることを信じている。実際すべて現実世界がもつ根本的特徴は、このような規定性に存する。もしも個々の知覚像が空間的・時間的配列において秩序づけられ一つの知覚は他のものと一定した関係にあるように固定されていなかったならば、われわれにとって対象的な世界、すなわち「事物の本性」なるものは存在しないであろう。最も極端な観念論者でさえ、このような「事物の本性」をまさか否定しないであろう。つまり現象的世界の一切を挙げて仮象に還元する結論を避けようとする限り、観念論者といえども現象そのものに潜む確乎として犯すべからざるこの種の秩序を想定せざるをえない[26]。だからあらゆる認識理論の核心問題はこの秩序が何を意味するかについてのそれであり、そして他方すべての発生心理学の核心問題は、この秩序がどのようにして出現するかの問題に他ならない。

だがまさにこの点で、通例われわれがつねに唯一の確実な導きを期待しうるはずの経験が、われわれの役に立たなくなるように見える。つまり経験は常に生成ずみの世界をわれわれに示すのみで、生成中の世界を示すことがない。経験は特定の形態を備え、とりわけ或る一定の空間的配列を有する具体的な対象を確かにわれわれに示すけれども、それらの対象がどのようにしてこの形態を獲得するに至ったかを経験はわれわれに告げない。物体に投げかける最初の一瞥によって、われわれはこれらの対象がもつ具体的な感覚的性質を知るばかりでなく、これらの対象の間の特定な空間的関係をも認めたように信ずる。すなわちこうしてわれわれは個々の対象に一定の大きさ、一定の位置、他の物体からの一定の距離を帰属させる。だがいったんこれらすべての断定の根拠は何なのかを探る段取りになると、それは視覚がわれわれにもたらす材料のうちには発見されない、という事実にわれわれは気がつく。実際にこれらの素材はただ質と密度においてさまざまに異なっているだけで、そこには大きさという純粋な量概念を直接的に暗示する要素を何一つ含んではいない。或る対象から私の目に入ってくる光線は、対象のもつ空間的形状や私からの距離については何一つ直接的に私に教えるところがない。なぜならば目が受け取るのは網膜上の印象それ自体にすぎないから、われわれはこの印象を生み出した原因、そしてこの対象と目との距離を、この印象の現状から引き出すことは何一つできない。これらすべての事柄から引き出される結論は次のこと、すなわちわれわれが対象に関して距離、位置、大きさ等々と呼ぶものはそれ自体目に見えないものだ、という事実である。

こうしてバークリの根本命題それ自体が、今や不条理へと帰着する。つまり存在すること（esse）は知覚されること（percipi）であるという彼の等式が、今や消滅したように見える。つまりわれわれの感官が直接に知覚し、いかにしてもわれわれが拒否できないこの現象世界の領域の真っ只中において、今や知覚の一切の範囲を越える或る何ものかが発見された。個々の対象の間の距離はその本性上知覚が不可能なものである。それにもかかわらず他方でこの距離という概念は、われわれが世界像を構築する際にはなしにすまされない絶対的に不可欠な要素である。知覚像のもつ空間的「形式」はその感覚的「素材」と融合しているにもかかわらず、それは素材のなかだけに与えられているのでも、また分析してこの素材へ還元される要素でもない。このように知覚像の形式は、われわれの手のとどく唯一の世界である直接的な感覚所与のなかの一種異質的な存在をなしている。にもかかわらずこの形式はそれが除去され否定されればこの世界全体が崩壊して混沌に陥ってしまう不可欠な要素なのである。「距離はそれ自らの本性上知覚されないが、にもかかわらず視覚によって知覚される[27]」という『視覚の新理論』でのバークリの言葉は、感覚主義的心理学および認識論がすでにその出発点において逢着するジレンマを極めて明確に、しかも簡潔に表現している。

バークリはこのジレンマを、知覚の基礎概念に従来よりも一段と広い意味を与えることによって、すなわち知覚内容に単なる感覚ばかりでなく表象作用を含ませることによって克服した。すべての感覚的印象はこのように表象、つまり間接的指示の能力を有する。すなわち感覚的印象は自らの特定の内容を意識に写し出すばかりでなく、強い経験的連関で自らと結ばれている他のすべての内容をも同様に意識に写し出して現出させる。そしてこれらの感覚印象の相互作用、つまりそれらが相互に生み出して意識に現出させる際の規則性もまた同じく、究極的には空間表象の根拠となる。この表象は個々の知覚のなかにそれとしては与えられていない。それは自身では視覚にも触覚にも所属しない。空間表象は、たとえば色や音のように最初から与えられる固有な質的要素では決してない。それは多くの感覚データ相互間の関係から結果する産物である。

ところで経験の過程においては視覚の印象と触覚の印象が互いに固く結びついている故に、意識は一方から他の印象へと完全に一定の規則に従って移行する能力を獲得する。われわれが空間表象の起原を見出すのは、この移行においてでなければならない。この移行それ自体はもとより純粋に経験的であって、理性主義的な移行と考えられてはならない。われわれを視覚上の或る具体的知覚から触覚のそれへ、またはその逆の方向へと導くものは論理学的・数学的な種類の結合である「推論」ではない。慣習と実践のみがこの紐帯を織りなし、それを次第に強化してゆく。それ故に厳密に言えば、空間観念は感覚意識の一要素ではなく意識内で進行している一つの過程の表現に他ならない。ただこの過程の進行の迅速さと規則性のために、われわれは単純な自己意識においてはその中間段階を飛び越えて、そもそもの最初からすでにその結末を予想するようになる。いっそう立ち入った心理学的・認識論的分析によって初めて、われわれはこの中間項の存在とその不可欠な機能を認識する。

つまりこの分析はわれわれに、われわれの言語記号とその意味との間に存在するのと同種の結合が、異なった感覚分野の内容の間にも存在することを示す。言葉の発音はそれの意味する内容とは何一つ類似せず、何ら事実的な必然性によって結合されていないにもかかわらず、やはり言葉の内容を指示しそれを意識にもたらすという機能を営むが、発生的に異なり質的にも極めて多様な印象間の関係もちょうどそれと全く同様である。

感覚言語の記号が発声言語の記号と異なる点は、配列の普遍性と規則性のみにすぎない。ヴォルテールはバークリの思想を説明して言う。「われわれは読み書きを覚えるのと同様に、見ることを覚えるわけだ。……ただわれわれ全員が一定の年齢になって対象の距離、大きさ、位置などについて判断を下す際の迅速さとそのほぼ完全な整一性は、われわれが実際に見ているままに物事を見るためにはただ目を開きさえすればよい、とわれわれに信じ込ませるのである。けれどもそれは思い違いである。……もしも万人が同じ言葉をしゃべるようであったならば、恐らくわれわれは言葉と観念の間に必然的な結合があるように信じたかもしれない。だが感覚知覚に関しては、事態はまさにこの通りなのである。つまり万人は同じ感覚言語を語っているのである。自然は万人に向って語る。『もしも諸君が一定期間に一つの色を見るならば、諸君の想像力はこの色が所属すると考えられる物体をそれに応じて表象するであろう。そしてこの場合に諸君が下して、それによって物体の距離、大きさ、位置を確定する迅速で無意識的な判断は、諸君の生活のあらゆる分野においても有用で不可欠であろう』[28]と」。

視覚についてのバークリの理論は、十八世紀の指導的な心理学者のほとんどすべての人々によって大筋で承認され継承されたが、ただコンディヤックとディドロ[29]はそれを細部の点で修正した。つまりこの両者は視覚の印象それ自体にはすでに或る種の「空間性」が含まれている、という事実を指摘した。そして触覚に対しては、彼らは視覚によってわれわれが獲得する経験を浄化し定着させる、という機能のみを帰属させる。つまり触覚は空間表象の最初の発生にとってでなく、その完成にとってのみ不可欠な役割を果たすと考えられる。だがこのような修正は決してバークリの厳密に経験主義的な命題そのものを少しも変更するものではない。空間の「アプリオリ性」はすべて断固として拒否され、こうして空間概念の普遍性と必然性に関する問題も今や新しい光に当てられることとなる。

もしもわれわれが経験のみにもとづいて空間の構造関係を洞察するならば、われわれの心理的・身体的組織が変化する場合には、経験にも変化が生じて空間の「本性」が根底から変ってしまうという考えも決して不合理ではない。この点から始まって空間概念の検討は、その細点にわたって執拗に続けられた。知覚および知性の形式に通例われわれが帰属させるあの恒常性や「客観性」は果たして何を意味するのか。この恒常性は事物の本性についての何かを言明するものなのか。あるいはこの概念は一切がわれわれ自身の本性に関係し、それに局限されるのではないのか。この概念にもとづいてわれわれが下す判断は、そもそもベーコンの用語法にいう宇宙の類推によって（ex analogia universi）妥当するのか、それとも単に人間の類推によって（ex analogia hominis）のみ妥当するのか*。

このような設問とともに今や空間表象の起原についての問題は、当初の限界を遥かに越えて発展した。今やわれわれは十八世紀の心理学的・認識論的考察が、どのような事情のために再三この問題に立ち帰ったのかを知ることができる。実際この一つの問題に真理概念一般の運命が依拠しているように見えた。およそ人間の知覚一切の根本的要素である空間が、多様な感覚印象の集合やその相互関係だけで成立するのならば、空間の観念自体も当然これらの本源的構成要素がもつ以上の必然性と高度の論理学的品位をもつことができない。近代科学によって認識され広く承認されるに至った感覚的性質の主観性は、空間観念をもその例外と認めない。だが発展はこの点で停止することができない。なぜならば空間についての真理は、同一の意味と同一の根拠にもとづいて認識「形式」の基礎をなすその他のあらゆる要因についても当てはまるからである。

古代の心理学でさえも感覚内容の異なった種類に応じて、たとえば一方には色や音、味や匂い等々を、他方には純粋な「形相概念」を、というように鋭く区別した。この後者に含まれるものは空間の他にも特に持続、数、運動、静止などがあるが、これらはいずれも個々の感覚にではなく「共通感覚 *αἰσθητήριον κοινόν*」にもとづくという理由で特別の位置を与えられていた。近代の理性主義的認識論は感覚印象の由来についてのこの心理学的区別を拠りどころにして、由来の異なるこれら二つの部類の観念がもつ妥当性の特殊的差異を確定しようとした。ライプニッツは、共通感覚（sensus communis）に通例もとづくとされる観念も実は精神それ自体に所属して精神それ自体から引き出される、と強調して言った。「それ自身の基礎を感覚に有せずただその成立の機会原因のみを感覚に負い、それ故に厳密な定義と証明を可能にするようなもの、それはすべて純粋知性の概念である」と。(30)

だがこの見解は、今やモリヌークス問題の精密な分析によって最終的に打破されたように見えた。一七二八年にチェセルデンが生まれつき盲目だった十四歳の少年の手術に成功したとき、モリヌークスの仮定的な設問は経験的な解決を見出したように見えた。突如として視覚を獲得したこの少年に関する観察は、すべての点にわたって経験論的な命題を実証するように思われた。バークリの理論的予言はこれによって完全に裏書きされた。病人は開眼するや直ちに完全な「視力」を獲得したわけでは決してなく、彼は新たに視野に入ってきた物体の形態を弁別するためには一歩一歩辛抱強く学ばなければならなかったことが明らかにされた。触覚の空間的データと視覚の空間的データの間には何らの内的親近性も存在せず、両者間の関係は単にそれらの慣習上の結合の結果にすぎないという命題は、今や経験によって確証されるに至った。

だがもしもこの結論が正しいとすれば、その場合われわれはもはや、あらゆる感官に対して同一であり、いわばそれらの同質的な基体としての役目を担うべき整一的な空間について語ることが許されない。ライプニッツが精神の産物であり「知性そのもの intellectus ipse」の形成物とみなしたこの同質的な空間は、今や単なる抽象の産物にすぎないことが明らかとなった。われわれが経験を通じて知る空間は、そのような統一性や整一性を有しない。むしろわれわれの感覚分野が異なるに応じて、さまざまな性質の多様な「空間」が存在する。視覚的空間、触覚的空間、われわれの運動感覚上の空間等々は、すべて自らに固有な構造をもっている。それらは何か共通の本質や抽象的「形式」によって相互に結ばれ関連しあっているのではない。これらは単に、互いに他を表象する規則正しい経験的結合のみにもとづいている。

だが今や事態のいっそうの進展は不可避となった。すなわちこれらの多くの感覚的空間のなかで、果たしてどれが本来的・究極的な「真理性」をもつかという問題は、今や全く意味を失うに至る。それらの空間は一つ一つが互いに同価値であり、いずれか一つが他よりも一段と高い確実性、客観性、普遍性の程度を有するということはない。それ故にわれわれが客観性、真理性もしくは必然性等々と呼ぶものは絶対的ならぬ、全く相対的な意味をもつにすぎない。一つ一つの感官がそれぞれ固有な世界をもつ以上、われわれはこれらの世界を純粋に経験的に理解し分析することに努め、決してそれらを共通な分母に還元しようと考えないことが肝要である。

啓蒙主義哲学はこの種の相対性を説いて倦むことを知らなかった。その後に科学的観察へ次第に滲透していったばかりでなく、広く文学一般にとって馴染深い主題ともなった傾向がここに始まった。スウィフトは『ガリヴァー旅行記 Gulliver's travels』でこの主題を、比類のない諷刺的効果と思想的含蓄をもって取り上げた。そしてこの影響はフランス文学に及び、それはとりわけヴォルテールの『ミクロメガス Micromégas』に表現されている。ディドロも彼の『盲人書簡』と『聾唖者書簡』で、他ならぬこの考えをさまざまな形で描き出している。前者つまり『盲人書簡』の彼の根本的意図は、有名な盲目の幾何学者であるサーンダソンの例を引いて、人間の有機的組成における或る欠陥は必然的にその人の精神生活の面でも全面的な変貌を結果することになる、という事実を立証することであった。単に感官の世界、つまり感覚的現実の形態が影響を受けるばかりでない。われわれが深く物事に注目してそれを克明に分析するならば、あらゆる方面、つまり知的領域でも倫理的領域でも、美学さらには宗教においても、この同じ差異が出現するのに気づくであろう。

このような相対性は、純粋に知的な観念と称せられる最高の理念の領域にまで波及していく。「神」という概念および言葉ですら、目の見える者と盲目の者にとって同一のものを意味しない。それ故に、われわれの感覚器官のこの条件に束縛されない自由な論理学なり形而上学、あるいは倫理学が一体ありうるだろうか。それともわれわれは物理的世界や知的世界について何ごとかを陳述するときですら、常にわれわれ自身とわれわれの有機的組織の特性について語っているにすぎないのであろうか。万一にもわれわれの肉体に新しい感官が一つ付け加えられたり、または今ある感官の一つが取り除かれたりするならば、われわれの存在自体が根底から変化を受けることになりはしないか。

十八世紀の哲学はここで開始されたこれらの心理学的考察を、好んで宇宙論的考察によって補強し解明しようとした。フォントネルの『世界の複数性についての対話』からカントの『天界の一般自然史と理論 Allgemeine Naturgeschichte und Theorie des Himmels』に至るまで、一貫した傾向と普遍的な思考方式が貫いている。一般にわれわれが想像によって抽象的に想定する無限な可能性は、宇宙の一つ一つの天体にはそこに棲息する生物の特殊な心理的・精神的特性が照応している、という種類の宇宙論に見受けられると言ってよい。「われわれにはどうも第六番目の感官が欠けているらしく、これさえあったならわれわれは現在は完全に知らずにいる多くのものの存在を知ることもできように、という人がいる。この第六感はひょっとすると別の世界では存在するだろう。しかしそこでは逆にわれわれが今日もっている感覚の一つが足りないかもしれない。……われわれの認識は特定な限界を有し、人間精神はそれを越えることができなかった。……それ以外の知識は別の世界のためにある。そしてそこでは逆に、われわれが現在知っているもので認識されないものもあるだろう」[31]。この考えはその後の啓蒙主義の心理学および認識論の文献を、一筋の赤い糸のようにつらぬいている[32]。

そしてこのような傾向のなかで論理学も道徳論も神学も、次第に単なる人間学に解消していくように見えた。ヨハン・クリスチャン・ロッシウスはその著『真理の身体的原因』において、この方向における最後の一歩を踏み出した。われわれは論理学的命題や推理についての不毛な教説に代えて、われわれの観念の発生についての有用な理論を確立すべきである。つまりわれわれは、概念をその内容もしくは対象に従ってでなく、個々の概念の形成にあずかる器官の種類によって分類すべきである、とロッシウスは主張する。このような方法によってわれわれは人間のもつ観念の本性を完全に理解しうるとは言えないまでも、少なくともこれまでアリストテレスからライプニッツに至る過程で試みられたあらゆる説明によるよりは、格段に明確にそれを理解しうるであろう。われわれは絶対的な普遍妥当性と客観性に対する要求をもとより放棄せざるをえないにしても、その場合でさえわれわれが真理や美はひとしく「客観的性質であるよりもむしろ主観的性質である」ことを、つまりそれらが事物の属性ではなくて事物と思考主体との関係に過ぎないことを洞察しさえすれば、これらの美や真理に何ら害を与えるものではない[33]。

この基本的見地から「主観的観念論」の完全な承認に至るまでの道程は、ほんの一歩でしかなかった。もとより十八世紀思想においてこの最後の一歩は容易には踏み出されなかったし、その不可避的な帰結もようやく不承不承に承認されたにすぎなかった。バークリはこの点で直接的後継者を持たなかったし、彼の心理学的方法を採用した者は誰もがその形而上学的帰結を避けようと苦心した。

この事情はとりわけコンディヤックの『人間認識起原論 Essai sur l'origine des connaissances humaines』と『感覚論』のうちに現われている。当初彼は「外界の実在性」の証明を簡単に触覚的経験に見出しうる、と信じていた。それ以外の感官、つまり嗅覚、味覚あるいは視覚、聴覚等々がわれわれに告げる内容は、この種の証明力をもつには十分でない。実際にこれらの諸感官の経験においてわれわれは自らの自我の変容を捕捉するのみであって、これら主体の変容が起因する外的原因を指示するのっぴきならぬ力はそこに何一つ与えられていない。視覚、嗅覚、味覚、聴覚においてわれわれの精神は、これらの機能を営む身体の機関の存在に一切気がつかない。この場合に精神は知覚という純粋な行為に没頭して、最初はその作用を支える物質的基体に気がつく余地がない。ただ触覚の場合においてのみ、事態は異なってくる。つまり触覚による経験は必然的に二重の関係を提示する。それは個々の具体的な現象のうちに、必ずや同時にわれわれの身体の特殊な部位の存在を明らかにする。そしてそれによってわれわれは、客観的現実の世界に対するいわば最初の関与をもつ。

だがコンディヤックはこの当初の問題解決策に立ち止まってはいなかった。彼は『感覚論』の後の版においてこの問題を補い、それをもっと掘り下げようと努めた。そして今やコンディヤックにとってこの問題は、一段と根本的な意味をもつものとなった。すなわちわれわれは一方においてすべての認識が感覚に由来することを認めなければならないが、他方でわれわれの感覚表象がわれわれ自身の状態（manière d'être）以外の何ものでもないことも明瞭である。それならばわれわれは自分の外部にある客体をどのようにして「感覚する」のか。九天の高みに上っても地獄の底まで下り立っても、われわれは自分たちの自我の限界を越え出ることは不可能である。われわれはつねに自分自身および自分自身の思想と回り合うにすぎない。コンディヤックはこのように問題を鋭く見据えたけれども、この問題を首尾一貫して解決すべき手段は彼の感覚論的方法には存在しなかった[34]。ディドロはこの弱点をはっきり認識していた。ディドロは、コンディヤックがバークリの原理を採用しながらその帰結を回避しようとした、と指摘する。だが心理学的観念論はこのような手法では実際に克服できない。ディドロは後のカントと同じく、このような観念論に「人間理性の不面目」を見出して述べた。「この体系は、人間理性にとって不名誉なことに、あらゆるもののなかで最も不合理でありながら最も反駁が困難なものである[35]」と。

モーペルチュイの哲学書簡や彼の『言語起原論 Réflexions philosophiques sur l'origine des langues et la signification des mots』のなかにも、われわれはこれと同様な確信のなさを感じとることができる。ここでも問題自体は同様に、明快にしかも大胆に提出されている。モーペルチュイは、延長といえどもその「客観的実在性」に関しては他の感覚的な諸性質と完全に同質であること、そして色や音などの現象と純粋な空間の間にすら、その内容および心理的発生の経過から言えば何らの原理的な区別も存在しない、と主張するにとどまらず、彼はここから出発して、およそ現実に関する陳述一般のもつ普遍的な意味、すなわち「……である」または「……がある」という判断のもつ意味を究明しようと試みた。この判断が言わんとする意味は何か、そしてそれの本来的な内容と根拠はどこに存在するのか。われわれが一本の樹を見る、または触れるというにとどまらず、樹が「ある」といういっそう踏み込んだ言明をするのはどういうことなのか。この「……がある」は単純な現象的な感覚データにそもそも何を付け加えるのか。色または音の知覚と全く同じ程度に単純で根元的な存在の知覚が確証される、ということなのか。だがこのことが明らかに事実に反するのであってみれば、では一体この存在判断はこれ以外にどのような意義を含むのか。

この問題をじっくり考えると、われわれが「実在」という名のもとに理解するものは新しい或る存在ではなくして、むしろ新しい符号である、という結論にわれわれは到達する。この符号によってわれわれは、複合した一連の感覚印象を単一の名称に総括してわれわれの意識に定着させることができる。つまり直接的印象や回想や期待の総括が、この名称のうちに表明される。この印象集合が指示する体験は、若干の同種類の体験の反復と、それらを固く結びつけてそれにいっそう強い実在性を付与する特定の付随的状況から組み立てられている。「私は木を見た」という知覚は他の知覚、たとえば私は或る特定の場所にいたとか、私はそこへ戻って再びその木を見出した、等々の知覚と結びついていて、これらの結びつきから「この場所へ立ち帰れば私はいつでも木を見出すだろう」という新しい意識が発生するが、結局これが「一本の木がある」ということの意味なのである。

　存在概念は決して単なる感覚に還元され局限されるものではない以上、この考え方は存在問題の偏狭な感覚主義的解釈に対して止めを刺すものに思われた。だがこのような問題設定によっても、たいした実は上らなかった。つまり経験の感覚論的解釈の代りに、純粋に名目論的な解釈が登場したにすぎなかった。そしてモーペルチュイ自身、これは問題の解決でなしに移し替えにすぎない事実をはっきり認めていた。それ故に彼の分析も結局は懐疑主義的な結論で終っている。「『一本の木がある』という知覚は、いわば知覚それ自身のもつ実在性をその対象の側に押しやり、私から独立して存在する対象としての木の存在について判断する。だがそれでもこの存在判断のなかに、私の特定の知覚体験に関する単なる符号にすぎなかった先の命題を越え出る内容を見出すことは困難である。もしも私が『私は木を見る』『私は馬を見る』等々の経験をただ一回しか有しなかったならば、これらの経験がどれほど鮮やかだったとしても、そこから『……がある』という判断を形成できたかは疑問である。他方で私の記憶が非常に包括的であるため、私の知覚に関する符号を随意に増加させ、しかもその一つ一つにA・B・C・D等々の固有な符号を付けることに何ら躊躇しない場合でも、恐らく私がこの『……がある』という判断を下す段階に到達することはないであろう。この事情は今私にこの判断を下させる知覚と全く同一の知覚体験を、以前に私が仮にもっていたとしても変りない。それ故にこの判断は『私は見る。私は見た。私は見るであろう』等々の個別的体験全体に対する略号ではなかろうか[36]』。

現実の問題の重点が単なる感覚の側から判断の側へ移されたことは、この場合における前進である。だがここでも判断それ自体は、その特有の論理的品位をもつものとして把握されず、単なる知覚の総和に、すなわち知覚の単なる並存と継起に還元されようとした。ここで提起された基本的問題の根本的改造と批判的解決は、この限界が突き破られたときに初めて、すなわちカントが判断を「作用の統一性*」として解釈し、その本来的な内在的自発性にもとづいてそれを「自己意識の客観的統一性」の表現として承認して以後に初めて実現された。「表象がその対象に対する関係の問題」は、こうして新しい基盤に移される。つまりそれは単なる心理学的問題としての意義を越えて、「超越論的論理学」の中心点に据えられることとなる。

## 3

だがこの哲学の方法におけるこの最終的発展は、それがどれほど「思考方式の革命」を謳ったものであったにせよ、やはり歴史的媒介と準備なしには起らなかった。実際に少なくともドイツにおいては、ロックやバークリ、ヒュームやコンディヤックの心理学の教説は何一つ議論もされずにそのまま承認されたわけでは決してない。一時はこの国でもロックの影響は圧倒的なように思われたけれども、その範囲はクリスチャン・ヴォルフによる心理学の体系的発展の結果として当初から特定の限界内に局限されていた。ヴォルフの合理的・経験的心理学はあくまでも独自な道を歩み、それはライプニッツの基本的原理には終始忠実であった。彼はこの心理学の理論を、外部からはどのような作用も受け取らず、自らの一切の内容をそれ自身に独自な法則に従って産出するモナドの自発性、自立性および自動性についての理論に依拠させる。この自発的な産出様式は「物体的影響 influxus physicus*」の観念と、否、イギリスやフランスの心理学が想定する単なる「印象」の概念とも両立する余地がない。

心理的事象の最終的根拠を印象において把えようとする心理学は、ライプニッツやヴォルフに従えば、問題の出発点そのものを取り違えて、精神の基本的現象を看過するものである。もともと精神の本性は、単なる受動にではなくて能動的作用に存する。「感覚」の心理学に対して今や純粋な機能心理学が登場する。だがもしもわれわれが、世間一般の偏見にもとづいてこれを単なる能力心理学と考えて批判するならば、それは決してこの心理学の体系的意図を正しく評価したことにはならない。なぜならば単なる可能性としての、すなわち空虚なる「潜勢力」としての能力という概念はライプニッツ理論には存在しないし、ましてや精神の個々の能力を互いに固定的に区分して、それぞれを自立的な力として実体化するような要素はそこには何一つ見出せないからである。概念を厳格に区分することを好んだため、時としてこのような分離的な考察に傾きがちであったヴォルフ自身でさえ、精神の統一性の要請を事あるごとに強調して止まなかった。精神を個々の能力に分類しそれを定義して命名することは、ヴォルフにとって単なる叙述の便宜であって、事実そのものに関しては彼はくりかえし、これらの機能がすべて互いに自立的な能力ではなく、表象という唯一の基本的な力の多様な傾向と表現に他ならないことを強調して止まなかった。(37)

それ故にこの表象という言葉自体もここでは、外部の実在の単なる反映としてではなく、純粋に能動的な活動と考えられなければならない。ライプニッツの説明によれば、実体の本性はそれが実り豊かな点に、つまり新しい一連の表象を自分の内部から生み出す点に存する。だから自我は諸観念の単なる舞台ではなく、むしろそれの源泉であり、根拠であり、「予め決められた法則に従って生み出されようとする観念の泉」(38)なのである。そしてこの点にこそ自我の真の完成がある。この自由な産出が妨げられずに生起するほど、それはいっそう完全なものとなる。

ライプニッツは『知恵について』という論文のなかで述べる。「私は本質の向上をすべて完全性と名づける。ちょうど病気が健康の低下であり衰微であるのと同じ意味で、完全性は健康を越える何ものかである。……さて医学に詳しい人が誰も知っているように、病気が活動の故障にもとづくのと同じ意味で、完全性は活動する能力として現われる。事実、存在はすべて何らかの力にもとづいており、この力が大きければ大きいほどその本性も高級であり自由である。その上、どのような力でもそれが大きければ大きいほど、われわれはそこに一から（傍点：一から）の一における多を見る。なぜならば一が自分の外部の多を支配し、自らのなかで多を構成するからである。ところで多のなかの一とは調和に他ならず、しかも特定のものはあちらよりもこちらと一段とよく調和するという事情がある故に、ここに秩序が生まれる。そして秩序から美が生まれ、美は愛を呼び起す。こうして人々は今や、たとえ正しくこのことを認識している人は至って少ないにしても、幸福、喜び、愛、完全性、存在、力、自由、調和、秩序および美の一切が一つに結びついていることを知るに至るであろう。もしも心が自らのなかで偉大な調和、秩序、自由、力もしくは完全性を感じてそれに喜びを感じたとすれば、ここに喜悦が生まれる。……このような喜悦は、それが認識の結果であり光明に導かれるときには恒常的になり、幻滅や将来の悲哀を感ずることがなくなる。それ故にこの喜悦から意志において善への好みが生まれる。それがすなわち徳である。……このことから次のことが明らかとなる。すなわち理性を啓発すること、そしてまた常に理性に従って行動するように意志を訓練することこそが最も幸福に役立つ道であり、とりわけこのような啓発はわれわれの理性を不断にいっそう高い光明へ近づける事物を認識する点に求められなければならない。このようにして知恵と徳の面における、従ってまた完全性と喜悦の面における永続的な進歩が生まれる。そしてこの成果は、この世の生命が終った後にも精神とともに存続するであろう[39]」。

この簡潔で特徴的な文章で、ライプニッツはドイツ啓蒙主義哲学全体の進むべき道を指し示した。要するに彼は啓蒙主義の本質概念を規定し、その理論的プログラムを作成した人間であった。この文章それ自体が真の「多様性における統一」の典型であって、現にこのなかには、ドイツ啓蒙主義が心理学、認識論、倫理学、美学、宗教哲学の分野で自ら手がけ、そして最後に完成するに至ったあらゆるものが総括されている。

十八世紀のドイツ哲学を単なる折衷主義の危険から救い出したのは、実に当初のこの出発点に他ならなかった。「通俗哲学」が極度にこの危険にさらされて、事実しばしばその危険に打ち負かされたときでさえも、この時代の科学と体系的哲学は必ず、ライプニッツが当初極めて鋭く提起したこの根元的な問いに立ち帰った。ヴォルフはこの点で終始「全ドイツの師父 praeceptor Germaniae」であった。そしてヴォルフこそはドイツにおける徹底性の精神の真の始祖であった、というカントの讃辞は完全に正しい。カントがドイツ啓蒙主義と直結したばかりでなく、彼自身の問題提起と体系的方法をこの啓蒙主義の思想から直接的に発展させることができたのも、一つの統一的な理論的世界像を構成すべき偉大な原理的可能性が、すでに啓蒙主義において明確に見通されて定着していたために他ならない。

この基本的方向を明らかにするためには、われわれは先に見たあの対立に立ち帰らなければならない。フランスおよびイギリスの十八世紀哲学は哲学的認識内容の全体を改造して、ロックの適切な表現によれば、もはやそれが他から借用した足場に立たずにすませるようにする努力に導かれてきた。(40) 認識の全体機構はそれ自身で機能を営み、自分自身を根拠づけなければならない。この自律性の要請にもとづいて本有観念の体系は破棄された。そもそも「本有的」な要素を引合いに出すことはあたかも場違いの仲裁機関への上告に他ならず、それは神の存在と本質に認識を基礎づけるにひとしい企図であるが、デカルトが本有観念の意義と価値を神の創造力に由来させ、観念および永遠なる真理を神の創造力の結果であると見たときに、彼がこの種の場違いな訴えをしたことは明白である。(41) マールブランシュに至るとこの因果関係に代って、真に実体的な一体化が登場する。観念および永遠なる真理の直観は、マールブランシュによれば、人間精神が神の本性に直接的に参与することに他ならない。経験論哲学が超越のこの形式を棄て去ったとき、残された認識の根拠はただ経験、すなわち「事物の本性 nature of things」以外にありえなかった。(42) だが今や他ならぬこの「事物の本性」が、新しい方面から精神の自立性を脅かすに至る。

こうして今後精神は自己がこの事物の本性の純粋な鏡になること、すなわち映像を反射させるだけでどのような意味でもそれを自立的に産出し形成することのない鏡になることをその本来的な使命とする。「この種の役割においては、知性は単に受身であるにすぎない。知性が認識の端緒と、いわばその素材を持ち合わせているか否かは、知性の一存で決まることではない。……ただいったんこれらの単純な観念が精神に与えられるときには知性はそれを拒絶できないし、すでに刻印されたものを変化させたり消し去ることも、また自分で新しい観念を作り出すこともできない。それはちょうど鏡面が、前におかれた対象が投影する映像あるいは観念を拒否することも変更することも抹殺することもできないのと全く同様である[43]」。

ライプニッツはこの二つの教説、すなわち「超越性」の形而上学のそれと「内在性」の経験主義的形式のそれに対して、自らの根本的な立場を対置させた。彼は内在性の要請に固執した。なぜならばモナドは自分のもつ一切を自分自身のなかから生み出すからである。だが彼はこの原理を明確化しようと考える際に、もはや神に立ち帰ることはもちろん、言葉の普遍的な意味での自然に立ち帰ることさえも困難であることを見てとった。精神の本性と事物の本性を対置させ、前者を後者に一方的に依存させることはもはや不可能である。「われわれが事物の本性の観察と呼んでいるものは、実はわれわれが外部に求める必要のないわれわれ自身の精神もしくは本有観念の本性の認識に他ならぬ場合が多い[44]」。

精神が現実に対する鏡になるとき、それは宇宙の生きた鏡として機能することによって、単なる映像の総和ではなくて形成力の総体を形づくる。これら多様な力についてその本質的構造を洞察し、それらの相互関係を認識することが今後の心理学および認識論の根本的な課題である。そして今やドイツ啓蒙主義はこの課題を引きうけ、個々の我慢強い研究を通じてそれを解決しようと努めた。時としてはこの努力が多岐にわたったために二流の思想家がその目標を見失うことはあったけれども、その特徴的な基底が見失われたことは一度もなかった。現にこの多岐にわたる問題を通じて、一定の原理を解明してそれを多方面から吟味し実証することこそが、啓蒙主義の本来的な意図であった。自我の自発性の心理学的な定式化とその擁護は、今や認識と芸術の新しい概念のための基盤を用意する。認識批判と美学のための新しい目標と進路はこれによって示されるに至った。

精神を個々の「能力」に分割することは、とりわけ現象の純粋に経験主義的な分析に役立つばかりでなく、将来の普遍的な体系としての真の「精神の現象学」の端緒と輪郭を形づくった。この分野の最も独創的で優れた心理学的分析家は、この関係に着目しそれを追究した。テーテンスの著書『人間の自然本性とその発展についての哲学的試論 Philosophische Versuche über die menschliche Natur』が同じような題名のついたバークリやヒュームの研究と方法上異なっている点は、テーテンスが個々人の精神現象の分類と記述にとどまらず、このような記述を「客観的精神」の一般理論への前段階とみなしたという事実にある。われわれは知性の機能を、それが経験を統合して知覚から最初の感覚的観念を生み出すという面ばかりでなく、それが高い精神面に飛翔して理論を構成し、さまざまの真理を学問へと結合させる点においても考察しなければならない。このような活動においてこそ思考の力は最高の活力を発揮するはずであり、それ故に精神が幾何学、光学、天文学のような巨大な構築物を建てる際に従うべき基本的規則の問題もこの線に沿って提起されなければならない。テーテンスはこの問題の解決のためのベーコンやロック、コンディヤック、ボネやヒュームの貢献を、必ずしも満足すべきものと考えなかった。理性的認識の問題の固有な意味は彼らの手法では把握できないし、彼らは感性的認識の問題に気を取られるあまりこの問題を完全に閑却してしまった(45)。

同様にテーテンスが「精神の能力」の学説に導入した重要な革新も、この線に沿ったものである。彼が感情の明確な特徴づけを主張してこの感情を感覚知覚から厳密に区別した際も、彼は単なる自己内観からこの区別を引き出したわけではない。それとは逆に、彼は感情と感覚知覚の場合には全く異なった二つの対象関係の方式が存在する、という考えからこの結論に到達した。知覚は確かにわれわれ自身のものであるけれども、その本来的な規定性はそれがわれわれ自身の状態をではなく対象の性質を表現する、という点にある。これに対して感情はそれと異なったいっそう根本的な、そして純粋に主観的な関係を含む。われわれは感情が自分自身の内部の変動を示すものであることを知って、この変動を直接的な姿において受け取るだけで、決してそれを外部の対象と関係させることがない。だがこの関係は全く恣意的であるという意味での「主観的」なものでは断じてなく、逆にそれは自らの規則と法則性とをその内部に含む故に、感情はそれ自体純粋な小宇宙それ自体としての世界を構成する、という命題の証明を、ドイツ啓蒙主義哲学はとりわけ芸術現象のうちに見出した。

他ならぬこの領域において、この小宇宙の表出と展開は実現された。この点には心理能力に関するメンデルスゾーンの学説が関連する。つまり彼もまた精神内の映像とそれらのさまざまな形状から出発して、この映像の基礎に横たわる力へとさかのぼる理論的再構成を試みた一人であった。芸術の対象と理論的認識の対象、つまり美と真を明確に区別するためには、美的対象に特有な心理的現象の一領域を認めねばならない。美の対象は単なる認識の対象でもなく、単なる欲求の対象でもない。われわれが美を知識の対象として扱い、科学の方法、つまり分析と定義の手続きによってそれを捕捉しようとすれば、それは直ちにわれわれの手のうちをすり抜けてしまうであろう。だが他方でわれわれがそれを「実践的」見地からのみ考察して願望や行動の対象とみなすときも、同様にこの本性を捕捉することはできない。或る対象が欲求や努力の的となった途端、それは「美しい」対象、すなわち芸術的観想および芸術的享楽の対象であることを止める。メンデルスゾーンはこのような考察に立って精神の一つの自立的な機能を想定し、それを「賞讃能力 Billigungsvermögen」と名づけた。欲望の刺戟はこの美の評価、すなわち賞讃の際にいささかの役割をも演じない。「むしろ美の特徴的な性質は、それが静かな喜悦で眺められること、そしてわれわれがそれを所有していないしそれを所有したいという欲望から非常に離れているときでさえ、それがわれわれを同様に楽しませてくれる点にある。われわれは自分との関係において美を考え、そしてそれを所有することが好都合だと考える場合に初めて、それを占有し所有したいという欲望に駆られる。だがこの欲望は美の享受そのものとは全く別個のものである」(46)。

こうして能力理論は一貫して心理学を――そしてこの点にこそそれのもつ本来的な体系的価値が存在する――単に意識の要素についての理論、すなわち感覚や「印象」についての理論ではなくて、むしろ精神の姿勢に関する包括的理論として取り扱おうと試みる。静態的な所与としての精神内容でなく、精神の活力が究明されその特性が正確に記述されるべきである。

この見地に立つならば誰でも、今や心理学が美学に対して緊密な同盟関係に立つに至ったという事実を認識するであろう。デュボスの『詩、絵画および音楽についての批判的考察 Réflexions critiques sur la poésie, la peinture et la musique, 1719』以来、同様な精神的活力の理論が美学の領域内で広く行なわれてきた。デュボスの思想はライプニッツの根本思想をそのまま確認するものと言ってよかった。なぜならばデュボスもまた、すべての美学的喜悦が「本性の高揚」に、すなわち精神の諸力の鼓舞と強化にもとづくことを見たからである。このような純粋な生命感情にもとづく快楽は、単なる対象としての対象の観察から生まれる不快感を限りなく凌駕できる。レッシングはメンデルスゾーンにこう書いた。「われわれの力の活動的な行使から生まれるこの快楽は、われわれのこの力が向けられる対象へのわれわれの不快感によって無限に凌駕される結果、この快感をもはや全く意識しなくなる場合もある、ということを貴下に事新しく申し上げる必要もないだろう」[47]と。ズルツァーもまたその著書『美術作品に備わる力について Von der Kraft in den Werken der schönen Künste』で同様な根本的主張を展開し、この前提のもとに理論的思考と美的観想と意志作用のそれぞれの活力の区別を試みている。

ところで美学理論は、今やもう一つの側面から純粋な認識論の領域へ入り込んできた。美学が純粋な「想像力」の権能を万人に認めさせ、さらに「詩作能力」を単なる結合能力ではない本来的な創造的能力として立証する試みの過程で、論理学の問題の内部でも概念の意味とその起原の捉え方についての急激な変化が起るに至った。バークリ、ヒューム、コンディヤックにとっては概念は単なる印象の沈澱物、単なる印象の総和であり、せいぜいその総和の記号にすぎないものであった。この記号にはいかなる自立的な意味も帰属しない。それは知覚において第一次的に与えられたものを、事後的・間接的に記憶において表象するにすぎない。われわれが事物概念の代りに純粋な関係概念に注目しても、何一つこの事態は変化しない。精神は前もってその現実性を経験せずにはどのような種類の結合関係も確立できないし、同様に前もって事実の領域において同一性もしくは区別を経験せずにはそれを概念的に正しく考えることができないからである。

だが今や機能心理学はこの考え方を批判する。思考を単なる「想像力の転置」とみなすこの種の理論を強力に反駁したのは、やはりテーテンスであった。思考が感覚印象や経験的所与によってどのような刺戟を受けるにせよ、思考がこのような所与に立ち止まることはない。思考は概念を単なる集合的総括として構成するにとどまらず、それを理想へと高める。そしてこの理想は「形成的創造力」の協力なしには理解できない。「心理学者たちは通例、感覚を通じて獲得されて記憶に定着される観念の単なる分析と総合によって、詩的創造を説明する。……もしもそれが本当ならば詩も単に幻想の転置に過ぎぬものとなり、従ってわれわれの意識に新しい単純な観念を生み出すことはできないはずだ」。

だが詩作についてのこのような説明は、およそ真なる芸術行為の説明としては全く不十分であろう。「もしもクロップシュトックやミルトンのような詩人がその生き生きした詩的な言葉によって生み出した映像を、われわれが単なる寄せ集めの、もしくは次々と急速に続いてゆくだけの単純な感覚知覚の集積にすぎないとみなすならば」、われわれはこれらの詩人の真価を見誤る結果になるであろう。それと同様なことが、たとえば精密な数学的認識などの科学的理念についても言える。これらも同様に、個々の感覚の単なる加減もしくは結合や抽象によっては説明されない。それらは「詩的創造力の根源的で真実な所産」に他ならない。「われわれは一般の幾何学的観念についてもこの事態が変らないことを知る。だが実際すべての他の観念についても事情は同一である」。

それ故に当初は単なる感覚的映像にすぎないものを純粋概念の段階にまで高めるには、単なる経験的な一般化の手続きだけでは不十分である。そもそも一般的な感覚的表象は未だ一般的な理念でも、詩的創造力もしくは知性の概念でもない。これらはそのための素材にすぎない。だがこれらの理念の形式は、この素材だけから理解され導出されるのではない。それにもかかわらず、概念が有する真の明確さ、厳密さはこの形式に依拠する。「たとえば次第に内側へカーヴしてゆく曲線の観念をわれわれが視覚的知覚によって持ったとしよう。この観念は多様な知覚をもとにこの形式を受け取ったのであり、一方で知覚はそれらが寄り集ってこの形式を生み出したのである。だが今やこれ以上のことが生起する。われわれはすでに延長の観念を所有しているので、この観念上の延長を自由に変形できる。こうして想像力は円の図像を、そのすべての点が中点から等距離にあり、いささかもそれより遠かったり近かったりしない、というように規定することができる。感覚的映像に最後に付け加わるものは詩的想像力による加工であるが、実はこれと同様のことはわれわれの理念のすべてに当てはまる(48)」。

このように感覚印象に直接的に与えられた素材を越え出る理論的「想像力」は、決して純粋数学の領域に限られない。われわれの経験概念の形成に際しても、それは数学の場合に劣らず重要な役割を果たす。理論物理学の基礎となる諸概念は、決して単なる「感覚像」の合成によって説明されはしない。確かに物理学上の概念は感覚知覚から出発するが、それは感覚知覚に終るのではない。概念はこれらの感覚を出発点として用いるが、次の段階においてはそれは知性の内部的自動作用によってこれらの感覚的素材を変形する。感覚知覚の規則性に由来する単なる習慣ではなしにこの自発的作用が、運動に関する最初の法則の固有な核心を形成する内実となる。

もとより自然科学の普遍的な諸原理が、その完全な規定を単なる概念からアプリオリに導出するわけではないが、このことから科学的諸原理が単に個々の観察の単純な集合という意味での帰納のみによって成立すると考えることは誤りである。慣性法則のようなものですら、このような仕方だけで完全に推論され理解されはしない。「他の物体に作用を及ぼすことも他から作用を受けることもない一つの動き始めた物体という表象は、この物体の運動が変ることなく続くであろうという表象へと知性を導く。この後段の表象は知覚から導き出されるにしても、第一の表象とのそれの結合は思考の力の産物に他ならず、思考はそれ自身の本性に従ってこの二つの表象の間の関係をわれわれの意識に生み出すのである。そして精神のこの作用によってわれわれの心に作り出される主語と述語の結合は、知覚にもとづく観念連合にもまして、われわれの判断の正しさの確信に強力な根拠を与える」[49]。

一般的に言って観念間の特定の関係が考えられる場合はどこでも、単に感覚もしくは受動的な印象に依拠することは、関係概念の特殊な本性を把握し基礎づけるのには不十分である。このような特殊な本性の存在は今や否定すべくもない。つまり意識の各局面の間の各種の関係と結合が残らず同一性と差異性、一致と矛盾に還元されることはありえない。事物の継起や並存、それらの共存の特殊な様式、一つの事物の他への依存等々、これらの関係がいずれも単なる同一性もしくは差別以上の内容を含むことは明白である。

こうして思考においては必ずや特徴的な、そして各自の間ではっきり区別された各種の関係形式が作り上げられ、その一つ一つが思考の特定の方向を指示する。この方向はいわば思考が自発的に辿る道であり、思考は印象や習慣の機械的な強制によってそこへ駆り立てられるのではない。従ってわれわれが判断、結合、推論などと名づける行為は、観念を単に継起もしくは結合関係に配列することでも、また観念の間の類似性や同一性に注目するだけの行為でもない。「たとえ二つの観念の類似性と差異を、両者の第三の観念に対する類似性と差異から導出することで理性的推論の機能が説明されると仮定しても、同種の他の関係から類似性と差異を導出するこの機能それ自体が知性特有の活動であり、事実上それは或る一つの関係概念から他の一つを創出する活動であり……これは二つの関係を次々に知覚すること以上の働きである」[50]。

今やわれわれは、個々の問題での著しい表面上の分散にもかかわらずドイツの啓蒙主義思想を特徴づけている、内的統一性と体系的完結性が明確に現われている地点に到達した。つまりわれわれは心理学と論理学の二つの側面から、今や同一の中心問題に突き当たったわけである。この二つの学問は、純粋な「関係概念」の本性と起原についての問題に収斂する。テーテンスが心理学的分析家としてこの問題を提起したのに対して、ランベルトはそれを彼の論理学および一般的方法論の中心に据える。彼も同じくライプニッツから出発した。彼が或る種のライプニッツの基本的原理を、その特徴的な独自性と深さにおいていわば再発見したことは、彼の主要な歴史的業績に数えられる。彼はヴォルフおよびその学派によって定式化されたようなライプニッツ哲学の伝統的な解釈にあきたらなかった。彼はライプニッツがその体系を作り出したときの最初の問題提起に立ち帰った。

ランベルトの心をつねに強く捕らえたもの、そしてそれに直結して彼が自らの「記号学」の構想を立てたものは、とりわけライプニッツの「普遍的記号学characteristica universalis」の構想であった。ランベルトは思考形式の体系の樹立に努め、これらの形式のそれぞれに対して、ちょうど微分計算の算式にも比すべき特殊な記号言語を振り当てることを考えた。このような言語が完成して、特定の概念結合の関係に対して一つ一つそれに応じた記号の一定の操作が対応するようになり、われわれがこの操作についての普遍的な規則を所有するときに初めて真に厳密な思考が可能となる。ランベルトはこの種の思考の支配を純粋幾何学の領域を遥かに越えて広げようと試みる。

彼によれば、延長と大きさの観念のみが厳密な説明と演繹的展開に耐えうる、という考えは偏見である。この種の展開の確実性と一貫性は数量の領域だけに限られるものではなく、純粋な質的関係の場合においても全く同様に妥当する。このような一般的な問題提起にもとづいてランベルトは、ロック哲学および彼の認識基礎概念の分析法がもつ限界を明らかにしうると信じた。彼はロックが採用した「概念の解剖学」について異議を唱える気はなかった。現実に見られる基本的要素を表現しようとする際にわれわれが用いるこれらの概念は、単純に考案されるのとは逆に経験から取り出されねばならないことを、彼も承認する。実際に純粋な現実認識は単なる形式的な、純粋に「思考可能な」原理、たとえば「充足理由律」に依拠しないであろう。なぜならばこのような「思考可能性」、すなわちすべての部分が一つの論理的全体のなかで一致することは、単なる可能性に属する事柄だからである。むしろ現実認識の際には、われわれは素材的な諸規定、すなわち「有形物と各種の力」と係わらなければならない。

そして個々の根元的な力の本性と性格は、概念との関係ではなくて経験の証言にもとづいてのみ解釈され主張される。それ故に経験を重視するわれわれは、あらゆる標準的定義を棄て去って単なる記述のみで満足しなければならない。われわれは与えられたデータを分析して「すぐれて解剖学的な方法によって」その究極的な構成要素に遡及しなければばならないが、これらの構成要素それ自体を概念的説明によっていっそう明確なものにしうる、という要求を提起することはできない。もしもこのような明確化の方法が可能であるならば、むしろそれはロックが辿った方法によって、すなわちこれ以上の論理学的な細工ではなくてむしろ単純観念の発生を分析する方法によってのみ果たされるであろう。

だがいったんわれわれがこのような方法によって基礎的な観念を確定し、これらの概念の数や順序についての知識をもった段階では、事態は変ってくる。そのときわれわれは、これらの概念の一つ一つの単純で特殊な本性にいっそう精密な諸規定が、すなわちこの本性に生得的に備わっていてそれから直接的に帰結する諸規定が豊富に含まれていることを知るに至る。それ故にこの諸規定を完全に展開するためには、われわれはもはや重ねて経験に頼る必要がない。さまざまの基本概念は相互に一致、矛盾、依存等々の特定の関係に立っており、それはこれらの関係概念の「本性」の考察から確定される、ということをわれわれは知る。それ故にこれらの関係をそれ自体として認識することは、もはや経験的・帰納的ではなくて厳密な洞察にもとづく「アプリオリ」な認識である。ランベルトに従えばこの「アプリオリ性」は純粋幾何学の分野だけに局限されない。ロックに欠けていたものは、測量技師が空間に関してその体系的・構造的特性を演繹的な方法で立証したような課題を、他の単純な観念にも同様に適用するという考えであった。[51]
「普遍学 mathesis universalis」に範を仰ぎつつ真理についての、すなわち単純な諸観念の関係と結合についての一般理論たらんとするランベルトの「真理学 Alethiologie」がここに登場する。ランベルトは幾何学と並んで特に算術および純粋な時間計測法および純粋な運動学を引合いに出しながら、素材は経験に仰ぐけれども、他ならぬこの素材が単なる偶然的な規定ではない必然的な規定をも含んでいるような学問の一つのタイプを構想する。このようにランベルトの真理学は、いわば純粋な関係概念の本性に関するテーテンスの心理学的業績に対応する論理学的相関物である。ドイツ啓蒙主義思想のこの二つの流れがカントにおいて統合されたとき、これらの潮流の相対的な目標は達成された。そしてこの事実は取りも直さず、この目標が新しい原理と新しい問題提起によって克服され終止符を打たれたことを意味する。

# 第四章　宗教の理念

われわれが啓蒙主義時代の一般的な特徴づけを試みる場合の従来の伝統的な把握に従えば、この時代の基本的特徴は何よりもまず宗教に対するその批判的・懐疑的な態度にある、と考えられてきた。だがわれわれがこの伝統的な見解を具体的な歴史的事実によって検証するならば、少なくともドイツおよびイギリスの啓蒙主義に関する限り、われわれはそれに対して多大の疑問と留保を感じないではいられないことを知る。

もっとも十八世紀のフランス哲学はこの伝統的見解をいっそう強く裏書きするように見えるため、この点はそれだけ根強く主張されてきた。啓蒙主義の反対者や敵手も、またそれを感嘆し信奉する人たちも、この判断の一点では互いに一致した。ヴォルテールはその著作や書簡で、いささかも倦むことなく「破廉恥漢をひねりつぶせ Écrasez l'infâme」という古い鬨《とき》の声をくりかえした。そして彼が注意深くそれに付け加えて、自分は信仰にでなく迷信に対して、宗教にでなく教会に対して戦いを挑むのだと言ったところで、ヴォルテールを精神的指導者と仰いだその次の世代は、もはやヴォルテールのこのような区別に留意するはずがなかった。フランス百科全書派は宗教に対し、そして宗教が主張する有効性と真理への権利に対して正面から戦いを挑んだ。彼らは、宗教が人間の知的進歩に対する変ることなき邪魔物であるばかりでなく、それは真正な道徳と正しい政治的・社会的な生活秩序を確立する能力を欠く、として宗教を告発した。ドルバックはその著『自然的政治学 Politique naturelle』で倦むことなくこの点に立ち戻っている。宗教は目に見えぬ暴君に怯えるように人々を教育することによって、彼らを地上の権力者に対しても隷属的で卑屈にさせ、そして人間が自分の運命を自立的に導いていくあらゆる能力を圧殺し去ったと言うとき、ドルバックの宗教糾弾はその頂点に達する。(1)

理神論もまた怪しげな雑種であり気の弱い妥協の産物である、と非難される。ディドロは説明した。理神論は宗教というヒドラの十二の頭を切り落としたけれども、それが見逃した一つの頭からいつの日かまた他の残りの頭がすべて再生するだろうと。(2)

それ故およそ信仰一般を、それがどのような歴史的形態をまとって現われ、そしてどのような基礎にもとづいているかに一切関係なく、すべて徹底的に拒否することのみが、今後人類を偏見と隷属から解放して真の幸福に至る道を示す唯一の手段となろう。ディドロは人間に向って自然に次のように語らせる。「おお迷信深き者よ、私がお前を置いたこの世界の外側に幸福を求めることは無意味な試みだ。勇気を出せ、そして私の権利を承認しようとせぬ不遜なわが敵手、宗教の軛《くびき》から逃れよ。私の権能を簒奪した神々を見限って私の法に立ち帰れ。お前がかつて棄て去った自然のもとに帰って来い。自然はお前を慰めてくれるであろう。そしてそれは今お前を悩ましているすべての恐怖、お前を引き裂いているすべての不安を拭い去ってくれるだろう。自然と人間性、そしてお前自身に、再び身を委ねるがよい。そうすればお前の人生の行く手には花がいっぱい鏤められているのを見出すであろう」「すべての国民、そしてすべての世紀の歴史を調べてみると、われわれは人間がつねに三つの異なった法規に従属している事実を知るであろう。すなわち自然の法規、社会の法規、そして宗教の法規。ところでこれらの法規は、互いに妨げあい制限しあう。実際にこの三つは一瞬も真の調和に達したことがない。この結果、あらゆる国を通じてこれまで真の人間、真の市民、真の信仰者はたった一人も存在したことがなかった[3]」。

それ故この事実を認識した人間は、もはや以前のような状態には逆戻りできない。妥協の余地も和解の余地もない。われわれは自由か束縛かの、明晰な意識か曖昧な情念かの、認識か信仰かの、どちらか一方を選択しなければならない。そして近代的人間、啓蒙主義的人間にとって、この決断に何らの躊躇もありえない。彼は天上からのすべての援助を拒否し、自力で真理への道を開拓しなければならない。そしてこの道は彼が自らの努力で探し求める限りにおいてのみ開けるはずである。

だがこのような啓蒙主義の指導者や信奉者たちの言明にもとづいて、われわれが啓蒙主義の時代をその基本的意図において非宗教的な時代、信仰に敵対的な時代とみなすならば、それはやはり不十分であり疑問であろう。実際にこのような見解は、この時代の他ならぬ最高の積極的な事業を見落とす危険を冒す結果になる。懐疑主義それ自体は、決してこのような積極的事業を達成することができない。啓蒙主義の最も強力な思想的衝動とその固有な精神的活力は、それが信仰を拒否したことにではなく信仰の新しい理念を宣布したことに、つまりそれが宗教の新しい形式を具体化したことに存在する。

それゆえ信仰と不信仰について述べたゲーテの言葉の深い真理は、啓蒙主義に対してもそのまま妥当する。ゲーテが信仰と不信仰との抗争は世界および人類の歴史における最も深遠な、否、唯一のテーマであると述べ、信仰が支配している時代はすべて同時代および後世にとってひとしく輝かしい、感動的で実り豊かな時代であるに反し、一方で不信仰が悲惨な勝利を博する時代は、そこでは非生産的なものの認識のために喜んで一生を捧げる人物がいないから、必ずや近い将来に後世の人々の目から姿を消すであろうと付言したとき、この対照のどちら側に啓蒙主義の時代を帰属させるかについて、われわれはもはや一瞬の躊躇も感じないであろう。

啓蒙主義の時代にはあらゆる分野で真の創造的感情が、世界形成と世界改革に対する無条件の信頼が支配的であった。そしてこの種の改革は宗教それ自体についても同じく待望され要求されていた。それ故われわれは啓蒙主義の、宗教に対する表面的な敵対性に目を奪われて、実際にはここでもすべての精神的諸問題が宗教問題と分かち難く溶け合って、前者は常に後者から変らざる強い刺戟を受けていたという事実を見失ってはならない。

認識や道徳の根本問題についての宗教の在来の回答が不十分と感ぜられれば感ぜられるほど、これらの問題自体がそれだけ熱烈に、また強力に、くりかえし提起された。今後は論議はもはや個々の宗教上の教理やそれの解釈についてでなく、宗教的信念自体の本性をめぐって行なわれる。つまり単なる信仰内容ではなくて、信仰それ自体のありかた、意図、機能が問題にされなければならない。こうしてとりわけドイツ啓蒙主義哲学にとっては、宗教の解体ではなしにそれの「超越論的」基礎づけと超越論的深化が、すべての努力の目標となった。この努力に照らして初めて、啓蒙主義時代の宗教的精神の特性が、その否定的および肯定的傾向、その信仰と不信仰とが明らかとなる。われわれがこの二つの傾向を統一的に考察しその相互依存の実態を認識したときに初めて、十八世紀の宗教哲学の歴史的歩みは真に統一あるものとして、すなわち確乎たる思想的中心点から出発した一定の理想の目標を目指す運動として把握されるに至る。

## 1　原罪の教義と弁神論の問題

十八世紀の宗教哲学および神学の文献の豊富さと多様性は、事実われわれを戸惑わせるに十分であるけれども——たとえば理神論という一つの問題についてさえ、論争の両当事者の間で取り交わされた論難書の数を見究めることは難しい——、そこには論議がいつも必ず立ち帰ってゆく特定の体系的中心点が見出される。啓蒙主義哲学はこの中心的な問題点を自分で提出する必要がなかった。この問題を啓蒙主義はむしろ前世紀からの思想的遺産として継承したのであり、ただ新しく身につけた精神的武器を用いてそれを手がけさえすればよかった。

すでにルネサンスでさえ、単に古代文化と科学精神だけの再生にとどまらず宗教の内的改造（renovatio）を目指すものだった。それが目指したものは現世と知性を肯定する宗教であった。つまりそれはこの両者がもつ特殊な価値を容認し、それを貶しめたり破壊するとは逆にそれらの内容を高めることに神の証明とあかしとを見出すような宗教である。十六世紀および十七世紀の人間主義的神学に生々しく出現したような普遍的有神論は、このようにして基礎づけられた。この神学の根本的思想は、神の本性はその顕現の全体性でのみ把握される故に、これらの顕現の一つ一つは掛けがえのない自立的な意味と価値をもつ、という確信であった。

神の絶対的な存在性はどのような形式、どのような名辞によっても表現されない。そもそも形式とか名辞はいずれも限定の方式であり、それ故これらは無限なものの本性に適用されることがない。だがそこには同時にその逆の結論も成立しうる。すなわちこれらの個々の形式は、それぞれ同じように絶対者の本性から離れている以上、見方を変えればこれらはひとしく絶対者に近く存在することになる。個々の表現がそれ自体純正であり真実である限り、それらは互いに他に劣ることがない。すなわちそれらが神の本性それ自身を表現するのでなく、単に比喩として、象徴としてその本性を暗示するにすぎないという分限を守る限り、それらのものはすべて同一の価値をもつ。

このような人間主義的な宗教精神は、ニコラウス・クザーヌスからマルシリオ・フィチーノへ、そしてさらにエラスムスやトマス・モアへの流れのなかで発展し強化された。十六世紀の最初の十年間にこの発展はその目的を果たし、「人間性の限界内での宗教」はここに確立されたように見えた。この宗教はキリスト教の教理に対して、決して敵対的もしくは懐疑的ではなかった。むしろそれはこの教理それ自体をそれが新しい宗教的志操の表現となるように解釈した。ニコラウス・クザーヌスが「人間性 humanitas」についての彼の根本概念の表現と具体化を見出したのは、他ならぬキリストの観念においてである。キリストの人間性（humanitas）は世界の紐帯となり、その内的統一性の最高の確証となる。つまり無限なものと有限なもの、創造的・根元的な原理と被造物との間の深淵は、キリストの人間性によって初めて橋渡しをされる。こうしてここに確立されたこの宗教的普遍主義は、ルネサンスに生まれた新しい精神形式の宇宙をも同様に包みこみ、唯一の哲学的見地からそれを再構成することができる。

またこの普遍主義は数学、新しい自然科学や宇宙論をも自らのなかに導き入れ、アウグスチヌスや中世の歴史観に対抗して、歴史の意味についての特殊な新しい見解を確立した。今やこれらの課題はすべて宗教の領域内で可能なもの、すなわち宗教に反対してでなく宗教の手を藉りて遂行されるものに見えた。宗教が今や獲得したこの幅広い機能において、宗教の固有な最奥の深みは初めて真に明らかとなる。壮大なスコラ哲学の体系や中世神秘哲学全体がその解決に腐心した、神と人間との宥和の問題も、今や新しい光に照らし出される。この宥和はもはや神の恩寵の作用からのみ期待されるのではなく、人間精神の働きそれ自体において、そして精神の自己発展の力によって実現されるものとされた。(4)

だがこのような人間的な宗教に対する不倶戴天の敵手が、今や宗教改革という形をとって出現した。宗教改革は同じく「此岸」に新しい価値を認めて新しく現世の生活に宗教的裁可を与えた点では、ルネサンスと一致したように見えた。宗教改革も同じく信仰内容の内面化と精神化を要求し、しかもこの精神化は宗教的主体である自我にとどまらず、現世の様態そのものをも同時に問題にするものであった。そして宗教改革はそれを信仰の中心内容との新しい関係に組み入れる。現世の生活は、今や信仰の確信それ自体にもとづいて義とされる。こうして再び、現世否定の禁欲的要求とは対照的な世界形成の要求が出現する。この形成は職業活動において、世俗的・社会的秩序の内部での活動において実現されなければならない。

ところで人文主義と宗教改革がこのようにいわば共通の平面に並んだとしても、実はこの両者はそれぞれの根本的立場において別のものである。宗教改革が考えた信仰は、その本性上からもまたその意図からも、人文主義の宗教的理想とは別種のものであった。両者のこの差異の核心は一言で言えば、原罪なる主題に対する人文主義と宗教改革の両者の根本的に異なった態度にもとづいていた。確かに人文主義は人間堕罪の教義を正面からは攻撃しなかったけれども、この教義をいわば掘り崩しその力を弱める努力が一貫してその基本的な精神傾向であった。人文主義の宗教上の基本的立場においてペラギウス主義の影響は次第に顕著となり、アウグスチヌス主義的伝統の堅い軛《くびき》を振り落とそうとする努力は、次第に意識的になった。古代文化への復帰はこの闘争において単なる副次的以上の意味を帯びた。プラトンのエロスの理論やストア学派の意志の自己充足の教えは、人間本性の決定的な堕落を説き自力では神に到達できないその無力さを教えるアウグスチヌスの基本的立場に対抗するものとして取り上げられた。人文主義が目指す宗教的普遍主義はこの土台のうえにのみ基礎づけられたのであり、特定の時間的・空間的制約をもたない神の啓示はこうして初めて正当化された(5)。だが宗教改革の体系はこのような啓示の拡大解釈に対して、真っ向から烈しい非難を浴せる。なぜならば宗教改革の体系は、聖書の言葉の唯一絶対的な真理に対するその信仰に、すべてを依拠させるからである。現世の生活への執心がこの信仰を動揺させることは絶対に許されない。この世界も天上の世界もすべてこの信仰のために、そしてこの信仰からのみ要請され実現される。聖書はその超越性、超自然性とその絶対的権威において、救済の確信の唯一の基礎に他ならない。宗教改革が主張するこのような宗教的「個人主義」は、こうして徹頭徹尾、純粋に客観的な、そして超自然的な拘束力をもつ現世の活動に結びついている。[6]

そして宗教改革がこの拘束力の強化に努めれば努めるほど、それはいっそう新しくこの教義のアウグスチヌス的解釈に依拠せざるをえなくなる。カルヴァンにとってはもちろんルターにとっても、この原罪の教義は彼らの神学体系の本来的な支柱でありその固有な核心をなした。だから宗教改革の人文主義からの断絶は、所詮不可避であった。この事情はルターの著書『虜われた意志について De servo arbitrio』のうちにこの上なく明快に、また無遠慮に述べられている。エラスムスによる人間的自由の控え目な擁護、そして堕罪によっても意志の自足性と自律性は完全には失われたのではないとする彼の主張は、ルターにとっては宗教的懐疑のあからさまな表明以外の何ものでもなかった。神の恩寵と並ぶひとつの独立せる力、すなわち恩寵に逆らってにせよそれと協力的にせよ、たとえ最小限度であってもそれ自身何らかの作用を発揮しうる力を人間が有すると考えるようなこの自立性への信仰心以上に危険な誤謬はありえない。われわれは神の力とわれわれの力とを、神の業と人間の業とをこの上なく厳重に区別しなければならない。実際にこの区別のうえにこそ、われわれ自身の認識と神の認識および栄光の一切がもとづいている。「人が自分の救済のために自力で何かをなしうると信じている限り、彼は未だ自らを頼みにしていて、自らに完全に絶望しきってはいない。それ故に彼は神の前で自らを卑下せずに自らを思い上り、少なくとも自分で救済に行きつくための機会、時期あるいは業績を期待するようになる。だが万物は神の意志のみにもとづくという事実を疑わぬものは自らに完全に絶望し、われわれを選ぶことなしに神の御業を期待するであろう。そのような人こそは恩寵と救済に最も近い人である」。

この言葉にわれわれは、人文主義的信仰に対する宗教改革的信仰の判決を見る。そして十七世紀はこの判決内容に対して異議を唱えようとしたけれども、それは空しい結果に終った。もちろんルネサンスの理想はこの時代にも生きたままで伝わり、とりわけ哲学の領域においては新しい擁護者と代弁者を見出したけれども、この時代の主要な宗教運動はこれらの傾向をすべて素通りしてしまった。以前クザーヌスが抱懐してその著書『信仰の平和について De pace fidei』で表現した普遍宗教への期待は消滅してしまった。信仰の平和の代りに情容赦のない猛烈な宗教的論戦が始まった。そしてこの論争では、最も頑固で最も硬直した独断主義が常に勝利を収めた。オランダにおいてフーゴ・グロティウスが、そしてイギリスにおいてケンブリッジ学派がもう一度ルネサンスの精神を復興させようと努力した際も、彼らの直接的影響はやはり相対的に局限された分野にとどまった。グロティウスはオランダでアルミニウス主義に最終的な勝利を収めたゴマルス主義の攻撃に屈し、カドワースとモアはピュリタニズムと正統的カルヴィニズムの進展を防ぎきることができなかった。

だがこれらの人々の努力は、宗教あるいは一般的精神史で決して無駄に終ったのではない。十八世紀の「啓蒙主義」のための道を最初に開拓したのは、他ならぬこれらの人々である。啓蒙主義時代の神学は、この普遍的な歴史的脈絡を明確に意識していた。啓蒙主義が自らを「時代の端緒」として意識し、その結果それは過去の偉大な業績を無視もしくは過小評価した、という非難をわれわれは往々この時代に加えるけれども、この非難はここにおいては決して妥当しない。ドイツ啓蒙主義神学の指導者の一人であるゼムラーは、その聖書研究によって歴史的批判の精神の基礎を用意したが、彼が啓蒙主義をめぐるこのような歴史的脈絡を明確に認識し表現していた事実に、この時代の歴史的批判の精神は現われている。彼は正統信仰に対するこの論戦で、自分がプロテスタント神学の真の創始者と仰いだエラスムスに直接立ち戻った。今ここでもう一度あの古い問題、すなわち理性の自足性と道徳意志の自律性の問題が最も鋭い形で提起された。だが今やこの問題は聖書や教会とは無関係に、つまり外的な権威に何ら拘束されることなく答えられなければならない。これによって初めて、中世的な独断論の威信は地に墜ちるに至った。つまり今やアウグスチヌス主義はもはやその結論や直接的影響の面においてではなしに、他ならぬ教理の核心部分、その根本原理の面において攻撃されるに至った。原罪の思想こそ、その打倒のために啓蒙主義哲学のさまざまの立場が一丸となって立ち上った共通の敵であった。事実この点ではヒュームはイギリス理神論に味方したし、ルソーはヴォルテールに味方した。啓蒙主義が目指した目標の一致は、しばらくの間はそのための手段についてのそれぞれの立場の差異や背馳を見失わせたように見えた。

われわれはまずこの問題をフランス精神史の内部において追跡してみよう。というのは、この国においてそれは最も明快で有益な定式化を見出したからである。ここではフランス流の解析的精神にして初めてなしうるような完全性をもって、問題の含むあらゆる局面が解明され、それらは最後的な論理的帰結に至るまで発展させられた。およそ可能なる問題処理が一つ一つ互いに明確に対比され、この対照からおのずと弁証法的解決が生み出されるように見えた。

原罪の問題は再び十七世紀のフランス哲学において、その最も深遠な思想家の一人によって取り上げられた。並ぶもののない思想的重厚さと比類ない明晰な叙述によって、パスカルはこの問題を『パンセ Pensées』で展開した。この問題の内容はアウグスチヌス以来ほとんど変っていないように見えた。なぜならばアウグスチヌスについてのヤンセン*の大著を媒介して、この原罪の観念の定式化はいつも決まってアウグスチヌスに立ち帰っていたからである。だがパスカルをアウグスチヌスと異なった近代の思想家たらしめたものは、彼の論証の形式と方法とである。パスカルの時代の論証方法はすべてデカルトの明晰判明な観念という論理学的理念に依拠し、今やそれがこの論理学的理念を信仰の神秘的教義内容にまで適用するに至った。アウグスチヌス的内容とデカルト的方法のこの結合の結果、今や思想の逆説的な混合が発生した。事実パスカルが『パンセ』のなかで立証しようと努めたこの教義の内容は、彼が結論を導くために援用した手続きそのものとの尖鋭な対照をなしている。

パスカルが擁護しようとした命題は、理性は自らの力だけではいかなる種類の確実性にも到達できず、従って理性は自分自身に対する絶望と信仰への無条件の帰依によって初めて真理に到達しうるような絶対的に無能力な存在である、ということであった。だがパスカルは信仰へのこのような服従の必然性を要請したのでも説教したのでもない。彼はそれを証明しようとする。彼は信仰ある人々に対してでなく、不信仰な人々に向って語りかけ、しかも彼ら自身の土俵上で相手にまみえる。つまり彼は彼らの言葉を用いて話しかけ、彼ら自身の武器を用いて彼らに立ち向う。パスカルは近代的解析論理という用具の操作においては並ぶもののなき名人であり、事実その数学的著作において彼は、この解析論理を最高の完成の域にもたらしていた。だが今やこの用具は、宗教上の根本問題の叙述と展開のために活用されなければならない。ちょうど円錐曲線に関する研究によって幾何学的問題を、そして真空についての論文によって経験的物理学の問題を手がけたのと全く同一な方法的手段に訴えて、彼はこの問題の解決にとりかかった。

ここにおいても重要な決め手は、現象の精密な観察と仮説的思考の威力である。われわれが問題の決着に到達するには、これ以外のどのような手段も必要ではない。ちょうど物理学者が或る種の自然力の本性を問題とする際に、それについての諸現象を通観してそれらを体系的に配列し分析する以外の道をもたないように、人間本性の根本的な秘密もそれと同じ手法で解明されなければならない。この場合でも同様に、われわれがすべての仮説に対して第一に要求することは、それが現象一切を忠実に反映し、それを余すところなく叙述することである。「現象を救済する *σώζειν τὰ φαινόμενα*」という要請は、天文学に対してと全く同様に神学に対しても当てはまる。パスカルが彼の敵手たる懐疑論者や不信心家に挑戦するのは、他ならぬこの点についてである。もしも彼らが問題の宗教的解決を拒否し、人間の堕罪および人間の「二重な性格」についての教理を何一つ聞き入れないならば、別のもっと納得のゆく説明を自ら試みることが彼らの義務であろう。つまり彼らはこの二重性に代る統一性を、不調和に代る調和を導入せねばならないが、このようにして彼らが統一性や調和を言い立てても、それは立ちどころに人間経験のすべての事柄との烈しい矛盾に陥る。

実際にわれわれは絶えず人間を、自足完結的で調和のとれた存在としてでなく、内部的に引き裂かれた存在、最も深遠な矛盾を背負わされた存在として見出す。これらの矛盾は人間本性の烙印ともいうべきもので、人間は宇宙のなかの自分の位置を認識しようとした途端、たちまち自分が無限と無との間に立たされているのに気づく。この二つのものを前にして、彼はそのいずれか一方のみに属することはできない。彼はすべての存在を凌駕すると同時に、すべてのものに劣る惨めな存在でもある。人間は最も崇高にして同時に最も堕落せる存在であり、偉大であると同時に悲惨な、強力であると同時に無力な存在である。彼の意識は、彼が決して到達できない目標を絶えず彼の眼前にちらつかせる。そしてこのような絶えざる自己超出の意欲と絶えざる奈落への逆戻りの循環のなかで、彼の存在は止めどなく揺られ続ける。人間本性のすべての現象に含まれるこの矛盾葛藤から、われわれは片時も逃れられないし、しかもこの矛盾を説明するためにはわれわれは、それを現象からその知的な根元へ、事実からその原理へと引き戻す以外に方法をもたない。人間本性の絶対的な二重性は、堕罪の玄義によって初めて解明されるのであり、これまで見透しえぬ闇に包まれていた真相はこの玄義によって一挙に明るみに出される。この「仮説」はそれ自体が絶対的な秘密であるにしても、他方これこそはわれわれの本来的な最深の本質を解明する唯一の鍵である。人間本性はその基礎に横たわる、理解を絶した神秘によってのみ理解される。

こうしてここに論理的で「合理的な」認識形式のすべての尺度は転回する。すなわち論理的認識においては未知のものが既知のものに関係づけられて初めて説明されるのに反して、ここパスカルの世界においては、既知のもの、所与のもの、そしてわれわれの直接的な存在そのものが或る絶対的に未知のものに基礎づけられる。だがこれら合理的な手段および尺度の一切の転換は、われわれがここでは単なる偶然的でなくて必然的な、単なる主観的でなくて客観的な認識の限界に直面している事実を教える。われわれが対象の十全な認識に到達できない原因は、われわれの洞察の貧弱さだけではなく、むしろ合理性では律しえない、それ自身が絶対的な矛盾を含む対象そのものに存する。

　およそ合理的な尺度なるものは、すべてそれ自体内在的な尺度である。なぜならば、われわれの合理的認識の形式は、或る特定の不動な本質すなわち事物の「本性」から、それに必然的に所属するとされる性質を導き出すことにあるからである。だが今ここにわれわれは、それ自身において矛盾を孕む本性に直面する。ここにおいてはわれわれが内在性を完全に理解しようとするや否や、それは超越性に転化して自らを止揚する。「誰がこの紛糾を解こうというのか。自然はピュロンの徒を当惑させ、理性は独断論者を当惑させる。おお人間よ、自らの自然的理性によって自分たちの真の状況がどんなものかを発見しようとしているお前は、一体どうなるのだろう。……おごれる者よ、お前自身がどれほど逆説的な存在であるかを知るがよい。卑下せよ。無能なる理性よ、沈黙せよ。低能なる自然よ、人間は限りなく人間を越え出るということを知れ。そしてお前が知るところのないお前自身の本当の状態を、お前の造物主から教えてもらうがよい。神の声を聴け」[7]。

　今やパスカルのこの言葉のなかで、十八世紀フランス哲学にとって最も困難で最も深遠な問題が提起される。この時代の哲学は、もし自分がわずか一歩でも前進しようと考えるならば真正面から相手にしなければならないような同等の実力をもった敵手を、パスカルのうちに見出した。もしも超越性のもつ魔力がこの点で断ち切れないのならば、そして人間が「それ自身を超越する」存在に変りがないならば、世界および実在の「自然的」解釈はそもそもの発端から意味をなさないものとなろう。フランス啓蒙主義哲学があたかも内的な強制に駆られるごとく、再三パスカルの『パンセ』に立ち帰ってこの作品に照らして自らの批判力をその度ごとに試した、という事情も今や明らかとなる。

パスカル批判こそは、ヴォルテールの著述家としての生涯のすべての時期を通じての一貫した主題であった。この批判はすでに彼の最初の哲学的著作である『イギリス書簡 Lettres sur les Anglais』において開始され、彼はその約半世紀後にこの青年期の著作に立ち帰ってそれを新しい論議によって補強しようと試みる。(8) 彼はパスカルの挑戦を受けて立つ。彼はこの「卓抜なる厭世家」に対抗して人間精神を擁護するのだ、と自らいう。だがわれわれがヴォルテールの多くの論議を概観してみると、どうも彼は正面からの戦いを回避しているとしか思えない。現に彼はパスカルの思想をその本来的な宗教的核心まで、パスカルの根本問題の最奥部まで追跡することを注意深く手控えている。彼はパスカルの問題を人間存在の表層に限定して取り上げ、そしてこの表層面はそれ自身で自足的であり、それ自身によってちゃんと説明されることを示そうと試みる。パスカルの深刻な問題意識とは対照的に、彼は愉快な気のきいた考察を繰りひろげる。ヴォルテールはパスカルの論証の簡潔にして厳格なやり方に対抗しては知的な軽妙洒脱ぶりで、そしてパスカルの神秘的な洞察力に対しては世間人としての気軽さで対応する。「常識的な人間知性」がこの形而上学的詭弁に対する審判者として呼び出される。パスカルが人間本性の矛盾と名づけたものは、ヴォルテールにとってはむしろ人間性の豊饒性と多面性と流動性の証拠に他ならなかった。もとより人間は、それが一定の存在を与えられて予定された道程を歩まなければならない、という意味での「単純な」存在であるはずはない。なぜならば人間本性はつねに新しい可能性を含むからである。だがヴォルテールによれば、このほとんど無限な円転滑脱さのうちにこそ、人間の弱さではなくてその底力が存在する。たとえ人間の活動がどれほどまで複雑多岐であり、そして特定の成果に決して定着することなく、むしろ一つの目標から別の目標へ、一つの課題から別の課題へと飛び移っていくものであったにしても、人間本性の真の強さとそれが発揮しうる最高度の力は、この多様性にこそ示されるのである。人間は自らのうちに含むこの多様な力をすべて何ものにも囚われることなく発揮し展開することによって初めて、本来の可能性を汲みつくした在るべき姿となる。「貴下が矛盾（contradictions）と名づけるこのいわゆる不一致は、実は人間の構成に組み入れられる必然的な成分に他ならない。かくして人間は他の自然物と全く同様その本来的な姿を呈するようになる」。

だがヴォルテールのこの「常識」の哲学は、もとよりこの問題に対する彼の最終的回答ではない。彼がパスカルの論証の前に兜をぬいだという事態はもとよりなかったけれども、どうも彼は絶えずこの相手の論証の力のまえに自分を心細く感じたように見受けられる。事実今やわれわれは、単なる否定だけでは決して十分ではなく、むしろ啓蒙主義哲学の明確で積極的な決断が期待され要請されるに至った地点に立つ羽目になる。もしも啓蒙主義が原罪の玄義を拒否するというのならば、それは悪の原因と根元を別の場所に求め、それらの必然性を理性のみに照らして認識し立証しなければならない。こうして形而上学それ自体からの離脱は今や全く不可能となったように見えた。原罪の教義への疑問は、いっそうのっぴきならぬ状況でわれわれを弁神論の謎に引き込むに至る。ヴォルテールにとってもこの謎はやはり存在する。つまり神の存在は彼にとっても、やはり厳密に論証可能な真理であった。「私は存在する。それゆえ或る必然的な永遠なものが存在する」(9)という命題は、ヴォルテールにとっていささかも明証性、確実性を失うものではなかった。

だがもしも弁神論問題というゴルディウスの結び目*が依然として解かれない限り、この結び目の錯綜がわれわれを信仰の「深淵」に立ち帰らせる、というパスカルの帰結をわれわれはどうして回避できようか(10)。ライプニッツやシャフツベリによる形而上学教説としての楽天主義的解決策は、終始ヴォルテールによって拒否されていた。つまり彼は、このような楽天主義は哲学的回答というよりもむしろ神話的な空想であり「ロマン」にふさわしいと考えた[11]。この世の物事はすべてよい、と主張するのは山師だけである。われわれは悪が存在することを率直に認めるべきであり、もろもろの人生の恐怖に加えてそれ以上この恐怖の存在を否定するというような馬鹿げた真似までしたくはない[12]。

だがここでヴォルテールが神学や形而上学に反対して理論上で懐疑論の立場を擁護したとすれば、実際上は彼は自分が反駁しようとしているパスカルの論証に間接的に屈服したことになる。なぜならば少なくとも結果において、彼はパスカルが依拠していたのと全く同一の立場に立つこととなったからである。すべての啓示的基礎を失って純粋に自分自身だけの力に頼らなければならない哲学もしくは理性は、それ自体として必然的に懐疑論に終らなければならないという主張は、パスカル自身がつねに強調して止まなかった結論であった。「ピュロニスムこそ真実だ[13]」。

ヴォルテールは悪の起原の問題に関しては懐疑論に対する対抗策を一切断念してしまった結果、今やこの懐疑主義の渦巻のなかで果てしなく翻弄される身となる。彼はすべての種類の解決策を構想し、結局それらをすべて捨ててしまう。ショーペンハウアーは好んでヴォルテールの『カンディード』を引合いに出して、それを楽天主義に対する自分の最も有力な武器として使用した。だが実際はヴォルテールは厭世主義の体系家ではなかったし、また楽天主義の体系家でもなかった。悪の問題に対する彼の態度は、決して明確な教説にもとづいたものではない。実際それはヴォルテールが世界および人間観察をする際の、その時その時の気分の表現以外のものではなかった。このような気分はおのずから各種のニュアンスを帯びるし、しかもその結果このようなニュアンスの多様な変化に興味を感ずるようになる。

若い時分にはまだ彼は厭世的な気分を味わう経験をもたなかった。彼は快楽に身をまかせてそれを最大限に味わいつくすことに生の「意味」がある、と考える純粋な享楽主義的哲学を信奉していた。それ以外の知恵を追求することは、彼にとって空しく大儀な仕事であった。「悲哀を逃れて快楽の腕に身を投ずる術を知ることが真の知恵に他ならない」。ここではヴォルテールはただ彼の時代の代弁者、すなわち華美と趣味と、そしていかなる偏見にも囚われない快楽追求の弁護論者たらんと欲した(14)。

だが後になって彼はリスボンの地震の結果としてこの種の快楽礼讃について考え直し、はっきりと前言を取り消すに至る。今や「すべては善し」という公理は、教説それ自体としては無条件的に拒否される(15)。われわれの眼前の至るところで我物顔に横行している悪に対して目をつぶることは、愚かしい自己欺瞞であろう。われわれに残された道は、目を未来に向けることによって、今は解決不能な謎の解明を今後に期待することだけである。すなわち「いつの日かすべては善くなろうというのがわれわれの希望であり、今日すべては善いというのは幻想である」。このようにして彼はここでも妥協を試みる。しかもこの妥協は、理論的な点のみならず倫理的な意味においても行なわれる。道徳的な悪が同様に存在することは争われない。だが今あるがままの人間本性にあっては、それは不可避的であることによって容認される余地がある。なぜならば、もし人間的な欠陥が存在しなかったならばわれわれの人生は永久に停滞する運命であろう。つまりわれわれの本能や熱情のように、倫理的に見ればわれわれの欠陥というべきものから人生の最も有力な刺戟が生まれるからである。

ヴォルテールはこの自らの世界観・人生観の最も含蓄的な表現を、哲学的寓話『浮世のすがた——バブークが見たもの Le monde comme il va, Vision de Babouc, 1746』のなかで展開した。バブークは天使イチュリエルから、自分の国の都へ行ってその生活と風俗を観察し、それによって地上の都市を焼き払うかそのまま残すかの決定を下すようにという命令を受けた。彼は都市住民の欠陥や過失や重大な道徳的罪悪を目撃したけれども、他方で彼は同時にその文化の華麗さ、その洗練された社交性をも観察した。そしていよいよ自分の決定を下す段になると、彼は都で一番の金細工師を呼んで小さい立像を作らせ、それをイチュリエルのところへ持参した。それは貴金属と卑金属など各種の合金で作られていた。彼はイチュリエルに問うた。「この立像が全部金とダイヤモンドでできていないからといって、あなたはこの美しい像を壊すでしょうか」と。イチュリエルは了解した。すなわち「彼はペルセポリスを矯正しようと思ったりせず、それをあるがままに委せようと決心した。つまり彼はすべてが善いとは限らなくとも、すべてはまずまずの出来であると考えた」。ヴォルテールが楽天主義に対する嘲笑を残りなく注ぎこんだ『カンディード』でも、彼はこの基本的態度を変えてはいない。われわれは悪を避けることも、根絶することもできない。だがわれわれは物質的および道徳的世界に自らの道を歩ませることでそれに適応し、そしてこの世界との絶えざる抗争に耐えぬくことができる。実際に人間のみが味わいうる幸福は、この抗争から生まれる。

弁神論の問題に対するヴォルテールの態度に現われているのと同様な不安は、十八世紀の思想の他の分野にも見出される。この問題に関する文献はほとんど無際限に近い。つまり依然としてこの問題は、形而上学と宗教の運命の一切がかかっている真の根本問題とみなされていた。それ故に人々は倦むことなくこの問題に立ち帰ったが、多面的な追求にもかかわらずこの問題に対する真の原理的な貢献は行なわれなかった。ライプニッツが行なった論議がその度ごとに新しく説かれ、あらゆる角度から解明されたけれども、それが彼の哲学の基本的な諸概念や諸前提との生きた繋がりにおいて理解された事例はほとんど見当らなかった。体系的考察は次第に折衷的傾向に取って代られるに至った。(16) ただ新しい傾向としては経験主義的心理学がこの問題を捕らえ、それ自身に特有な手段によってこの問題に取り組もうとしたことだけであった。つまりこれまで人間の存在においては快と不快のいずれが支配的か、という問題に含まれていたような不明確さを除去してそれを新しい確実な科学的基礎にのせる道が開けてきた。

もしもこの問題をきっぱり解決しようとするならば、われわれは曖昧な価値評価で満足してはならない。われわれは確乎たる尺度を見出して一定の目盛を設定し、快・不快の個々の価値をそれに関連づけなければならない。今やわれわれは、両極的な対立を方法的に統一すべき段階に到達した。快・不快の感覚の極めて曖昧な流動的性格は、明晰なものに高められて厳密な表現を与えられなければならない。そして心理学と数学の結合、つまり経験主義的な観察と純粋な概念分析の結合のみが、このような目標を達成しうるであろう。

モーペルチュイがその著『道徳哲学試論 Essai de philosophie morale』で試みた作業はこのような綜合であった。彼による快・不快の定義は、快・不快のそれぞれの感覚に一定の量的価値が帰属し、それによって個々の感覚が相互に数量的に比較される直接的可能性が生まれるような規定である。物質的世界の認識は、われわれがそれらの諸現象に認める質的な差異が純粋に量的な差異に首尾よく還元できるか否かにかかっているように、同様のことは心理的現象についても妥当する。すなわちこの場合においても、直接的体験の内容の異質性は、それを概念のうえで同質的なものとみなすことを妨げない。快・不快の様態がたとえどれほど多様であるにせよ、これらの感覚の一つ一つが一定の強度と一定の持続を有する、という事実はそれらに共通に存在する。それ故にもしもこの二つの要素を数量化することによって、或る感覚全体の量的価値をこれらの個々の要素に依存させる関係式を確立しうるならば、問題解決への道は見出されるであろう。つまり感覚および感情についての計算も、今や厳密さの点において算数や幾何学そして物理学での計算に何ら劣らない程度に可能となるであろう。「内包量の数学 mathesis intensorum」なる主題はつとにライプニッツが無限量の新しい解析の問題に関連して構想したものであるが、それが今や心理学の領域を包含するまでに拡張される。

モーペルチュイはここで、静力学もしくは動力学の基本法則と完全に類似する一つの法則を定式化しようと試みる。快・不快の度を計算するためには、われわれはこれらの感覚の大きさが一方ではその強度に、他方では意識面での作用時間に依存する、という事実から出発しなければならない。それ故にたとえば一単位時間の二度の強度の感覚は、二単位時間の一度の強度のそれと同じ効果を発揮する。一般に生活状態の幸・不幸の量は、これら快・不快の感覚の強度とその持続の積として定義される。

モーペルチュイはこのような公式にもとづいて次に、各種の倫理学的体系をもその真理価値の点で相互に比較考量しようと試みる。仔細に検討するならばこれらの体系の差異は、単にその基礎に横たわる幸福計算法の差異でしかない。それらはひとしく「最高善」へ、すなわち人生における幸福の最大量へどのようにして到達しうるかを教えるが、或るものはこの人生の幸福を増加させることでこの目標に到達しようと考え、他の或るものはむしろ悪を遠ざけることでそこに到達しようとするにすぎない。たとえばエピクロス派は快楽の総和の増大を目指し、ストア派は不快の減少に努める。前者は人生の目標が幸福の獲得にあると説き、後者は不幸の回避にあると説く。[17] そしてこのような計算の全体の結果は、モーペルチュイを厭世主義的結論へ導く。日常生活においては、悪の総和がつねに善の総和よりも大きいという事実は明らかである。[18]

カントはその前期批判の著『負量概念の哲学への導入 Versuch den Begriff der negativen Grösse in die Weltweisheit einzuführen』でモーペルチュイのこの計算法に言及し、その結論および方法を反駁した。カントは説明して言う。ここに提起されたような問題は、人間にとって所詮は解決不能である。確かに同質的な感覚についてだけは総和を求めることも不可能ではないが、人生の極めて複雑な状況における感情はその感動の多様性に応じて非常に多彩なものとして現われるはずである。[19]

だがモーペルチュイに対する真に決定的な反駁は、カントが自らの倫理学を基礎づけたときに初めて実現した。カントの理論こそ、十八世紀の通俗哲学で絶大な影響力を保っていた弁神論問題の取り扱いに決定的な打撃を与えた最初のものである。倫理学の基礎としての快楽説を拒否することによって、カントは快・不快の計算のもつ倫理的・宗教的な一切の積極的意義を剝奪した。人生の価値に関する問題は、これ以後は全く別の見地から論じられるようになった。「もしも人生の価値が、われわれが享楽するものに応じてのみ（すなわち幸福というあらゆる種類の嗜好の総和としての自然的目的に従ってのみ）評価されるならば、われわれにとって人生の価値がどれほどかという設問は至って簡単に解ける。その総和はゼロ以下となるだろう。なんとなれば、もしも人生の目的が単に快楽だけだったとしたら、今までと同じ条件のもとで、否、新しくその人自身が構想した（もちろん自然の過程に従った）計画に従ってさえも、果たして誰がこの人生を新たにやり直そうとするであろうか。……それ故にわれわれに残された選択は、われわれが自らの人生それ自体に付与する価値、つまりわれわれが単に行為するというのでなく自然と無関係に合目的に行為し、自然の存在そのものすらがこの条件のもとで初めて目的となりうるように振舞うことで実現するような価値にしか存しないことは明瞭である[20]」。

快・不快の次元を原理的に越えるこのような合目的性の観念に到達するほどには、啓蒙主義の通俗哲学は当時まだ成熟していなかった。ただ十八世紀の思想家の二人が互いに全く別の方面からこの合目的性の観念を把握し、それによって間接的にカントの問題提起の先鞭をつけたのであった。この二人の努力によって弁神論の問題も、単に新しい見地から究明されるにとどまらず、原理的に新しい意味を帯びるに至った。

すでに形而上学はこれまでの実りなき努力の積重ねの過程で、その一切の可能性を喪失していた。形而上学は今や二進も三進もゆかない地点にはまりこんでいたので、もしも問題が端的に知識の分野から信仰の分野に移行されない限り、換言すればこの問題がパスカルが語るあの不合理なるものの「深淵」にもう一度引き戻されない限り、われわれとしてはそれとは別の精神的能力を登場させてそれに物事の処理を委ねる以外に手段はない。こうして啓蒙主義思想は弁神論の核心問題に接近するために、一見回り道をせざるをえない。啓蒙主義はもはや形而上学的神学的論議からは出発しない。つまりそれは神の本性の概念規定から始めてそこから個々の神的諸性質を演繹的に導出するような真似をやめる。絶対者の本性に沈潜する代りに、今や自我の内面にひそむ形成的な活力の全面的な分析が開始される。問題の内在的な解決、すなわち精神にそれ自身の限界を越える役割を強いることがない解決は、この種の活力からのみ期待される。

そして十八世紀の一般的精神史のなかで次第に重要な意味をもち、一段と明確に自らの自立的な特徴を自覚するようになった二つの基本的モチーフは、この点に見出される。今や指導的役割を演ずるに至ったのは一方では美学の問題であり、他方では法および国家の問題であった。この両者は弁神論問題とは一見何ら直接的な関連や結びつきを有しないように見えるけれども、この問題の特徴的な変形とその深化は、これらの分野に根ざすものであることが明白になる。

美学の問題と弁神論を最初に結びつけた思想家はシャフツベリである。彼が打ちたてた哲学においては、美学は単に体系内における一つの部分領域ではなく、全体系の真に核心的な位置を占めている。真理の本性は何かという問題は、美の本性の問題から切り離すことができない。両者はその根拠においても究極的な原理の点でも一致する、というのがシャフツベリの立場であった。美はおしなべて真理である。それはすべての真理が基本的にはただ形式としての意味、すなわち美としての意味によって初めて理解され把握されるのと同様である。すべて現実的なものは形式を有しており、不恰好な混沌たる塊りではなくて内面的な均整がとれたものであること、静止においては確たる形態をもち生成と運動においては律動的な秩序と規則を保つこと、このような基本的現象にこそ、現実世界の純粋に精神的で「超感覚的」な起原は直接的に開示される。

感官それ自体はこのような現象を認知できず、ましてやその究極的な由来を理解することなど全く不可能である。感官以外に何も作用しない場合、換言すればわれわれと世界の関係が感覚的本能と衝動のみにもとづいている状況では、形式の王国はわれわれの前にはまだ出現しない。周囲の対象が刺戟として作用することで本能が目覚め特定の反応へと駆り立てられる動物にとっては、事物の形式の認識なるものは成立する余地がない。このような認識は欲望のような直接的反応からではなく、すべての所有欲から離れて対象の直接的所有とは一切無関係な純粋な観想から発する。あらゆる「関心」から離れたこの純粋な観察と喜悦の機能に、シャフツベリはあらゆる芸術的享受や芸術的創造を支える根元的な力を見出した。人間はこの根元的な力によって初めて真に人間自身となり、それにふさわしい最高の、否、唯一の幸福を実感する。

こうして弁神論の問題に関しても、今やこの問題の検証のためにわれわれが使用すべき基準は完全な変貌をとげる。なぜならば今ここで、世界の善悪の単なる計算が何故にすべて必然的にこの問題の固有な深い意味の捕捉に失敗したかの理由が明らかになるからである。生の価値内容はこの場合も、素材からではなく形式の面から定義されなければならない。その価値は人生が人間に与える快楽の程度にではなく、生の形式を生み出す形成力の純粋な力能に依存する。真の意味の「弁神論」、すなわち存在の究極的な是認をシャフツベリはこの点に求めようとする。彼はそれを快・不快の次元においてでなく、純粋な精神的原型もしくは規範に従う自由で内面的な形成作用に見出した。単なる享楽を何ら顧慮せず、それとは何ら共通の要素をもたないこのプロメテウス的な活動が、人間の真に神的な性格と、それを通じて宇宙全体の神性とをわれわれに開示する。[21]

さらにわれわれは弁神論問題に対するルソーの立場を考察するに及んで、十八世紀思想が従来までとは全く別な独創的な方向に開拓されたのを見出す。[22] 他ならぬカントその人が、この分野での最後の一歩を踏みだした偉大な功績をルソーに帰した。「これまで無秩序と悪しき多様性の組み合わせが君臨してきた場面に、偉大な単一性が秩序および規則性と結びついていることを初めて発見したのがニュートンであり、それ以後彗星は幾何学的軌道を描いて運行している。同様にルソーは人間の形状の多様性の背後に、深く秘められた人間の本性と隠れたる法則とを初めて発見した。この法則に則ったルソーの観察は、神の摂理の正しさを証明した。これまでは依然としてアルフォンソやマニの異論が世の中では正しいものと信じられていたが、ニュートンとルソー以後神の存在は証明され、それ以後ポープの命題も正しいものになった」[23]。カントのこの言葉は一見したところ難解で、われわれはその解釈に苦しむかもしれない。実際にわれわれがライプニッツ、シャフツベリあるいはポープに見たような弁神論問題のあからさまな取り扱い、その純粋に概念的な吟味をルソーの著作は全く含んでいない。ルソーの本来的な独創性と意義は、それとは全く別の領域に存する。

ルソーの思想全体が目指したものは神の問題ではなくて、法と国家の問題に他ならなかった。だがこの分野において彼は新しい関係を、新しい媒介概念を作り上げた。彼はこの問題を、個々人の存在の範囲を越えて社会的存在の問題へと明確に転換させた最初の人物である。この点にルソーは、人間的実存の本来の意味すなわち人間の幸・不幸についての問題を最後的に解決する鍵を見出したと信じた。これこそは彼が政治的・社会的組織の検討と批判にもとづいて引き出した結論であった。彼は『告白 Confessions』のなかで自分自身を語って次のように言う。「すべてのものが基本的には政治にもとづいていること、人間が問題をどのような立場から考察するかに関係なく、すべての国民は政治形態の姿によって一義的に作られることを私は知った。可能な最良の政治形態は何かという大問題は、私をそれとは別な問題、つまり『国民を有徳に、開明的にそして賢明に、要するに彼らを言葉の最高の意味において最も完全ならしめるのに最も効果的な政治形態は何か』という問題につれもどしたようであった」と。

今や人間実存についての新しい規範が設定される。すなわち単なる快楽の追求に代って法と社会的正義の観念が、人間存在を評価し検証すべき尺度として登場した。このような尺度の採用は、最初ルソーを完全に否定的な結論に帰着させる。人類がその歴史的発展の過程で獲得したと信ずる一切の資産、認識および芸術、そして高尚にして洗練された生活享受の術など、こうして蓄積されたすべての財宝は苛責なきルソーの批判の前に無に等しいものとなる。これらの財宝は人生に新しい価値と内実を付与するどころか、それは生活の本来的な根元から次第次第にわれわれを遠ざけ、ついには生活の本来的な意味を完全に剝奪してしまった。

この点、つまり伝統的・因襲的な生活形式や社会における人間生活の現状の描写において、ルソーはパスカルとの驚くべき一致を見せる。ルソーはパスカルの人間告発を真剣に取り上げ、その問題の重大性を余すところなく感じとった十八世紀最初の思想家であった。ルソーはこの告発を和らげることなしに、そしてヴォルテールのようにそれを穿鑿ずきな厭人家の自虐気分と考えることなしに、この問題の核心へ肉迫する。パスカルが『パンセ』で描き出した人間の偉大さと悲惨の描写は、ルソーの最初の著作である懸賞論文『学問芸術論 Discours sur les sciences et les arts』および『人間不平等起原論 Discours sur l'origine de l'inégalité parmi les hommes』のなかに一言一句再現されている。パスカルと同じくルソーも、文明が人間にもたらした目もあやな錦繍を単なるまやかしの安ものとしてしか見なかった。やはりルソーも、これらの富はすべて人間自身の内面的貧困を蔽い隠すためのものに他ならない、と主張する。人間が俗世間や社会で多彩な活動をしたり気晴しのために動き廻るのも、偏えに彼が自分一人だけの存在に耐えられず、自分自身を直視するに忍びないからに他ならない。これらの休みなく目的なき活動は、すべてが静寂を怖れる心理に発している。実際に人間が仮に一瞬間でも自分自身の状態に立ち帰ってその状態を明瞭に意識するならば、彼は必ずや極端に救いなき絶望に陥るであろう。

現在の社会の経験的状態において個々人を近づけ結びつける力は何かという点においても、ルソーの判断はパスカルと軌を一にする。ここには本源的な道徳的品性も、真に純粋な全体性としての共同体への意志も、さらに一人の者を他の者と結びつけるはずの自然的共感の本能すらも残らずすべて欠如しているという現実を、ルソーは事あるごとに強調して止まなかった。この場面の社会的な結合はすべて単なる幻覚にもとづいているにすぎず、利己心と虚栄、そして他人を支配し他人を出し抜こうとする衝動が、人間社会を成り立たせている真の紐帯なのである。(24)「至るところでちょっとした飾り言葉を口にしたり、見かけだけの幸福に手を出す行為があるだけのこと。だが誰一人現実の実態には気をとめない。ただ幻想のうちに現実があると皆が思い込んでいるだけで、彼らは利己心の虜となって人生を流れただようにすぎない。自ら生きるためではなく、他人の目に自分が生きていることを信じさせるがために」[25]。

このようにしてルソーは、パスカルの論証の基礎にある前提条件をすべて認める。彼はいかなる種類の弁疏や手加減をも考えることなく、パスカルと同じく人間の現在の状況が最も救い難き堕落であるとみなした。だがルソーは確かにパスカルの論証の出発点であったこれらの現象を承認したけれども、他方で彼はパスカルがその神秘主義と宗教的形而上学にもとづいて提起した説明根拠を受け入れることをきっぱりと拒否した。人間意志の本来的倒錯を主張するパスカルの仮説には、ルソーの感情と思考は反撥する。ルソーにとって堕罪の思想は、そのすべての効力と妥当性を失っていた。この点に関してはルソーも、ヴォルテールや百科全書派の思想家たちに劣らず正統派の体系を鋭く徹底的に攻撃した。彼を教会の教義に対する非妥協的な闘争とその最終的な決別へと導いた理由は、ここに存する。教会自身がルソーの著作に対する判決で直ちにはっきりと、この核心問題こそが真に決定的な問題であると強調している。パリの大司教クリストフ・ド・ボーモンは、ルソーの『エミール』を弾劾した布告で、人間の本性の最初の動因が常に潔白な善意であるというルソーの主張は、人間本性について聖書と教会が教える教義の内容すべてと真っ向から対立する、と強調している。

だが今やルソー自身も、これによって抜き差しならないジレンマに直面したように見える。もしも彼が人間の「堕落」という事実を承認し、それを機会あるごとに強調して人間の現状を暗黒な色彩に描き出すのならば、彼はもはやこの堕落の原因に頬被りしたり、「根本悪」の存在なる結論を回避することが不可能になろう。だがルソーはこの点で自然と「自然状態」についての彼の理論を導入することでこのジレンマを脱出する。われわれは人間について判断を下す際には必ず、自分たちが述べる事柄は自然人（homme naturel）について当てはまるものか、それとも文明人（homme artificiel）について当てはまるものかを最も厳密かつ細心に注意しなければならない。パスカルが人間本性に含まれる解き難い矛盾を説明して、形而上学的に見れば人間は二重の本性を有していると言うのに反し、他方ルソーは人間本性のこの二重性、この矛盾をあくまで経験的存在と経験的発展のなかに見出した。人間を社会という強制形態に引き込むことであらゆる種類の道徳的悪に塗れさせ、虚栄、傲慢、無限の支配欲などあらゆる悪徳を人間の心に植えつけ育てたものは、この発展の過程そのものに他ならない。ルソーの『エミール』は次の言葉で始まる。「万物の創造者の御手を離れたときはすべては善である。すべては人間の手中で堕落する」。こうして神の責任は取り除かれ、すべての悪に対する責任は人間に帰せられる。だがこの責任はあくまでも「現世」に属して「来世」には属さない故に、そしてそれはまた人間の経験的・歴史的存在に先立つものでなくこの現状から発現する故に、われわれは自らの救済と解放をこの地上でのみ求めなければならない。天上からの救い、超自然的な援助は決してわれわれを解放しはしない。われわれは自力で解放を実現して自らそれの責任を引き受けなければならない。ルソーはこのような論理によって新しい道を開拓し、そしてこの主張を政治についての諸著作でその論理的帰結に至るまで迷うことなく追跡する。ルソーの倫理的・政治的理論は、責任の観念を従来試みられなかった方面へと移転する。その理論の真の歴史的意義と体系的価値は、それが「責任」能力の新しい主体を創出したことに存する。この主体は個々の人間ではなくて、人間社会である。自然の手から離れたばかりの個々の人間は、まだ善と悪の対立の埒外にある。彼は自己保存の自然的本能のままに従い、「自愛 amour de soi」に支配される。だがこの自愛の精神は、ここではまだ他人の抑圧に快感と満足を感じる「利己心 amour-propre」に変質してはいない。このような利己心を生み出す原因はもっぱら社会にある。人間が自然に対する、そして自分自身に対する専制者となるのはこの利己心の働きによる。利己心は自然人が知らなかった欲求と熱情を人間の内部に呼び起すのみでなく、同時にそれを際限なく野放図に満足させる新しい手段を人間に与える。他人の口の端にのぼりたいという競争や、他人よりも抽んでたいという情熱は、いずれもわれわれの自己疎外の絶えざる原因となる。[26]

だが一体この疎外作用はあらゆる社会の本性に根ざすものであろうか。権力や所有欲や虚栄などの動機をもはや必要とせず、義務的・必然的なものと内心から承認される法則にのみ全体が服従するという基盤に立つ、純正な、そして真に人間的な共同体は考えられないであろうか。これがルソーが『社会契約論 Du contrat social』で提出して自ら答えようとした問題である。今までの社会の強制形態が崩壊してその代りに政治的・倫理的な共同体が、すなわちそこでは各成員がもはや他人の恣意には隷属せず、成員各人にとって自己のものと認められる一般意志のみに服従する共同体の新しい形式が出現する段階で、初めて人間解放の時は到来するにちがいない。だがわれわれはこの救済を外部に期待しても無駄である。神が救済をもたらすのではない。人間は彼自身の救済者に、そして倫理的意味において自分の創造者にならなければならない。今までの形態の社会は人類に非常に深い傷を負わせてきたが、変形と改革によってこの傷を癒すもの、そして癒さなければならないものも同じく社会なのである。ルソーの法哲学が弁神論の問題に与えた解決策は、およそこのようなものである[27]。そして事実これによって彼はこの問題を全く新しい基盤に移し替えた。つまり彼はそれを形而上学の範囲を越えて、倫理学および政治学の中心に据えたのである。

　もしもわれわれがこの地点に立って、もう一度十八世紀における弁神論問題の発展全体を展望してみると、一般的でこの時代の思考に共通な或る特徴的性格が浮び上る。十八世紀は弁神論の問題をそれ自体において定式化したというよりも、むしろ十七世紀の哲学的大体系を通じて継承された姿のままに受け取った。ことにライプニッツはこの点ですべての思想的可能性を究め尽くしたように見え、啓蒙主義哲学はライプニッツの理論上の概念および視点に本質的な何ものをも付け加えなかった。啓蒙主義哲学は依然として終始形而上学の言葉を語り、形而上学が作り出した概念装置を使用していた。だが今や新しい内容が次第にこの形而上学的形式に入り込んできて、弁神論の問題は神学および神学的形而上学の領域を離れて新しい別種の精神的方位をとるに至る。このような内部的変化は、啓蒙主義時代の精神文化の具体的内容がこの問題へ流れ入って、徐々にそれを変形し始めたことで実現された。

われわれが以前に自然科学および自然認識の領域について見たのと同じ「現世化」の過程は、この精神科学の領域でも遂行されるに至る。十七世紀の形而上学が鍛え上げた体系的概念は、その独創的性格と自立性にもかかわらずやはり神学的思考に深く根ざしていた。デカルトやマールブランシュにとって、またスピノザやライプニッツにとって、真理問題の解決は神の問題の媒介なしにはありえなかった。すなわち神の存在の認識は認識の最高の原理に他ならず、他の派生的な確実性はすべてこの原理から発現するとされた。

だが十八世紀思想においては考察の重心が変化する。自然科学や歴史学、法、国家、芸術などの個々の認識領域が、次第に従来までの形而上学や神学の支配ないし保護から離脱し始める。これらの個々の学問はもはや自分の正当化の根拠を神の概念に期待するのではなく、むしろ個々の学問それ自体がそれぞれ特殊な形式に応じて神の概念を構成し、それを最終的に規定する。一方における神の概念と他方における真理、道徳、法などの概念の関係づけが決して放棄されたわけではないが、その方向は一変した。いわば指標が交代した。つまり以前は他を根拠づけていたものが今や根拠づけられるものの位置へ、これまで主に他を正当化してきたものが今や正当づけられるものの位置へと追いやられた。そしてこの思想の動きはついには十八世紀の神学をも捕らえるに至り、神学自身これまで占有してきた絶対的優位を放棄するに至る。神学はもはや一方的に自らの尺度を他に押し付けるのとは逆に、他の学問領域から得られた根本的な基準、つまり自立的な精神的活力の総括としての「理性」が指し示す規範に自ら服するようになる。

こうしてこの分野においても同様に、原罪のドグマとの決別が遂行される。このドグマの破棄は啓蒙主義神学の基本的方向を表わす特徴的な目印であり、このことは特にこの神学の最もすぐれた唱導者を生み出したドイツにおいて明白であった。この新しい神学の代表たちは一様に、後の世代へ伝わる「原罪 peccatum originale」の観念を全く馬鹿げたもの、論理学および倫理学の第一の法則に違反するものと考えた。この事実は新しい神学が独断的教義それ自体を必ずしも放棄しなかった状況下ではいっそう意味が深い。教義の主要な構成部分を多少修正し解釈し直すだけでそれを保存しようという努力が払われた場合も、人間が堕罪の結果としてすべての自己の能力を失った以上は神の恩寵なくしては善と真理に到達することができない、という見解だけは決定的に破棄された。それ故この「新神学《ネオロギー》」(28)の文献全体を通じてアウグスチヌスに対する反論はいよいよ尖鋭な形で行なわれた。ライマールスでさえその『弁明書 Schutzschrift』において、罪は思考または欲望あるいは作業での行為である以上は、行為主体の意識と密接に結びつくはずで、純粋に物理的に遺伝したり一つの主体から他の主体へ移転するなどとは考えられない、と極力強調している。救済と義認についても同様のことが言えよう。他人はその道徳的な罪過を私のせいにできないのと同様に、私のための道徳的功績を立てる余地もないからである。

こうしてプロテスタンティズムの内部発展での重要な転回が実現する。すなわちここにルターとエラスムスの論争が再び新しく取り上げられるが、今や勝利は後者のものとなって現われる。ルネサンスと宗教改革の間の、人間的自由および尊厳についての人文主義的理念と、人間意志の隷属と堕落についての教義との間の深い裂目は、ここに癒されるに至った。啓蒙主義の時代は、中世的体系の束縛に対するルネサンスの闘争の出発点となったあの基本的公準と、進んで直接的に結びつく。こうしてヘーゲルが自らの歴史哲学で述べたあの本来的性格と真理性を備えたプロテスタンティズムの概念は、初めてここに実現した。プロテスタンティズムは人文主義との融和によって自由の宗教となった。フランスでは原罪のドグマについての論争が宗教と哲学の決定的な分裂を引き起したのに対し、ドイツではプロテスタンティズムの理念のこの変形の結果として、それは新しい思想の流れを吸収して以前に自分を作り出したその基本的心情を汲み上げ、今や従来のプロテスタンティズムの歴史的形態を廃絶してその理念的意義をいっそう純粋に実現することができた。(29)

## 2　寛容の観念と「自然宗教」の成立

真理の探究における最大の障害は単なる知識の欠如にある、と考えてはならないという信念は、啓蒙主義哲学のなかで多種な形をとり、種々の言廻しによってくりかえし表明された普遍的公理に他ならない。われわれの知識にはこの種の欠如が必ずや伴うことは疑いのない事実であり、実際にわれわれは認識過程の一歩一歩ごとにその不確実さと不安定さを痛感するわけであるが、われわれがこの限界をひとたび意識しさえすれば、それは格別な危険を意味しない。認識が犯す誤謬は認識それ自身の内在的進展の過程でおのずから訂正されるし、われわれの認識の錯誤もまた、われわれが認識を自由な展開に委ねさえすれば自然に除去される性質のものである。

むしろいっそう重大な結果を惹起するものは、実は単なる認識の不十分さにではなくて認識方向の転倒に由来する誤謬である。われわれが最も恐れるのは、単なる否定ではなくしてこの倒錯である。認識の真の尺度のこのような転倒もしくは変造は、実はわれわれが到達しようとする目標を予め先取りして、それを各種の究明に先んじて固定しようと企てる途端に発生する。懐疑ではなくて独断こそが、認識の最も危険な敵に他ならない。つまり無知一般でなく、自らを真理と触れこみ自らを真理として押し通そうとする無知こそが、認識に対し最も致命的な害を与える元凶である。ここでは誤謬ではなくて欺瞞が、つまり偶然に発生したという錯誤ではなくて、精神が自らの咎によって迷妄に落ち込み、際限なくいっそう深くそれに巻き込まれてゆく事態が発生する。

そしてこの公理は認識についてにとどまらず、信仰にもそのまま妥当する。信仰に対する真に根本的な対極は、不信ではなくて迷信である。実際にそれは信仰の根を掘り崩し、真の宗教心が湧き出る源泉を涸らすものである。それ故ここに認識と信仰は共同の敵に対抗することとなり、迷信に対するこの両者の闘争はこの時代が解決すべき最初の極めて緊急な課題となる。この敵手に対して両者は連合せねばならないし、また連合しうるはずである。そしてこの連合の基礎に立って初めてこの両者相互の協定と、互いの領分の決定も遂行されるであろう。

このような見解を極めて鋭く明快に定式化した最初の思想家はベールである。彼はその著作『歴史批評辞典 Dictionnaire historique et critique』でその基本的大綱を展開したが、このベールの著作はこれ以後この種の見解を正当化し主張しようとするすべての人々がひとしく立ち帰るべき基礎となった。ベールの懐疑主義はこの著作に根を有し、その真の豊饒さ、その卓越した積極的な意義はすべてここに余すところなく現われている。「物事の有効な調査に対する障害は、精神に知識が欠如していることよりも、むしろ精神に偏見が充ちていることに由来するのではないか、と果たして言えないか私にはよくわからない」。

『辞典』のなかの「ペリソン」の項でのこの言葉は、ベールの全著作を通じてのモットーと考えられてよい。

ベールは信仰の内容に立ち入ろうとは考えず、そしてこの内容の明らさまな批判を一貫して控える。だが彼は、信仰を擁護するためには一切の方策が正しいと考える態度、換言すれば何らかの意味で護教論の目的にかなうならば真理と妄念を、洞察と偏見を、理性と狂信を混同して顧みない態度に対しては、最も烈しい攻撃を加えた。このような態度では、信仰の内容は救出されるとは逆に破壊されてしまう。そもそも信仰内容は、その純粋性においてこそ存在するはずで、それ故に無神論でなくて偶像崇拝が、不信仰でなくて狂信が根本悪として排撃されねばならない。

ベールはこの原則を立てることによって、フランスの百科全書派の宗教批判の基本命題を先取りした。ディドロはこの点に関して必ずベールに立ち戻った。百科全書の「ピュロニスム」の項でディドロは、推論技術にかけてベールに匹敵する人間は少ないし彼を凌ぐほどの者は恐らく絶無であろう、と述べている。ベールは懐疑に懐疑を重ねてゆくが、一貫して方法的順序を踏みはずすことがない。彼の『辞典』のなかの一項目はさながら生きたポリプのように、自分で無数の生きた自立的なポリプに分裂してゆく。同じようにディドロは何度もくりかえして新しく、迷信は無神論に比して一段と重大な神の誤認と侮辱を意味するものであり、無知は偏見に比較すれば真理からそれほど遠く離れてはいない、と

強調した。(30)

このディドロの言明の意味と内容は、われわれがその基礎に横たわる方法的および認識論的な前提を想起するときに、初めて明らかとなる。デカルトによる合理主義の最初の基礎づけにおいて、すでにこの前提条件ははっきり明示されている。デカルトの前提によれば、人間的認識はさまざまな錯誤に陥りやすいが、万一にもこの錯誤によって認識が真理の道を踏みはずして誤謬へと導かれるならば、それは認識自らの責任に他ならない。なぜならば錯誤は感官もしくは想像力に根ざすが、他方で誤謬は判断作用における過誤であり、そして判断が知性の自由な行為に他ならない以上、それは知性が自らに責任を引き受けなければならないからである。知性が感官の衝動に従うか、あるいは想像力の動きに自らを委ねるか、それともこの両者への同意を断固として拒否するかは、まったく知性自身が決定する事柄である。もしも正しい判断を下して完全な確信に到達するだけの材料が不足ならば、知性は自らの決定を留保できるし、また留保しなければならない。知性が早まって決定を下し、十分な前提条件の手持なしに何らかの主張をせざるをえない状況に迫られる場合にのみ、知性は誤謬と不安に陥るのである。だがこれはもはや単なる知識の欠陥ではない。それは意志の咎でもある。認識の過程を誘導する任務は意志に存する。そして明晰判明なる観念にもとづく以外にどのような判断も下してはならない、という普遍的な侵すべからざる要請を絶えず認識に課す限りで、意志は認識を各種の逸脱から防ぐ力を発揮するはずである。

啓蒙主義の哲学はこのデカルト哲学の根本原理を採用した。そして啓蒙主義はこの原理を通じて、カントが啓蒙の真の本質が含まれていると考えたあの原則に到達する。「啓蒙とは人間が自らの責で招いた未成年状態から抜け出ることである。未成年とは他人の指導なしには自らの悟性を使用する能力がないことを言う。未成年の原因が悟性の欠如ではなくて、悟性を他人の指導なしに使用するという決心と勇気の欠如にあるならば、それは自ら負うべき責である。敢えて賢明であれ（Sapere aude）。汝自らの悟性を使用する勇気を持て。これが啓蒙主義のモットーに他ならない[31]」。誤謬が発生しうるとされる個々の事情に対する啓蒙主義思想の多様な姿勢と多様な評価は、このモットーを基礎にして考えれば説明がつくであろう。認識が陥る過誤は何らそれ自体で誤謬であるわけはない。単にわれわれの本性の限界だけが露呈されるにすぎないような種類の過誤は、むしろ必然的・不可避的である。神自身が一定の越えがたい限界を定めた当の存在に対し、それがこの定められた限界内にとどまって全知の域を目指そうとしないといって神が咎め立てすることなどどうしてありえようか。われわれが責任を持たねばならぬのはこのような認識の制約に対してではない。むしろ逆に、この限界を無視して独断的な確信によって森羅万象および その起原について臆面もなく判断を下そうとする狂気こそが、われわれが責任を負うべき咎である。

それ故に懐疑は断じて真の不信仰の現われではない。むしろそれは認識の自己抑制の、すなわち素朴にして正直な謙譲さの現われである。自己の意見のみを押し通し、他のすべてを排斥するような見せかけの確信にこそむしろ真の不信仰は存在する。最高の存在に関するわれわれの認識の不備やわれわれの思考の欠陥もしくは不完全さすらも、倫理的・宗教的な意味においては問題にならない。「私が才気溢れる人間だからといって特別に褒賞してくれない自然の造物主は、一方で私が愚昧な人間であるからといって罰を下したりはしないであろう」とディドロは言う。[32] むしろ逆に一切の吟味と検討を故意に拒否し排斥する「盲目的」な信仰こそ、その倫理的責任を追及されなければならない。事実このような信仰は単に認識の内容を局限するにとどまらず、人間認識の本性と形式と原理を破壊するに至る。

われわれが啓蒙主義の哲学によって主張された寛容の要求を、もしも純粋に消極的に解釈するならばそれは完全な誤解になることは、以上の説明から明らかであろう。寛容とは、宗教上の根本問題に関して放縦や無関心を推賞することとは全く別の事柄である。単なる無関心主義に傾くような種類の寛容の弁護は、取るに足らない二流の思想家たちの間にわずかに見られるにすぎない。全体として見れば、まさにそれと正反対の傾向が支配的である。すなわち信仰と良心の自由の原理こそは、啓蒙の世紀を規定し端的に特徴づける新しい積極的な宗教的根元力の表現である。

ここに脈打っている宗教的自覚の新しい形態は、その後直ちに明確な確信をもって自己を主張するに至る。もとよりこの形態は、従来までの宗教的心情と宗教的目標の完全なる転換によって初めて到達されたものである。過去の宗教戦争の数世紀を揺り動かしてきた宗教的パトスに代って、純粋に宗教的なエートスが登場したことでこの決定的な転換は遂行された。宗教は今後もはや単なる受容の対象であってはならず、それはむしろ行為の真っ只中から発しそこに自らの本質的な規定を見出すべきものである。人間はあたかも外的な力によるかのように宗教の感動で圧倒されるのでなく、逆に人間が宗教を捕らえ、それを内面的自由によって形成しなければならない。人間の宗教的確信を生み出すものは超自然的な力でも神の恩寵でもない。人間自らがこの宗教的確信に到達し、そのなかで生きつづけなければならない。

啓蒙主義の時代が引き出した一切の帰結とこの時代が提起した具体的・日常的な一切の要請は、すべてこの理論的原理から内的な必然性にもとづいて自然に導き出された。今や在来の啓蒙主義の概念に囚われた者には一見奇妙に思われる結論がここに現われる。もしも啓蒙主義の時代を特徴づけてこれを無条件に確実に表現しうる何らかの定式があるとすれば、それは啓蒙主義が純粋知性主義の時代であったということ、つまり啓蒙主義は思考と純粋理論の優位を無条件に主張したことであると思われる。だがこの見解はその宗教的理念の形成と展開の過程において、一度も確証されなかった。そこにおいて明らかに、むしろ正反対の傾向が支配的であった。疑いもなく啓蒙主義は「単なる理性の限界内における宗教」の確立のために極力努力する一方、他方では宗教を単なる悟性の支配から解放することにも同様に腐心したからである。

現に啓蒙主義が自らの当面の敵であった独断的な体系に対して絶えず投げつけた非難とは、すなわちこれら独断的な体系が、信仰は単に或る特定の理論的な命題を受け入れることにすぎないと考えて、無理やりに信仰をこれらの理論的命題の枠内に限定しようとした結果、それは宗教的確信の真の核心を見誤った、という点である。このような限定は可能でないし望ましくもない。実際このような仕方は宗教を単なる意見に変えてしまうことによって、それがもつ固有な倫理的・実践的な力を奪う結果になるであろう。この力が生きと純粋に発現する際には、われわれは宗教上の観念や概念についての一切の差異を超越する。これらの観念や概念は、宗教的確信を包む外被以外のものと考えられてはならない。それらの外被は無限に多様であり分裂しあうけれども、それは宗教が全体として一つであるというわれわれの確信を何ら惑わすものではない。多様性はただ感覚的な記号に係わるにすぎず、それはこのような記号のなかでもとより必然的に不十分ではあるが自己の表現を求めている超感覚的な内容とは何の係わりも有しない。

こうして啓蒙主義は、二百年前にニコラウス・クザーヌスが定式化した根本命題に明確に同意する。つまり啓蒙主義は力をこめて、宗教的儀礼のあらゆる差異と、観念や見解のあらゆる相違にもかかわらず、宗教が全体として同一であることを強調する。だが啓蒙主義の視野はルネサンスのそれよりも広大であるから、それ故に啓蒙主義がこの原理のもとに包括しようと試みる宗教的現象の多様性も、ルネサンスの時代に比べて格段に大きかった。すでにクザーヌスの書『信仰の平和について De pace fidei』においてさえ、真正な宗教についての論戦は単にキリスト教徒、ユダヤ教徒、イスラム教徒の間だけで交えられたのではない。タタール人やスキタイ人のような異教徒も、やはり同じく自分たちが神の正しい認識にあずかっている、と主張する。

だが十八世紀になると、ことに東洋の諸民族が世の注目を集めるに至り、彼ら自身も自己の宗教的確信についての同様の権利を要求するようになる(33)。すでにライプニッツが中国の文化に言及していたが、ヴォルフは中国の哲学についての講演で孔子を純粋道徳の預言者と賞讃してキリストと同格においた。ヴォルテールもこの趣旨を受けついでこの点を主要な論拠にして、宗教と倫理の核心部分が個々の信仰の教義に依存することがいかに少ないか、を主張した。モンテスキューの『ペルシア人の手紙 Lettres persanes』においても、東洋と西洋の比較は必ずしも後者に有利とはなっていない。ペルシア人による囚われぬ公平な観察と批判は、西洋人の意見では最も確実で最も神聖と考えられる各種の慣行のなかに、恣意的で因襲的・偶然的な要素を嗅ぎつけている。モンテスキューはこの著作で、これ以後絶えず批判ないし論戦に役立った一種の文学的典型を作り上げた。だがこの種の論争文献も決して破壊を事としたのではなく、破壊を建設のための手段として利用しようと考えた。

啓蒙主義の思想家は偏狭なドグマを棄て去って、すべてを包括する真に宇宙的な神の意識の自由を目指した。ディドロは『哲学断想』で、この時代の感情に最も鋭い適切な表現を与えた。「人々は自分たちの間から神を追放した。彼らは神を神殿のなかへ放逐した。寺院の壁は彼らの目を遮る。だから神はその壁の向うに存在しなくなる。君たちはなんという無分別な人であるか。君たちの視野を遮るこの障壁を破壊せよ。神を救い出せ。そして神が実際に存在しているあらゆる場所で神を見よ。そうでなければ、神は存在しないと明確に断言せよ[34]」。

啓蒙主義の世紀が自らの知的・道徳的な活力のすべてを傾けて遂行したこの神の概念拡大の闘争の全貌を、ここで詳しく叙述する余裕はない。われわれは単にそれの基本方向とその一般的な動向を叙述するだけで満足しなければならない。この戦闘のための武器はすでに十七世紀に鍛え上げられていて、なかんずくベールの『歴史批評辞典』はこの点でも啓蒙主義の哲学全体のための真の武器庫に他ならなかった。ナントの勅命の廃止に際して、ルイ十四世に反対するために書かれた著述の冒頭でベールは、何よりもまず新教徒たちにも信仰と良心の自由が認められなければならない、という自らの特殊な要求を提示している。だが彼のこの要求とその根拠づけの仕方は、当面の彼の目的を遥かに越える意味をもっていた。彼のあまりにも鋭い要求の内容はベール自身の盟友の間でも即座に物議をかもし、指導的なプロテスタント神学者のジュリユーの狂信的な反対を招いた。実際にベールは明確に、宗教の自由のために書かれた自分の著作は決して或る特定の宗教にではなく、普遍的で純粋に哲学的な目的に役立つはずのもので、それは現にすべての信仰内容に対して無差別に妥当し拘束する原理を含む、と言い切っている。

ベールによれば純粋に倫理的な意味、すなわち倫理的理性の判断基準に照らしてみれば、強制が不合理なもの、排撃さるべきものであることは明白である。それ故に宗教のために強制を正当化する試みは、今後金輪際不可能となった。倫理と宗教の間にどのような根本的差別を設けることも不可能であり、また許すべからざることである。もしも両者が矛盾に陥るならば、そして万一にも聖書の証言が道徳的良心の証言と直接的に背馳するならば、われわれは道徳的意識の無条件な優先を必ず維持するような具合にこの矛盾を解決しなければならない。なぜならばひとたびわれわれがこの優先基準を放棄するならば、われわれは同時に宗教的真理の一切の規準を放棄することになり、その結果われわれはいわゆる啓示なるものの確実性の主張を検討すべき尺度、そして宗教そのものの枠内においてすら本質と迷妄とを区別するに足る尺度を、もはや何一つ有しない羽目に陥るからである。

それ故に倫理の第一原理に背馳するような行為をわれわれに課するような言葉が聖書のなかに存在しても、われわれはそれを字句通りに解釈すべきではない。語義の単なる伝達ではなくこの第一原理のなかにこそ、「語義」がどれほど明確であってもこれだけは押しのけることが不可能な、真に確乎たる解釈の準則が存在する。「批判や文法の証言を斥ける方が、理性の証言を斥けるよりもまだましである」。それ故にすべての聖書解釈の指導原理とは、最高にして最も確実な道徳原理に違反して罪を奨励し正当化するような解釈は必ずや誤った解釈である、という準則である。「罪を犯すように強制する教えを含む逐語的意味は、必ずすべてが間違いである[35]」。

啓蒙主義哲学はここに定式化された規制的準則に対して、純粋に内容的に何一つ付け加える必要を感じなかった。啓蒙主義が本来的に目指した目標の実現のためには、それはただこの準則を首尾一貫して最後の論理的帰結にまで展開するだけでよかった。だがこの目標達成までには当然にもう一つの事柄が必要だったのであって、それを最初に遂行したのがヴォルテールである。彼は、ベールの『辞典』のなかでは彼の歴史上・神学上の博識の不恰好な堆積のもとに隠れ埋もれていた財宝を発掘した。十七世紀においてはあれほど論難の的となり、プロテスタントおよびカトリックの両方の正統的教義によってこの上なく烈しく指弾された倫理的聖書批判の原理は、ヴォルテールによってこの時代の知的な共有財産となった。

彼はその後の一七六三年になって『寛容論 Traité sur la tolérance』でこの戦いを回顧して、すでにこの最終的勝利の獲得に安堵の念を抱いた。われわれは理性が日一日と貴人の邸や市民や商人の店のなかに滲透してくる時代に生きている、と彼は言う。この進歩は押しとどめることができない。理性の成果は必ずや十分な成熟を遂げるであろうし、また遂げなければならない。過去の伝統を顧慮し畏敬することは、われわれがこの成果を手に入れることを妨げてはならない。精神的世界はわれわれが日々新しくそれを創造する限りでのみ永続する、ということは最も基本的な法則である。「過ぎ去った時の流れはあたかもそれが全く存在しなかったようである。われわれは現に立っている地点から、そして国民が現に到達した地点から出発しなければならない」。この科白はヴォルテールにして初めて述べうる簡潔さと明晰さの結晶である。それはあたかも啓蒙主義時代のあらゆる知的確信と傾向を一つの焦点に集約した感がある。

この点以外にもヴォルテールの『寛容論』は、他の彼の宗教的著述には通例ほとんど見られない真剣さと冷静さと率直な即物的精神がみなぎっている点で特にすぐれている。彼が特定の具体的な目標、すなわちジャン・カラス事件の再審のために戦っているこの著作では、彼の文章はつねならぬ厳格さと気迫を帯びている。彼はここではおどけた機知を弄することを完全に自制し、普段以上に論争的気晴しを手控えた。ヴォルテールの辛辣な攻撃を常に背後で支えている彼自身の個人的な風格が、この晩年の著述のように純粋に力強く発揮されたことは珍しい。

宗教的な狂信家には恐るべき誤謬であり途方もない主張であるとされる寛容は、ヴォルテールによれば理性の本来的属性（l'apanage de la raison）であり、その根本的要請に他ならない。寛容とは哲学によって提起さるべき特定の要請ではない。それはむしろ哲学の原理そのものの表現なのであり、哲学の本性と法的根拠を含む。そして他ならぬこの基盤にもとづいて、哲学は宗教と兄弟分となる。今日すでに宗教戦争の時代が過ぎ去って、ユダヤ教徒、カトリック教徒、ルター派、ギリシア正教徒、カルヴァン派、再洗礼派、ソツィーニ派等々がひとしく兄弟のようにいっしょに暮し、全体の幸福のために同じように貢献するようになっているとすれば、それは哲学の偉業でありその最大の勝利である。「哲学、この宗教の兄弟である哲学は今や初めて、これまでかくも長いあいだ血に塗れた迷信の手から凶器を取り上げた。そして今や悪夢から醒めた人間精神は、自らが狂信の影響のもとで犯した残虐な行為に驚いている」[36]。もとより狂信者や熱狂者は依然として多く存在する。だがわれわれが理性のおのずからなる働きを信頼するならば、それは徐々にではあるが間違いなくこの病根を癒してくれるであろう。「理性は柔和であり寛大である。それはわれわれに寛容を教え、不和を癒す。それは仁徳の心を強め、そして法律へのわれわれの服従を強制的ならぬ自発的な好ましいものにする」。

この点に関してもまた、純粋に知的な尺度がますます不十分なものと感じられるに至ったことは明白である。宗教の真理価値は純粋な理論的基準によっては決定されないし、同様に宗教の妥当性もまた、それの倫理的効果を離れて抽象的に決定されない。レッシングの『賢者ナータン Nathan der Weise』の指環の物語は、宗教の究極的な最奥の真理がもはや外面的にではなく内面的にのみ立証されることを現わしている。歴史的事実による経験的な証明であれ、抽象的な論拠にもとづく論理的・形而上学的証明であれ、所詮すべての証明は不十分である。なぜならば結局において、本来の宗教はそれが作用する限りにおいてのみ存在し、そしてその本質は心情と行為においてのみ実現されるからである。

すべての宗教の真正さを試すべき試金石はこの一点に存する。ディドロはこの基本的論拠に立ち戻り、ここから他のあらゆる「積極的」宗教に対する自然宗教の優位の立証に努めた。個々の歴史上の宗教をめぐる論戦においてはこの問題の直接的な解決は期待できない、とディドロは主張する。現にそれぞれの宗教は自らの絶対的な優越性を固く主張し、他の信仰をことごとく闇雲に拒否する。だがそれにもかかわらず、この純粋に否定的な態度は、やはり一つの限界を有する。それぞれの宗教が他のものに対しどれほど排撃的で頑固な態度を取るにせよ、それらは自然宗教との自らの関係を完全には否定できないし、それを欲しないであろう。自然宗教こそは、他のすべての宗教が何らかの点でそれと関係を有し完全にはそれから離れられない自らの故郷である。それ故にわれわれが個々の信仰教義に向って質問を呈し、それらは自らの優越性を損なうことなしに他のどの宗教に第二の位置を認めるのかと聞くならば、恐らくそれらは一致した回答を発するであろう。つまりそれらは一様に、少なくともこの第二の位置を他の既成宗教にではなくて自然宗教に認めるに違いない。こうして予断をもたない純粋な哲学的人間が判定する限り、この論争は決着が付く。

今や人間は自分がどこに真の普遍性と真の永遠性を求めたらよいか、を明らかに知る。「かつて始まりを有したものは、すべていつか終りを迎えるだろう。また逆に始まりをもたなかったものは、消滅もしないだろう。ところでユダヤ教やキリスト教はそれぞれ始まりを有した。この地球上にはおよそ出生の年が知られないような宗教は、自然宗教を唯一の例外として何一つ存在しない。それ故にこの宗教だけは今後も消滅することがないのに反して、他のすべては消滅するに相違ない」。ユダヤ教徒もキリスト教徒も、イスラム教徒も他の異教徒もすべてひとしく自然宗教から見て異端者であり、その分派であって、自然宗教のみが真の権威をもつことは明白である。実際に自然宗教の真理性の、他の啓示宗教すべてに対する関係は、あたかも私自身が行なう証言がよそから私が聞いてきた証言に対して有する関係、私が内心で直接感じた事柄が私が他人から教えられた事柄に対して有する関係と同一である。「前者の証言は自分の心に神の手によって書かれているのを私は見出す。ところが後者は迷信深い人が羊皮紙や大理石に書き残したものである。私は前者を自分の内面にもっていて、そしてつねに同じ内実であるのを見出すのに反して、後者は私自身の外側にあって、しかもそれぞれの地方や風土によって各種各様に異なっている。前者は文明人と野蛮人を、キリスト教徒と異教徒を、哲学者と民衆を、学者と一般人を、老人と子供を結びつけるのに反して、後者は父と子を離間させ、人間と人間を争わせ、そして賢者を無知な狂信家の憎悪と迫害に曝す」。

自然宗教は最も古い宗教であるから最も不完全な宗教である、という異論は全く問題とならない。むしろ最も古い最初のものこそが最も純粋無垢であり、すべての宗教の「アプリオリ」であると言えないだろうか。仮にわれわれが進歩と完成の思想を採用するとしても、個々の既成宗教とその信仰内容にとって格別にそれで分がよくなるわけではない。自分たちがすでにこの発展過程の終局に到達した、という確信をわれわれは一体どこから得るというのか。自然宗教がモーセの律法に、そしてモーセの律法がキリストの律法に取って代られたというのならば、何故にキリスト教もまた同様に、神が今後われわれ人間に啓示する新しい他の宗教に取って代られないといえるのか。[37] ディドロの著作『自然宗教の自足性 De la suffisance de la religion naturelle』のこの文章に、われわれはすでに完全にレッシングの主題を看取することができる。ディドロが合理的証明と歴史的証明の間に一貫して設定した厳格な区別や、純然たる事実的証言はたとえどれほど確実に見えても所詮は普遍的・必然的な真理の証明の基礎として役立つ確実性には到達できないとディドロが主張する際の烈しい意気込みは、やはりレッシングを想起させるに足る。[38] このように十七世紀の神学や形而上学が自らの体系をそこに築いていた純粋に理論的な神の証明は、このような推移の過程で次第に無力になるに至った。宗教的確信の中心は、今やこの種の証明では取り扱えない別の地点に移動するに至る。

イギリス理神論の発展も、その個々の根拠づけの試みの顕著な多様性と動揺にもかかわらず、大綱においては同様な根本的傾向を示している。理神論は純粋に知性主義的な体系として始まった。それは玄義や奇蹟や神秘を宗教から排除して、宗教を認識の明るい光に当てることを目指した。トーランドの著作『キリスト教は神秘的ならず Christianity not mysterious』はその標題自体がすでに、今後くりかえして理神論の運動に現われる主題を表明している。理神論のもつ哲学的意味は何よりも、それが問題提起の仕方の新しい原理を表明した点にある。理神論は、信仰の内容についての問題が信仰の形式の問題からは切り離せないこと、そしてこの両方の問題はただ相互の関係において初めて解決される、との主張から出発する。

それ故にここでわれわれが問題とするのは、個々の教義の単なる真理内容ではなく、宗教的確信そのものの性格である。トーランドはこの点についてロックに依拠しうると考える。そして彼はロックの認識論の基礎概念と原理を、直接的に宗教問題に導入しそこに適用できると信じた。およそ認識一般について妥当することは、必ずや宗教的認識という特殊的領域についても妥当するに相違ないからである。

ロックは認識行為を一般に観念相互間の一致もしくは不一致の意識であると定義していた。それ故に認識はその本性上或る関係を含んでおり、この関係の諸要素が何らかの形において意識に与えられ、意識によって明晰に理解されなければならないことは明らかである。つまり関係の基体の理解なくしては、この関係自体が何一つ明確な意味を有しないものとなろう。

だがトーランドによれば、すでにこの純粋に方法的な考察において、宗教的信仰の対象に関する本質的な原理と必然的な限定が見出される結果になる。こうしてこの種の対象が絶対的に超越的である余地は全くなくなる。つまりこの対象が何らかの様態、何らかの固有な現象において現存するのでなかったならば、どうして認識し信仰し判断する主体としてのわれわれの意識がこの対象に向けられる可能性などありえようか。だがあらゆる人間の認識能力を越え出る絶対的に「不合理」な存在は、このような「実在性」を容れる余地がない。それ故われわれはこの種のものについてそれが何であるかを規定できないし、またそれが存在するとも言えないわけである。われわれがその属性を何一つ知らなくとも、そしてその本性について何一つ述べられなくてもその事物の存在を確信できる、という異論は正しくない。さらに一歩を譲ってこの種の認識が可能であると仮定しても、そもそもこのような対象はいかなる宗教的意義をもちうるのか。信仰がそれ自身全く無内容かつ無意味であってはならないのならば、その対象自体も何らかの意味を、すなわち明晰に「理解」し洞察されるべき何らかの規定を自らのなかに含まなければならない。すべての点で神秘的なもの、すべての理解を原理的に拒否するものは、それ故に認識のみならず信仰とも全く無関係である。「ブリクトリ（Blictri）と称するものがこの世の中に存在することについて間違いない確信を有すると言いながら、このブリクトリと称するものが一体どういうものかを何一つ知らないような人間が、果たしてその隣人たちより博識である、と言いうるであろうか(39)」。

トーランドはこれらのことから、玄義といわれるものはただ相対的な意味でのみ存在しうるが、絶対的な意味においては存在しないという結論に達する。われわれが玄義と呼ぶものは、或る特定の種類の認識によっては捕捉不可能な内容のものであって、認識一般のあらゆる可能性を拒否するものではない。「玄義」という言葉について言えば、本来それは理性に矛盾するものでなく、ただ既知の真理ではあるが何か特定な理由から人類の一部に対しては秘密にしておく方が好都合な教理を言い表わすものであった、とトーランドは説明する。

それ故に「啓示」なる概念も、自然宗教と啓示宗教がそれぞれの特殊な内容の点で別々のもの、というように対立的に考えられてはならない。この両者を区分するものは告示される内容ではなくて、この告示の本性とその方式にすぎない。啓示は確実性の唯一の基礎なのではなく、むしろそれは真理の告知の一つの特殊な形式にすぎない。真理性を最終的・実質的に確定し立証することは、あくまでも理性そのものの働きでなければならない。

ティンダルもその著『天地創造とともに古いキリスト教 Christianity as old as the

Creation』で、同じこの根本原理から出発する。自然宗教と啓示宗教はその実質においてではなくて、その告示の仕方においてのみ区別される、と彼は強調する。この両者は無限に賢明で無限に善意な或る存在者の意志の、前者は内部的な、後者は外部的な告示に他ならない。だがこのような存在を正しく理解するためには、われわれは何よりもそれを単に擬人的なあらゆる限定から解放しなければならない。賢明で善意なこの存在者が仮にも自分の本性と摂理とを出し惜しんでその一部を秘匿したり、あるいはそれらを特定の時期、特定の民族のために都合よく行使すると考えることは、この存在が極度に狭い心の持主であると考える結果になる。神は常に不変的な存在であり人間本性もそれ自身不変的なものである以上、啓示はその光明をすべての方向にひとしく与えるものでなければならない。たとえば「救済予定説」の教理が主張するように、もしも神が自らの本性を隠して人類の一部分に光明を与えながら他の部分を暗闇に放置するならば、その際には神はもはや神ではない。

それ故におよそすべての啓示の真正さを決定すべき最も重要で最も本質的な標識は、その普遍性に、すなわち啓示が一切の時間的・空間的限界を超越することに存する。従ってキリスト教はこの基本的条件を満たす限りにおいてのみ真正である。すなわちそれは或る特定の空間や時期と結びつくことなく、世界そのものと同じく古いものである限りでのみ存立する。自然法とキリスト教の法との間には、内容上何の差異も存在しない。キリスト教の法は、自然法に書き付けられたものの再確認、再公告以外の何ものでもない。そしてこの「自然の法の再公告 a republication of the Law of Nature」は、とりわけ倫理についての自覚の形で人間に与えられる。その価値と確実性において他のすべての啓示を凌ぐ絶対的に確実な啓示は、まさにこの領域で成立する。

こうしてティンダルは、後にカントが自らの著作『単なる理性の限界内における宗教』でそのまま採用しえたあの宗教の概念規定に到達する。ティンダルに従えば、宗教はわれわれの義務を神の命令として認識することである。すなわち普遍的に妥当し普遍的に採用される倫理的規範から出発して、次にこれらの規範をその創造者である神と関連づけ、それを神の意志の現われとみなすところに宗教の意味がある。イギリス理神論の発展の内部においても、今や重心は単なる主知主義の領域から「実践理性」の領域へ移動して、「道徳的」理神論が純粋に「構成的な」理神論に代って登場した[40]。

イギリス理神論が十八世紀の精神生活全体に及ぼした異様な影響は、主としてこの転回にもとづく。われわれはその純理論的な思想内容を見ただけでは、この影響の強さをほとんど信じられないであろう。現実にこの派の指導者たちの間には真に深い独自で固有な思想をもった者は一人も現われなかったし、また理神論が自らの世界観の擁護のために採用した純理論的な推論方式も、しばしば疑わしい中途半端なものだった。だがこのような推論方式よりもいっそう強い影響を発揮したものは、理神論の精神、すなわちそれが宗教のドグマの批判に際して示した率直な真理愛と道徳的な真剣さであった。この点にこそ理神論を内部から動かした真の力が存在する。

理神論の運動の初期に生きていたベールは早々にこの事情を明確に洞察し、この洞察に立って理神論的エートスの勝利を予言した。ナントの勅命の廃止を攻撃した文書でベールは述べていう。「われわれの時代には自由思想家と理神論者が数多くいる。人々はこのことを不思議に思うかもしれない。だが私はそれどころか、宗教が自らの一時的な繁栄のためにおよそ考えられるあらゆる犯罪、たとえば殺人、略奪、追放などを含む各種の暴虐を働き、そしてこれらの犯罪がまた当然に他の無数の悪行、たとえば偽善、秘蹟の神聖冒瀆を引き起すことで世界全体を荒廃させ、その結果として必然的に一切の倫理道徳が滅びようとしている今日にあって、何故にもっと数多くの自由思想家や理神論者が存在しないかをいぶかしく思う(41)」と。

理神論は過去の数世紀間の宗教戦争時代の、このような精神の内面的な否認から生まれた。理神論には、かつてルネサンスによって待望され約束されたにもかかわらずついに実を結ぶことがなかった、あの「信仰の平和 pax fidei」への深い渇望が表われている。宗教戦争ではなく宗教的平和においてこそ、神の真理と本性が必ずやわれわれに開示されるというのが、あらゆる理神論に共通な根本的確信に他ならなかった。現にベールもすでに論じていたように、戦争と殺戮と不正の種子を抜きがたく含むこの既成宗教という途方もない怪物の造物主であるにしては、神はあまりにも仁慈深い存在である。

同様にドイツにおいても、理神論の絶えざる発展を支えたものはこの考え方であった。十八世紀のドイツ精神史において、理神論の運動は年を経るごとに勢を増していった。「イギリスの自由思想家」についての文献作成とその批判的論評は、当時の雑誌での定例の場所を占めるまでになった。(42)

もとよりドイツでの「自然宗教」の権威をめぐる論戦、理性と啓示の関係をめぐる論争は、フランスでのような激烈さを呈するには至らなかった。ドイツでは理神論はフランスとは違った相手に直面した。ここでは理神論はもはやフランスでのように、自らの権威と絶対的な支配権を振りまわして思想の自由な運動の抑圧に躍起だった正統的教理と教会的位階制度を相手に戦ったのではない。逆にドイツの理神論の本来的課題は、何よりも新しい思考方法の胚種を多様に含んだ宗教的体系の構築にあった。そしてライプニッツ哲学は宗教思想の形成の面でもドイツにおける精神的媒体として機能し、そしてこの媒体は最も極端な対立をも包括して調和させる能力を発揮した。ライプニッツ思想の根本傾向である「調和」への傾向は、この分野にも生き続けた。

クリスチャン・ヴォルフの体系には、信仰内容と認識内容との、啓示と理性との険しい分離は存在しない。この両方の権能は注意深く釣合わされ、互いに厳格に限定される。ロックやライプニッツと同様に、ヴォルフにおいても信仰内容の反理性的性格は否認されているけれども、この信仰内容が理性からのみ導き出され、一切そこには超理性的要素が含まれないという主張は全く見られなかった。理性と啓示はそれぞれ独自な認識の源泉である故に、両者は相互に対立するのとは逆に補足しあうはずである。そしてこのような協力の結果、宗教的真理の統一的全体とその普遍的な意味が必ずや明らかになることを、われわれは信じて疑わない。これら二つの力は互いに他を排斥し論駁しあうのでなく、両者の調和一致が生み出されるように結合されなければならない。それ故に信仰が盛られる形式が次第に変化した結果として、啓示の証明の必要性とその方法が次第に重要な主題になろうとも、啓示信仰の本質的内容にはいささかの変更も認めない、とする正統派の教義は、必ずしもヴォルフ学派と相容れないものではなかった(43)。

ドイツにおける真の神学的「革新者」であるゼムラー、ザック、シュパルディング、イェルザレムのような顔触れを中心とする「新神学《ネオロギー》」派の意図は、もちろん直ちにこのような段階を越えて進む。彼らはもはや、別の源泉から与えられる信仰内容の補強と形式的な証明として理性を使用するにとどまらず、理性を通じて他ならぬ信仰内容の定義づけを遂行しようと試みる。彼らは教義のなかから、この定義に依拠しないすべての構成要素を除去する。そして彼らは教義史の研究によって、これらの構成要素がいずれも本来の純粋な信仰の教理への、後世の異質的な添加物である事実を証明しようと企てた。この努力によって啓示の内実は大幅に制限されるに至るが、啓示概念それ自体はまだ当面は手を付けられずに残った。だがこの概念も、今では理性にとっても了解されて理性と完全に調和する真理を確証し、裁可するためにのみ使用される。

厳密な意味、つまり三段論法的な論証という意味での証明は、今や次第に純粋に経験的証明に取って代られる。そしてこの経験的証明は、個々の歴史上の諸事実にではなく、純粋に内面的な確信に自らの基礎を見出そうとする。「私の経験が私の証拠である」とイェルザレムは言った。そして宗教に関するすべての証明が依拠する基礎的経験とは、彼によれば精神の平和以外にない。この平和は理性の力にもましてわれわれをいっそう幸福にするものであり、実際に単なる理論的な機能としての理性は、単独では決してこのような浄福を生み出すことはできない(44)。

こうしてすべての宗教的確信を支える固有な原理としての主観性の発見によって、いわゆる「客観的」な根拠にもとづく権威はすべて残らず斥けられる。そしてこの権威の明らさまな否認までには、今はあと一歩の距離でしかない。その後の神学的合理主義は実際この一歩を踏み出した。すなわちこの合理主義は理性の法廷に信仰の全体内容を召喚して、独立した認識の源泉としては啓示が必ずしも必要不可欠でない、と判決を下した。

こうして理神論の基本的主張はついに神学にも入り込んで、そこでの一切の抵抗を排除してしまった。かつてザックは、啓示が「理性の望遠鏡」である故に、これなくしては理性は非常に重要な真理を全然、もしくは極めてぼんやりとしか見ることができないはずだと述べていたが、今やライマールスはこれに関して、この比喩さえも限界を有すると抗弁できた。そもそも感覚知覚の領域においては、知覚の器官の強化はできてもそれなしですますことが絶対に不可能なように、望遠鏡や顕微鏡も人間の自然的な視力なしには活用できない。それと同様に精神的活動の領域においても、一切の認識は結局は精神の自然的な能力と関連づけられてのみ測定される(45)。

こうして理神論の運動はそれに抵抗する一切の試みを排除し克服して進んだ。これを押し止めようとする懸命の努力や、年を追っての論争的あるいは弁護論的な文献の氾濫にもかかわらず、理神論の究極的制覇は今や動かし難く見えた。だがこの時この旗色悪い正統派教義の体系にとって、全く思いがけない新たな援軍が出現した。この点に関して思いもよらず正統派の同盟軍になったのは、他ならぬこの正統的体系の最も激烈な敵手の一人である。理神論の攻撃を撃退してその前進を阻止したこの援軍は、神学上の教義ではなく急進的な哲学的懐疑論であった。

これより前にイギリスにおいてサミュエル・クラークは、彼の論理学的明察のすべてを傾けてもう一度キリスト教の教義の全内容を確立し、それを普遍妥当な大前提からの厳密な演繹で立証しようと試みていた(46)。クラークの才能はヴォルテールその人さえ賞讃を惜しまないほどのもので、現に彼はその『イギリス書簡 Lettres sur les Anglais』でクラークを、最も困難な問題も解決できる「本物の推理機械 une vraie machine à raisonnement」

だと形容している。(47)彼は後になっても、クラークについてのこの見解を何ら変えなかった。彼は『形而上学論』ではクラークを、ロックと並べて第一流の「理性の名人」の一人と目している。(48)だが厳密な論理的論証を動員しての彼の努力も、理神論に対する何の効果も及ぼさないばかりか、逆に正統派教義の弱点をいっそう白日のもとにさらす結果となった。アントニー・コリンズは「自由思想」を弁護しつつ皮肉を交えて、クラークが神の存在の論証を試みるまでは誰一人神の存在に疑いを抱かなかったはずだ、と述べている。(49)

だが論理学者や形而上学者が結局成功しなかった企図を、あらゆる論理的・形而上学的な独断論への過激な反対者が成しとげる。新しい問題を携えて理神論に挑戦し、それによって理神論の鼎《かなえ》の軽重を問うた人間はヒュームである。理神論は「自然宗教」の概念を作り上げるに際して、あらゆる場所を通じて変化しない「人間本性」が存在し、そしてこの人間本性は理論的および実践的な特定の基本的認識を具備する故に、それらの知見は無条件で信頼するに足る、という前提から出発する。だがわれわれはこのような人間本性を一体全体どこに発見するのか。それは経験的に与えられた事実なのか――それともそれは単なる仮説にすぎないものなのか。そして理神論の根本的欠陥は、それがこの仮説を無反省に信頼してそれをドグマにまで高めた点にあるのではなかろうか。ヒュームの批判はこのドグマに対して向けられる。

ヒュームが理神論を攻撃するのは、理性もしくは啓示についてのその教説に対してではない。彼はただ経験すなわち純粋な事実認識の尺度にもとづいて理神論を評価しようとする。そして彼の評価によれば、理神論の誇り高き全体系は粘土の足場しかもたない事実が判明する。つまり理神論が自然宗教の基礎づけのために想定するこの「人間本性」は、それ自身何ら現実的ではなく単なる虚構にすぎないからである。経験がわれわれに示す人間本性は、理神論者の各種の構成的試みが示すものとは全く異なった様相を呈する。われわれが見出す人間本性は、基礎的認識やアプリオリな真理の宝庫ではなくて諸本能の不分明な混合物、つまり宇宙《コスモス》ではなくて混沌《カオス》である。われわれが人間本性にいっそう深く立ち入って究明して綿密にそれを描写する場合には、それのもつ「理性的」で合理的な秩序の外観はさらに消失するであろう。われわれの理論的表象の領域において、すでにヒュームのこの結論は確認されていた。

われわれは通例「充足理由律」が一切の理論的認識の原理であると想定し、これがわれわれの認識全体に統一性と内的安定性を付与すると考えている。だが諸概念をさらに鋭く分析すれば、この想定は崩れてしまう。何しろわれわれの認識の最も確実な支柱だと考えられるこの「理由」という概念自体が、実は何一つ客観的な基礎など有してはいない。それは直接的な明証性、つまりアプリオリな意味と必然性を何一つ備えていない。それは単にわれわれの表象の遊戯の産物にすぎず、われわれのこの表象作用は何か客観的・合理的な原理で結合しているのとは逆に、ただ想像力の動きのままに結合しその機械的な法則に追随するにすぎない。

そしてわれわれの宗教観念についても、これと同じことが一段と明瞭に妥当する。宗教観念の一見客観的な内容と崇高な意味は、一旦われわれがそれらの源泉にまでさかのぼってその成長発展の跡を検討すれば、単なる仮象となって消散する。もはやわれわれはそこに本来的な冥想的要素も、本来的な倫理的内容も何一つ見出さない。神の概念を最初に生み出したもの、そして今日も依然として神の概念を支えているものは、決して存在の第一原理や世界秩序の根拠についての思索ではなく、また無限的な知性と善意をもつ存在に対する帰依でもない。この種の純粋に「哲学的」な考察は、一般大衆にとっては何一つ説得力を有しない。人間が最初から哲学者であったはずはないし、また死ぬまで哲学者でありたいと願う希望も空しい幻想でしかない。人間は抽象的な「理性」の支配ではなく本能と欲望の力に従う存在である。そして最初の宗教的観念や信仰教義はこれらの本能や衝動の産物であるばかりでなく、今もすべての宗教的信仰の源泉である。思考や道徳的意志が宗教的観念を形成し維持するどころか、最初に人間を信仰に導き彼をそこに留め置くものは、むしろ希望と恐怖の感情である。

ここにわれわれは宗教的なものの真の基底を見出す。宗教は論理的もしくは倫理的な根拠など何一つ有しない。それは人間学的な起原をもつのみである。宗教は超自然的な力を畏怖し、この力を和らげ宥めて自らの意志に従わせたいと願う人間の欲望から生まれた。

それ故にわれわれの宗教生活の営みを支配し統御するものは、この場合においても情念と想像力の気まぐれである。迷信と鬼神信仰が神の観念の本来的な基盤である。

われわれがこのような「原始的」な神の観念の端緒を遥かに越える高級かつ純粋な「精神的」宗教を引合いに出してこの結論を回避できる、と信ずることは誤りである。事実この種の論証も、われわれが宗教をその合理的な解釈や理想主義的な仮装でなしに、冷静な経験的現実において考察するに及んでたちまち無力となる。この点で宗教は最初から終りまで、最も低級な段階から最も高級な頂点に至るまで、同一の姿を現わす。宗教を最初に発生させるその同じ心理的な力が、それ以後の発展の全過程を制約し影響を及ぼし続ける。迷信は限りなく洗練されて多様な形式をまとうけれども、その最も核心的な本性はこれによって毫も変りはしない。われわれが「高級な」宗教がまとっている言葉や抽象概念や倫理的観念のヴェールを剝ぎ取ってみれば、宗教の姿はどこでも同一であることをわれわれは見出す。

「不合理ゆえにわれは信ず Credo quia absurdum」というモットーは、どのような場合にも必ずその旧来の力を発揮する。化体の教義ほど論理的に不合理な背理が他にあるであろうか。また既成宗教の信仰教義にもまして倫理的に有害なもの、人間社会に対して破壊的なものがあるであろうか。「高級な」宗教を低級な宗教から区別するものは、そこには希望と恐怖以外に知的な洗練から生まれた第三のモチーフが付加されていることであるが、この要素も純粋に倫理的な意味においては前進よりもむしろ退行を示すものである。人間をして、自らの神々を現世的な完全性のあらゆる基準を越えて持ち上げて、それに無闇やたらに気高い述語を帰属させるものは実に追従の動機である。だがわれわれが人間の表象でなくその行為を立ち入って仔細に検討するならば、このような各種の精神的・倫理的美化にもかかわらず事態は何一つ変っていないという実情を知るであろう。キリスト教の全知全能で慈悲深い神も、カルヴィニズムが描いた姿では、以前の原始宗教が怖れ崇めた苛酷で陰険で圧制的な専制君主へと一変する。このように鬼神崇拝はすべての高級な宗教的観念の基礎に存在する。そしてこの現象は、宗教がこのような姿を表面に出さず、原始宗教が素朴に露呈させていた一切の欠陥を高級な宗教が自他に対しては偽善的に隠そうと努めるからといって、決して変るものではない。(50)

ヒュームが描く「宗教の自然史」はおよそこのようなものである。彼はこれで理神論の「自然宗教」の概念を最終的に転覆させて、それが単なる哲学者の夢にすぎない事実を立証したと信じた。こうして今や啓示宗教の体系をその最も危険な敵手から救出したものは他ならぬ哲学それ自身であったが、ヒュームの分析のこの鋭い切れ味は、もちろん同時にこの啓示宗教の体系自身にも致命的な傷を与えずにはいなかった。

懐疑主義は自然宗教に対してと同様に、啓示に対してもいわば引導を渡す。「人間理性が最高存在の認識に到達できるということ、そして目に見える自然の製作品からその最高の創造者というような崇高な原理を推論できる、ということは何という高貴な人間理性の特権であろう。だがメダルの裏を見てみよう。多くの国民や多くの時代の宗教を眺めてみよう。そして実際にこの世で行なわれてきた宗教的原理を検討しようではないか。それらが実は病人の幻覚とほとんど区別できない、と言われても諸君はにわかに信じないであろう。……どれほど馬鹿げた神学上の不合理であっても、時には最もすぐれた知性と教養をもった人間によって唱えられなかった前例はないし、またどれほど厳格な宗教上の戒律も、時として最も好色で破廉恥な人間に信心されなかった事例はない。……すべてのことは謎であり、不可解であり解き難い秘密である。この主題についてのわれわれの最も正確で綿密な検討の唯一の結果は、懐疑であり不安であり、判断停止であるように思える。だがそれでも人間の理性はあまりにも脆弱であり、あまりにも容易に俗衆の意見に感染してしまうから、われわれが自分の視野を拡大することで一つの迷信を他のそれに対立させ、両方を互いに戦わせない限り、このような自覚的・方法的懐疑ですら維持することは困難である。それ故に止むなくわれわれは、これらの相対する迷信が振う猛威をよそに見つつ、不分明であるが静穏な哲学の領域へ首尾よく逃避するわけである(51)」。

ところでヒュームがその論理的帰結にまで追跡したこの道程は、決して十八世紀思想の典型ではなかった。理性の能力をその死活的な地点において見棄てるにしては、この世紀はあまりにも強い信頼を理性に寄せていた。この世紀は懐疑に身を委ねることをいさぎよしとせず、ひたすら明確で間違いない決断を目指して進んだ。それ故にヒュームの『宗教の自然史 The Natural history of religion』は啓蒙主義の精神史にあっては結局孤立した現象にとどまった。

　実のところもう一つ可能な道が、すなわちヒュームの教説に見られるような理性と経験の決定的な分離でなく、この両者のそれぞれの主張を互いに和解させて一つに結合することを目指す他の道がまだ残っていた。「自然宗教」という抽象的概念が自らに向けられる懐疑主義の批判に耐えるためには、それは今や特定の内容を盛り込む必要を感ずる。それはもはや単なる要請にとどまることは許されない。自然宗教の理念が探求し主張する内実は、現実の宗教生活で実現される事実が立証されなければならなかった。自然宗教の概念は理性の側からだけでなく、歴史の側からも自らの基礎づけを求めるに至る。自らの内的必然性によってこの課題へと導かれた十八世紀の思想は、今やここに一つの普遍的な問題に直面して、それを自らの方法的な武器を用いて解決しなければならなくなった。今や問題は宗教と歴史の関係を理解して、この両者が互いにどのように制約しあい、この相互関係から固有な具体的な宗教の現実の姿がどのようにして発現するか、を洞察することになった。

## 3　宗教と歴史

十八世紀が歴史的世界という概念とは無縁であり結局はこの概念を理解できずに終った故に、所詮この時代の思考様式は全く「非歴史的」であった、という今日に至るまで広く行なわれている一見容易に抜き難い見解は、われわれが宗教思想の発展の歴史を一瞥するだけで、即座に完全に反駁されよう。なぜならばこの時代の宗教の内部的な変貌は、宗教が形而上学的・神学的思考から自らを解放して新しい尺度と新しい判断基準を創り出した、という事実に依拠しているからである。この基準は実は単一ではなくて、むしろ二つの異なった要素から成り立ち、宗教はそれを統一し調和させようと試みた、といってよかろう。

この新しい基準の結実が、合理的精神と歴史的精神の綜合である。理性が歴史に、そして歴史は理性に関係づけられるこの相互関係から、今や新しい宗教的展望と新しい宗教上の認識理念が誕生した。理性と歴史は明確に区分されて両者は絶えざる緊張関係に立つに至るが、十八世紀の宗教思想の内面的運動の全体は、両者間のこのような関係にもとづいている。理性のために歴史を犠牲にし歴史を理性に吸収してしまう単純な平準化を押し進めるどころか、啓蒙主義思想はこの両極性を明瞭に承認して、それの厳密な定義づけを試みた。だが啓蒙主義哲学の根本的な確信によれば、この対極関係はその相対する二つの力の間の理想的な均衡が可能である、という事実を何ら排除しない。形式こそ異なれ本質的内実の点で一致する一つの存在と一つの真理が、歴史においても理性においても同じ姿でわれわれに顕現する。

こうして今やわれわれは、理性の鏡を歴史に当てがってこの鏡のなかで歴史の像を観察しなければならないと同時に、すべての理性的なるものを歴史の相において把握しなければならない。同じ一つの存在と真理から結果するこの両概念は、その意図においても目標においても本質的に一致する。理性の永遠にして不易なる基準を考察する課題は、これらが経験的・歴史的な展開の過程で実現される仕方の考察と平行して進められなければならない。真の精神の「啓蒙」は、この二つの思考様式を結合し対置させることで初めて実現する。精神による存在の把握は、その不可欠な構成的要素としてそれの生成の理解を前提とするし、また他方この生成の真の意味は、それが不変なる存在と関係づけられ、それによって検証されて初めて明らかになる。

この新しい認識の概念は、それが宗教的確信の真の基礎が何かという問題、すなわち聖書の真理内容を定義してそれを方法的に明確に規定するという問題に逢着するに及んで、最初の重大な試練に直面した。この問題提起それ自体が、つまりそこに含まれる要請それ自体が、宗教に関する通念の革命を意味するものであった。事実これらの問題提起と要請は、宗教改革によってても揺るがなかった、否、逆にそれによって一段と強化された逐語的霊感の原理との意識的断絶を意味した。宗教改革の主要な努力目標は、聖書の真理が整一にして唯一であり不壊で普遍妥当である、との命題を証明することに向けられていた。ところでこの普遍性と絶対性が主張されるためには、聖書がそれ自体において何ら矛盾不一致を含むものではないことが証明されなければならない。一つ一つの言葉、否、一つ一つの文字までが、その価値と神聖さにおいては聖書全体と同じ重みを有し、啓示の確実性と同じ完全な価値のものと考えられた。だがこの主張はすでに十七世紀になると、日に日に前進する哲学的精神の勢力に対する自己の防衛に少なからぬ困難を感じ始めた。

実際例えばデカルトの方法的懐疑の原理は、これを黙って見過ごすはずがなかった。もとよりデカルトは、彼自身の目指す革新はただ認識のみに関連して信仰とは無関係である、と倦むことなくくりかえして、神学上の教義の分野では自分は聖書と教会の権威に服従するとの意向をはっきり言明してはいる。だが彼の直接の弟子や後継者は、このような用心深い遠慮を捨て去ってしまった。純粋な個人的な信仰心に燃えて、デカルト哲学のこの原理を何よりも宗教的精神の鼓吹と深化のために役立てようと考えた思想家たちでさえ、この運動の影響を免れなかった。

聖書の諸篇の歴史的批判の要請を最初に題名に掲げた著作は、オラトリオ会のなかから現われる。この著者リシャール・シモンは、彼の個人的な友人マールブランシュの勧めでこの書物を著した。このシモンの著作ではすでに、聖書の個々の諸篇が果たして真正か否かについての吟味が開始されている。そしてこれらの成立過程に関するシモンの仮説は、正統派の教義の核心を大きく揺り動かすに至る。だがこの聖書の歴史的吟味の最初の試みは、未だキリスト教会の内部に留まっていた。否、むしろこの試みの意図は、間接的にカトリック教会の目的に役立てることにあった。実際にシモンがその批判で立証しようとした命題は、要するに聖書の真理のみへのプロテスタントの信頼、そしてその他の一切の宗教的権威の否認は何の根拠も有しない主張である、ということだった。聖書それ自体は懐疑に対する何ら無条件的で十分な防備ではありえない。聖書はそれと一致するキリスト教会の伝統の証言によって補強されなければならない[52]。だからこの段階ではいっそう自由な聖書の歴史的把握とその評価はまだ実現されず、歴史は正統的な教義と一致してその意図に沿う限りでのみ引合いに出されたにすぎない。

この点に関して真に革命的かつ決定的な問題を最初に提起したのはスピノザである。彼の『神学政治論 Tractatus theologico-politicus』は、聖書批判を哲学的に根拠づけ正当化する最初の試みであった。一見したところ、余人ならぬスピノザがこのような事業を達成したことは奇妙な逆説のように見えるかもしれない。われわれが彼の形而上学の全体とその論理的基盤とを考える場合、どう考えてもこれらは特殊歴史的な洞察のためには何の役にも立たないように見える。そもそもスピノザにとってすべての確実性の究極的な根拠は、生成にではなく純粋な存在に、そして経験上の変化にではなく事物の不変的な本質と自己完結的な統一性に存した。これらの概念のみが十全な認識の対象たりうる一方で、その他の有限的、派生的、個体的な事物はすべて「想像力」を媒介として初めて把握されるにすぎない。時間および時間的関係についての認識はすべてこの媒介を経なければならない。それは決して哲学的認識の領域、すなわち永遠なる相のもと(sub specie aeterni)[*]の認識がもつ高さには到達できない。それとは逆に哲学的認識は、それ自身の完成のためにはこのような時間的要素を克服し排除しなければならない。

一見したところこの観点からは、厳密な意味での「歴史的」真理など一切認められないし、従って厳密に言うならば歴史的真理という概念それ自体が「形容矛盾 contradictio in adjecto」に化すように見えるかもしれない。だがそれにもかかわらず、聖書の歴史性という思想を最も鋭く把握し、それを冷静な厳密な態度で徹底させた最初の人物は他ならぬスピノザである。もしもわれわれがこの観念の系譜を追跡して、それがスピノザの全体系で占める位置を突き止めようと試みるときに、実はこの思想が決して直接的な歴史的関心から、すなわち歴史的方法それ自体への自立的な興味から発したのではなくて、それはむしろスピノザの体系の論理的前提からの間接的な帰結にすぎないという事情が明白になるだろう。

聖書が占める特別な位置、否、そもそも精神現象一般が特別な位置を占めるという考えには、スピノザの一元論は絶対に承認を与えることができなかった。彼に従えば延長と思考、自然と精神、事物の秩序と観念の秩序、これらはいずれも原理的に異なる分離した二つのものではなくて、同じ根本法則に依拠する同一の秩序に他ならない。それ故に歴史的事象の考察が自然的事象のそれから分離することは許されない。これら二つの観察は、同じ一つの見地から遂行されなければならない。「これを簡単に要約して言うならば、聖書の解釈の方法は自然の解釈の方法から何ら区別されるものではなく、むしろそれと完全に一致する。なぜならば、要するに自然の解釈の方法が自然の歴史を総括し、それにもとづいて或る特定の公理から自然現象の定義を導き出すことであるのと同様に、聖書の解釈においても正確な聖書の歴史を確定し、そしてその確かな素材と原理にもとづいて聖書の作者の意図を正しく推論することが必要である。このように聖書の解釈および聖書の内容吟味に際して、聖書の歴史から推測されるもののみを聖書それ自身の原理および基準として採用するならば、われわれはどんな誤謬に陥る危険もなしに確実に、何がわれわれの認識能力を越えているか、また何が理性の自然的光明によって知られるかを必ずや決定しうるであろう(53)」。このスピノザの原理は極めて簡単な内容ではあるが決定的に重要な原理であり、幅広い影響を与えるものであった。

存在一般すなわち「事物の本性」が聖書にもとづいて理解されるのとは逆に、聖書それ自身がこの存在の一部分をなす以上、当然に聖書はこの存在の普遍的な法則に従うはずだ、とスピノザは主張する。聖書は自然への鍵ではなく、単なる自然の一部分である。従ってそれは経験的認識一般に妥当するのと同じ規則にもとづいて考察されなければならない。こうして聖書自身が完全に条件的・派生的な性格のものであり、全く所産的自然（natura naturata）に所属するものであってみれば、われわれは一体どうして聖書から事物の根本原理すなわち能産的自然（natura naturans）に関する絶対的な真理、その形而上学的洞察を期待できようか。それ故に聖書を解釈し理解してその相対的な真理を理解する道は、経験的探究の用具を用いて聖書を取り扱い分析する以外にありえない。われわれが聖書のすべての章句を正しい文脈におき、そしてそれを超時間的な真理とは考えずに特殊な成立の経緯や作者の個性から説明しようと試みるならば、聖書が含む難点は解決され、それの含む明らさまな矛盾は除去されるであろう。スピノザの『神学政治論』は、このような解釈原理を貫徹させる企てであった。

もとより後世の科学的な聖書批判の業績に立って見れば、この解釈はしばしば奇妙で恣意的な要素を含むかもしれない。だがこの方法的原理それ自体は、このような明白な欠陥によって少しも割引されはしない。この著作が非常な敵意を巻き起したにもかかわらず、この方法的原理の正しさは広く世に認められるに至った。

スピノザは十八世紀思想に対して、見るべき直接的影響をほとんど残さなかったように見える。人々は彼の名前を口にすることを注意深く避けた。そして彼の教説についての知識は、ただ間接的であまり信頼できない筋から伝播していったにすぎない。スピノザについてのベールの叙述と批判も、スピノザの学説についての論議を誤まった一面的な方向に導く一役を買ったと言うことができる。だが聖書の歴史的批判の理念と要請は、これら一切の事情にもかかわらず今や押しとどめられない趨勢となった。

　そしてこの絶え間ない進展は、一般的な方法や哲学についての考察よりもむしろ人文主義の偉大な模範とその特殊な認識理念によって押し進められる。スピノザでなくてエラスムスが、この運動の真の精神史上の指導者であった。エラスムスが自ら校訂編纂した新約聖書の版において、人文主義の宗教的心情とエートスはその最初の古典的な表現を見出した。エラスムスの確信によれば、純正な聖書章句の復元は同時に純正なキリスト教教義の復活に他ならない。もしも後世になって聖書の本文へ付加された個所や恣意的な改変の痕を残らず除去することに成功するならば、キリスト教の本来の姿はその崇高な純粋性とその固有な倫理的意味をおのずと現わすであろう。

　エラスムスの最も偉大な弟子のフーゴ・グロティウスの仕事を貫徹するものは、まさにこの心情であった。人文主義および神学の無限の学識を蔵するグロティウスの広大な精神において、聖書の科学的批判の完璧な計画は初めて具体化された。そして彼の旧新約聖書についての『注解』は、十八世紀の研究の方向をその細点に至るまで規定している。エルネスティは最高の賞讃の言葉でこの書物について語り、自分の手本となったのはまさにこの書物だ、と明確に述べている。

この後ゼムラーの『聖書正典の自由な研究 Abhandlung von der freien Untersuchung des Kanon, 1771』のなかでこの運動の発展はすでにその最初の展開を終了した。哲学的批判はこの後、もはやこの種の業績に何一つ付加する必要を感じなかった。つまりそれは一般的に言ってゼムラーの成果に依拠しつつ、そこから体系的な帰結を引き出すことで満足した。百科全書のなかの「聖書」に関するディドロ執筆の項目には、すでに聖書批判の根本方針とその課題のほとんど完全な輪郭が描き出されている。彼は聖書の各篇の真正さを測定すべき多くの基準を列挙して、これらの諸篇の内容の綿密な分析と、これらが書かれた事情の究明と、これらが編纂された時期の精密な確定を要請する。こうして逐語的霊感の原理は、今や最後の止めを刺された。つまり聖書の歴史的批判と歴史的判断は、今や神学的体系の中心にまで進出したわけである。

だが神学的体系がこの手続きによって今やその固有の精神を喪失するに至ったということも、それへの懸命の否定にもかかわらずやはり事実なのではなかろうか。つまり神学はこの新しく目覚めた歴史的意識とともに、恐ろしい毒を呑み込んだのではないか。現にわれわれがスピノザに立ち戻るならば、彼にとって聖書の歴史性の概念が全く否定的な意味しかもたなかったことは疑問の余地がない。彼によれば、単なる時間的関係にもとづきそれに局限される認識は、すべて単なる「想像力」の完全な支配下にとどまらざるを得ない。このような認識はわれわれに正しい観念や厳密に客観的な洞察を何一つもたらさない。このような認識は単なる主観性の、そして全くの擬人観の領域を越え出ることがない。それ故に聖書を時間的な限定をもつものとして認識し分析することは、スピノザにとって取りも直さず聖書をこのような擬人観の集約とみなすことに他ならない。それ故聖書は「想像力」ではなく単に「理性」と「直観」によってのみ把握されるべき哲学的真理の領域から、最終的に追放される。

だから宗教的な思考もしくは心情においては各種の「霊感」の最高のしるしと考えられるものも、スピノザにとってはその致命的な欠陥と考えられる。霊感が個々の預言者を襲って自らの威力に従わせる際の荒々しさや、それが彼らを別の一見もっと崇高な力に操られる無意識で無意志な道具と化してしまう経緯は、すべて霊感と称せられるものが何らかの固有な正しい真理を含む可能性を最初から完全に破壊する。元来すべての真理は内面的自由と合理的洞察の条件と結び付いているため、激情と想像力の支配権を限定してこれらを理性の厳格な命令に服属させる場合に初めて、真理はわれわれのものとなる。それ故に宗教的預言者に見られるような激情の高まりや想像力の強さは、実は彼らが見る幻覚が、客観的真理の発見や普遍妥当的な義務命令の告知とは全く何の関係ももたぬ、単なる主観的なものにすぎないことの証左に他ならない。そして自ら神について語ると主張する預言者は、実はいつも自分自身のことを語り、自分自身の内面的状況をわれわれに現わすにすぎない。

スピノザは預言を扱った『神学政治論』の序章で、この命題を厳密に展開している。個々の預言者に応じて神の姿がいかに異なっており、従って神の姿が彼個人の想像の形式と彼の気分の色合をいかに表わしているかを彼は立証する。預言者の気質や想像力や彼の過去の経験や意見に応じて、預言者の預言内容は変化する。「人間の状態に応じて彼の神が決まる」。柔和な人間にとって神は柔和であり、怒りやすい人間にとっては神も怒りやすい。憂鬱で悲しんでいる人の神は陰鬱で厳格であり、快活な人の神は親切で寛大である。(54)もしもスピノザの聖書批判の根本思想をわれわれが彼自身の体系の言葉を藉りて表現するならば――もちろんこのような言葉が『神学政治論』に登場する余地はないが――、神の「実体」すなわち神の本性と本質は、預言者の幻視のなかに表現される余地は全くない。そこに表わされるものは、常に或る種の「様態」にすぎない、ということになろう。そしてこの点にこそ、他の場合にもまして「すべての決定は否定である」という命題が妥当する。

神の本性と意義はこの種の表現形式によって説明されるどころか、逆にそれによって破壊される。神の本性はその普遍性に存し、従ってそれは個別的なものとの結びつき、個別的なものによる限定を一切排除する。聖書で語られる奇蹟とか預言者たちの幻視は、この哲学的確実性の第一原理への違反に他ならない。それらは例外なしに神を普遍性と必然性にではなく、一回限りのもの、偶然的なもののなかに求めようとする。自然の秩序に対する侵犯、自然の普遍法則の破壊と考えられる奇蹟は、徹頭徹尾神とは正反対のものである。むしろ神の真理と本性は、このような自然法則それ自身のうちにこそ存在し顕現する。「すべてのことはただ神の心に従ってのみ必然的に真実であるから、このことから全く明白に、自然の普遍的な法則はまさしく神の心であって、それは神の本性が有する必然性と完全性から帰結する、という事態が知られる。それ故に万が一にも自然においてその普遍的法則と矛盾する事柄が生起するならば、必然的にそれは神の心と理性と本性にも矛盾するであろう。神は自然の法則に反した行為をすると誰かが主張するならば、それは神が神自らの本性に反した行為をする、と主張するにも等しいが、これほど不合理なことはない」(55)。

それ故にスピノザにとって、奇蹟を文字通り聖書にある通りに信ずることは宗教の本来的転倒であり、奇蹟を告知することは神を否定するにもひとしい。個々人から由来し、従ってそれぞれの個人的性格を表わしているすべての主観的な宗教的預言や啓示に関しても、事情は全く同一である。すべての特殊性は普遍性の否定であり、すべての歴史性は合理性の限定であり、その混濁であり、抹殺である。スピノザが歴史的な見方を宗教に導入したことは、宗教を哲学的に正当づけたことを何ら意味しない。逆にそれは宗教を限定することに、すなわち宗教的確実性のもつ絶対的な限界を洞察することに役立つ。

だが今や十八世紀の精神史上に注目すべき転回が開始される。つまりスピノザの宗教思想を隅々に至るまで真に理解し、その全体系を心からの共感をもって受け入れた偉大な思想家が、ただ一人この点で原理的にスピノザを乗り越えて進んだ。神学および哲学の敵手によって徹底的に歪曲されてきたスピノザの姿を最初に復元したのはレッシングであった。彼こそはスピノザの教説をその本来的な姿において見た最初の人であり、そして彼は何らの躊躇も偏見もなく、ひたすらこの教説に心酔した。レッシングはその晩年に至るまでも、スピノザ説の論理的な力と体系的な完結性に何一つ根本的・本質的な異論を挿む気持を抱かなかったように見える。ヤコービとの対話はレッシングを、一見して完全なスピノザ主義者のように写しだす。「神についての正統信仰の概念はもはや私を満足させない。私はそれを受容できない。『一にして全 *Ἓν καὶ Πᾶν*』私はこれ以外のものを知らない」。

だがレッシングの思想の真の偉大さ、彼の規模雄大な公正寛大の精神、そして彼の独創力と深遠さは、彼がそのスピノザ心酔にあっても同時にその内在的で純粋な方法的な克服の第一歩を踏み出したことに現われている。レッシングの批判の真に生産的な特性は、その美学的・文学的批判の場面に劣らず、ここにも明白に現われている。レッシングはスピノザ哲学の最重要な部分をそのまま受け入れているように見える。だが彼は自分が受け入れたこのスピノザの原理に、自分の固有な本性と思想を注入してそれを根底から変えてしまった。スピノザと同じくレッシングにとっても、奇蹟の証明力などは問題たりえない。彼も同じく、真正な奇蹟は今後もはや特殊的ではなく普遍的なものに、偶然的ではなく必然的なものにのみ見出しうる、と考えた。ライプニッツの命名による「理性の奇蹟」こそが、神の真の検証である。このようにレッシングはスピノザと同じく自然概念の統一性と普遍性を主張しつつ、同時に純粋な内在性の要請をも強調する。やはり彼にとっても神は世界外的ならぬ世界内的な力であり、外からわれわれの経験的世界を攪乱する力でなくて、内部からこの世界に浸透してそれを形成する力なのである。だがレッシングはこの形成の本性をスピノザとは全く別の視点から理解した。スピノザが結局単なる幻影か妄想としか考えなかったものを、レッシングは新しい本質的な真理として把握した。つまり今や「全体」と「部分」、「一般」と「特殊」、「普遍」と「個体」との関係は、レッシングにはスピノザにおいてとは別種のものとなった。彼にとって特殊的・個体的な存在は否定的な意味をもつのとは逆に、すぐれて積極的な意味をもつに至った。

この点においてレッシングはライプニッツの弟子であり、そしてこの点で彼は終始いささかも動揺しなかった。「精神は神の部分ではなくして、その似姿であり宇宙の表象である」というライプニッツの特徴的な言葉は、恐らくレッシング自身のモットーでもあったであろう。彼にとっても個体性は断じて単なる量的な限定ではなく、それ自身掛けがえのない質的な規定の表現であった。それは現実的なものの単なる一断片ではなく、現実の完全な表出にしてその純粋で網羅的な表現である。

この視点に立てば、単なる時間的な存在もすべてがスピノザの場合とは全く異なった様相を呈するに至る。モナドを「一における多の表現」と定義したライプニッツに倣って、恐らくレッシングもそれを不変的なものにおける時間的なものの表現、と定義したことであろう。そもそもモナドが存在するのは、それが絶え間なく生成発展する限りであり、そしてこの生成過程の個々の局面は、過程全体の絶対に不可欠で必然的な要素を構成するはずである。それ故に時間性という形式それ自体も、存在性への対立的な概念でなく、むしろ存在はこのような形式においてのみ現象して自らの純粋な本性を明らかにする。

レッシングはこの基本的概念の宗教の領域への適用に際して、全く新しい課題とその解決法に直面した。こうして宗教の諸起原の歴史的性格は、もはや従来のように宗教の批判や宗教の否定のための論拠ではなく、むしろ宗教それ自体の他ならぬ根本的意義の構成要素として考えられるに至った。スピノザが宗教的啓示の歴史性の洞察を通じて、その絶対的な真理価値を否定しようとしたのと対照的に、レッシングはこの同じ洞察にもとづいて逆に宗教の復権、宗教の救済を実現しようと試みる。真正で唯一「絶対的」な宗教とは端的に言って、宗教的精神の歴史的発現形式の総体を自ら包括する宗教に他ならない。このような宗教においては、どれほど些細な教義の部分、どれほど特殊的な見解、否、誤謬それ自体すらも、間接的に真理の解明に役立つはずである。ライプニッツの弁神論の概念を新しい領域に適用したレッシングの著作『人類の教育 Die Erziehung des Menschengeschlechts』はこのような根本思想から生まれた。実に宗教を神の人間教育の計画として把握するこのレッシングの立場は、歴史における弁神論であり、すなわちこの世の始元から存続している現実の事実ではなく、宗教の生成とこの生成の目標にもとづいて宗教を正当化する試みに他ならない。

ところでこのような新思想が胚胎するまでの経緯がどれほど困難であったかは、われわれがこの点でレッシングをメンデルスゾーンと比較するに及んで、とりわけ明瞭になるであろう。純粋に内容的に考察する限り、この両者の宗教的理念が極めて類似しているにもかかわらず、両者の方法には決定的な差異が存在する。両者は本来その体系的な根本前提では極めて近い関係にあった。両者はいずれもライプニッツの概念から出発した。両者の差異は当初はただ、メンデルスゾーンが概してクリスチャン・ヴォルフの体系に見られるままのライプニッツの伝統的な把握で満足したのに対し、レッシングの持前の歴史的・哲学的関心と批評家的烱眼は、彼を駆り立ててこのライプニッツ的概念をその起原へとさかのぼって検討するまでは満足しなかった、という点にすぎなかった。思考の一般的様式は両者において同一であり、それは真理の根本形式に関するライプニッツの区別に依拠していた。(56)

つまりライプニッツの認識論も同様に、「永遠なる」真理と「時間的」真理の、「必然的」真理と「偶然的」真理の間に明確な境界線を引く。前者の真理は純粋な観念相互間に存在する関係の表現であって、それはこれらの観念の対象が実際にこの経験的・現実的世界に存在するか否かには無関係である。純粋幾何学や算術の命題は、この時間的・空間的な現実たる物理的な物体の世界において、たとえ数や各種の幾何学的形象に関して数学が想定する厳密な概念に厳格に照応するものが全く存在しない場合にも、その真理性・永遠性・必然性を何一つ失わない。そしてライプニッツによれば、数学的真理に当てはまることは全くそのまま論理学や倫理学、形而上学についても当てはまる。否、それらは単に今ここに存在するこの現実世界において妥当するのみでなく、一切の可能なる世界においてもまた同様に妥当する。すなわちそれは空間における一回的な存在、時間の流れにおける一個の事象についてではなく、理性そのものについての絶対普遍なる形式の表現に他ならない。理性はいつ、いかなる場所においても必ずや同一であり、どのような変化の可能性をも含まない。事実この種の変化は、すでにそれ自体が理性の本質的で超時間的・永久的な本性の変質を含意するだろう。

　ところでわれわれがライプニッツによるこの真理の定義と、その特有な区分から出発するならば、この区分は宗教的確実性の問題に対しては一体どのように適用されるのか、またそれによってどんな結論に到達するのか、という問題が直ちに生起するに相違ない。宗教上の信仰は確実性のどちらの種類に属するのか。それは必然的な真理に属するのか、それとも偶然的な真理にか。それは超時間的で合理的な根拠に根ざすのか、それとも時間的で歴史的な根拠にか。レッシングは片時も休まずこの問題と取り組んだ。そして彼は一再ならず、この問題の解決に絶望したこともあったらしい。彼は宗教の「理性的性格」を放棄することもできなければ、一方宗教上の形態が特殊的で一回的な性格を持つという事実、すなわちそれは時間と空間に結びついて存在している、という事実を否定することも到底できなかった。すべての信仰の本質はそれ自体で正当な、そして全く没時間的な概念体系の採用に存するのでは決してない。むしろ宗教的信仰は必ずや歴史上で一回的なもの、完全に独自的なもの、すなわち個体的で掛けがえのない事象と関係するはずである。

宗教についての本性上全く異質なこの二つの見方の調停は、レッシングには全く不可能なことに思われた。「偶然的な歴史上の真理は、断じて必然的な理性的真理の証明の基礎にはならない」「私がキリストは死者を生き返らせたという記述に歴史的に反対する理由を持たないからといって、それ故に私は神には自らと同じ形姿の子があったと信じなければならないのか。……私はキリストが死者から復活したという主張には歴史的に反対できないからといって、それ故にこの復活したキリストは神の子であったと信じなければならないのか。……一つの歴史的真理から全く別種の真理へ飛躍すること、そして自分の形而上学的・倫理学的な全概念をそれに依拠して改変せよと私に強要すること、……もしもこれが論点変更の虚偽 *μετάβασις εἰς ἄλλο γένος* でないとすれば、アリストテレスがこの術語で表現しようとしたのが一体何なのか、私には見当もつかない。……これは不気味な幅広い濠であり、私は何度必死に試みてもこれを跳び越えることができない。もしも誰か私の手を取ってくれる人間があったら、どうか私を助けてくれるようお願いする。その人には必ずや神がその労を報いてくれるだろう[57]」。

だが十八世紀の神学も体系的形而上学も、レッシングのこの問いに正しく答えて彼の要望に真実叶うような原理を持ち合わせていなかった。レッシングは独力で道を切り開き、目前のこの「不気味な幅広い濠」を独力で埋めなければならなかった。レッシングの宗教哲学に関する晩年の著作は、この努力の結晶を示す。その著『人類の教育』においてレッシングは、歴史的なるものと理性的なるものの新しい綜合を完成した。歴史はもはや理性と対置されるだけではない。歴史は理性の現実化の道程であり、その実現の本来的な、否、唯一可能な舞台に他ならない。ライプニッツの解析的精神が比類なく明快かつ精密に区分してきた諸要素は、今や再び統合に向う。レッシングに従えば、宗教はただ単に必然的・永遠的な真理の領域のみに帰属するのでも、また単なる偶然的・時間的な真理の領域のみに帰属するのでもない。宗教はこの両要素を一体化する。それは有限なものにおける無限なものの表現、時間的生成における永遠的・理性的なるものの表現である。『人類の教育』で展開されたこのレッシングの基本的な思想は、実に在来の啓蒙主義哲学の転回点を意味した。神学における「新神学《ネオロギー》」派もアカデミー流の合理主義も、彼のこの歩みに追い付いて行けなかった。これらの人々はすべて「理性」を「分析的な同一性」という意味でしか把えなかった[58]。つまり彼らにとって理性の一体性と真理性はそれの整一性と同形性に根ざし、従ってそれを抜きには考えられないものであった。理性を把握する点でのこの差異を理解する上で、メンデルスゾーンがレッシングの基本的思想に対して示した態度は極めて特徴的である。メンデルスゾーンはその著『イェルサレム Jerusalem』で言う。「私個人としては、今は亡き我が友レッシングがどこの誰とも分からぬ歴史研究家に吹き込まれて構想した、人類の教育という概念を全く理解できない。神の摂理に従って永遠なる生の一部分をこの世で過ごすように定められる個々人にとっての進歩は十分にありうる。……だがこの世界に生きる人類全体もまた、時の流れに従って絶えず進歩を遂げ自己を完成していくことが神の意図であった、と考えることは私には不可能である。少なくともこの考えは、神の摂理の説明に関してわれわれが普通考えるほど決定的で必然的とは思われない」。メンデルスゾーンや彼に代表される典型的な啓蒙主義哲学にとっては、人類最高の目標の実現が歴史のような、あらゆる種類の不合理と矛盾、絶え間ない動揺と誤謬の可能性を包蔵している案内人に委ねられるという考えは、最後まで想像できないものであった。啓蒙主義哲学は歴史が孕むこのような見通しの利かない変転の危険を回避して、永遠に不可侵にして自己同一的な理性の法則へ避難したわけである。

だがレッシングはもはやこの種の「理性」を根本的に認めなかった。彼は確かに従前から偉大な「合理主義者」であり、また最後までそうであったが、彼は理性の解析的概念に代えて綜合的概念を、理性の静態的把握に代えて動態的把握を採用する。理性は運動を排除しない。むしろ理性は、運動をそれ自身の内在的法則において理解しようと努める。今や理性それ自体が生成の流れに身を浸すに至るが、それはその流れの渦に拉し去られるとは逆に、この流れの只中に自らの確実な足場を見出し、自らの不変性と安定性を主張するためである。

理性についてのこの観念には、歴史の本性と真理についての新しい根本的理念が胚胎している。そしてこの種の観念を十分に成熟させて完成し確証する課題は、もはや神学や形而上学の分野では不可能であった。

この点で最後の決定的な一歩を踏み出したのは、実にヘルダーその人である。彼は歴史的現実の全体を問題にして、それを歴史現象の具体的考察にもとづいて解決しようと試みた。だがこの点でヘルダーの業績が孤立して見えるのは、単に表面上だけである。それは決して啓蒙主義思想との断絶を表わすものではない。それはこの思想自体のなかから徐々に、そして着実に進展して、この土壌で成長したものである。

啓蒙主義哲学にとって歴史の問題は最初は宗教現象の分野で提起され、この分野において真に切実な意味を帯びるに至った。啓蒙主義が問題のこの端緒で立ち止まることは不可能となり、それはこの地点から進んでさらに新しい結論と要請へと自らの内面的志向によって駆り立てられ、その結果これらの成果はすべて啓蒙主義に新しい歴史的世界の全体的地平を開くものとなった。

# 原注

ドイツ語原版における原著者の注はすべて欄外注であるが、この訳本では各巻の巻末にまとめ、各章ごとに延べ数字による注番号を付してその箇所を明示した。原注のなかの論文や著書の名はほとんど原形のままで出した。

## 第一章　啓蒙主義時代の思考形式

(1) D'Alembert, *Éléments de philosophie*, I:(*Mélanges de Littérature, d'Histoire et de Philosophie*), Amsterdam, 1758, IV, 1 ff.
(2) Voltaire, *Traité de Métaphysique*, chap. V.
(3) ここで Ducros, *Les encyclopédistes*, Paris, 1900, p. 138 を参照。
(4) *Œuvres de Fontenelle*, I, p. 34.
(5) 全体として Condillac, *Traité des sensations* ならびにコンディヤックが後の新しい版で追加した *Extrait raisonné* (éd. Georges Lyon, Paris, 1921, とくに pp. 32 ff.) を参照。

(6) Condillac, *Traité des systèmes*, 2e partie, chap. XV.

(7) D'Alembert, *Éléments de sciences* (*Encyclopédie*, Paris ; 1755); *Éléments de philosophie*, IV ; *Mélanges de Littérature, d'Histoire et de Philosophie*, IV, 35 f.

(8) Helvétius, *De l'esprit*, Paris, 1759, p. 8.

(9) この点のいっそう詳細な説明はランソンのすぐれた論文を参照せよ。Gustave Lanson, L'influence de la philosophie cartésienne sur la littérature française, *Revue de métaphysique et de morale*, 1896. (現在では *Étude d'histoire littéraire*, Paris, 1929, pp. 58 ff. に収録)

(10) Voltaire, *Correspondance* を参照。とくに一七四一年五月五日付 Mairan 宛ておよび同年八月十日付 Maupertuis 宛てのもの。

## 第二章　啓蒙主義哲学思想に現われた自然と自然科学

(1) この点の詳細はとくに次を参照。Ernst Troeltsch, *Vernunft und Offenbarung bei Johann Gerhard und Melanchton*, Göttingen, 1891.

(2) この点の詳細は私の著書 *Das Erkenntnisproblem*, 3. Aufl., Bd. 1, S. 276 ff. を参照せよ。

(3) *Epitaph intended for Sir Isaac Newton*.

(4) Giordano Bruno, *De immenso*, lib. VIII, cap. 9, *Opera latina* t. 1, p. II, S. 310.

(5) D'Alembert, *Éléments de philosophie*; なお本訳書、上巻第一章三三頁以下を見よ。

(6) モンテスキューの若い頃の自然科学研究の仕事については例えば Sainte-Beuve, *Montesqieu*, *Cau-*

*series du lundi*, t. VII.

(7) この神学的物理学の文献の範囲と内容については次の著書を参照せよ。D. Mornet, *Les sciences de la nature en France au XVIII^e siècle*, Paris, 1911, pp. 31 ff.

(8) Fontenelle, *Entretiens sur la pluralité des mondes, premier soir, Œuvres de Fontenelle*, Paris, 1818, II, pp. 10 f.

(9) ニュートンおよびその学派におけるこの「自然の説明」と「自然の記述」との、「定義」と「叙述」との対照についての詳細は私の著書を参照せよ。*Das Erkenntnisproblem*, 3. Aufl., II, 401.

(10) *Optics*, ed. Samuel Clarke, 1740, lib. III, quaestio 31.

(11) Condillac, *Traité des systèmes ; Logique*, p. II, chap. 7 passim.

(12) Voltaire, *Le philosophe ignorant* (1766) X ; cf. *Traité de métaphysique* (1734). とくに chap. 3 ff.

(13) D'Alembert, *Éléments de philosophie*, VI ; *Mélanges de Philosophie*, t. IV, pp. 59 ff.

(14) Spinoza, *Ethica*, I, Prop. 33.

(15) "Leges naturae universales secundum quas omnia fiunt et determinantur, nihil sunt nisi Dei aeterni decreta, quae semper aeternam veritatem et necessitatem involvunt." *Tractatus theologico-politicus*, cap. III, sect. 7.

(16) Leibniz an Varignon, 2, Feb. 1702, *Mathematische Schriften*, ed. Gerhardt, IV, 94.

(17) これらのオランダの自然科学者たちの業績がフランス思想の発展に対してもった意味、そして殊にそのヴォルテールへの影響については次を参照。Pierre Brunet, *Les physiciens hollandais et la méthode expérimentale en France au XVIII siècle*, Paris, 1926.

(18) Huygens, *Traité de la lumière, deutsch von Lommel,* Leipzig, 1890, pp. 3 f.

(19) スグラーフェサンデの就任演説 *De matheseos in omnibus centiis praecipue in physicis usu,* 1717 およびその著書 *Physices elementa sive introductio ad philosophiam Newtoniam,* Leyden, 1720 f. を参照せよ。

(20) S'Gravesande, *Physices elementa,* (Joncourt による仏訳)。また Brunet, *op. cit.,* pp. 56 f. 参照。

(21) スグラーフェサンデ『明証性について』。また *Physices elementa* の仏訳のジョンクールによる序文を見よ。

(22) スグラーフェサンデの *Physices elementa mathematica,* Praefatio およびミュッセンブルークの学長演説 *De methodo instituendi experimenta physica,* 1730 を参照せよ。

(23) D'Holbach, *Système de la nature,* pp. 1 ff., 53, etc.

(24) La Mettrie, *Histoire naturelle de l'âme,* 1745 を参照。後に *Traité de l'âme* の題で公刊された。

(25) *Traité de l'âme,* chap. I.

(26) La Mettrie, *L'homme machine,* éd. Maurice Solovine, Paris, 1921, p. 130.

(27) La Mettrie, *L'homme machine,* p. 134.

(28) *Ibid.,* p. 113.

(29) D'Holbach, *Système de la nature,* part. I, chap. IV, V (pp. 50 f., 58 ff.).

(30) D'Holbach, *op. cit.,* p. 274 ; La Mettrie, *Discours sur le bonheur* (*Œuvres philosophiques,* pp. 211 f.) を参照。「私は熱烈な市民であることを幸福に感ずる。だが、私はここではこの資格で書くのではなくて哲学者として書くのである。つまり哲学者としての私は、カルトゥーシ（盗賊の名）はカルトウーシになる素質があったのだし、ピュロス（王の名）はピュロスになる素質があった、ということを知っているのである。だから生まれつき殺戮と流血を好むような輩には忠告は無意味である」。

(31) *Système de la nature*, p. 311.

(32) *L'homme machine*, p. 111.

(33) Voltaire の詩 *Les cabales*, (1772), *Œuvres*, (éd. Lequien), Paris, 1825, XIV, 236 ff.

(34) *Système de la nature*, p. 205.

(35) Diderot, *De l'interprétation de la nature*, secs. IV, XVII, XX, XXI; *Œuvres*, éd. Assézat, II.

(36) *Ibid.*, secs. XXI, XXVII.

(37) 本訳書、上巻第二章九六頁を見よ。

(38) *La Botanique mise à la portée de tout le monde*, *Œuvres* (Assézat), VI, 375.

(39) Buffon, *Histoire naturelle* (1749), premier discours.

(40) 進化論の発展におけるビュフォンの位置については次を参照せよ。Perrier, *Philosophie zoologique avant Darwin*.

(41) Buffon, *Histoire naturelle*. これは Joseph Fadre, *Les pères de la Révolution* (*de Bayle à Condorcet*), Paris, 1910, pp. 167 よりの引用による。

(42) このデカルトの影響についての詳細はつぎを参照せよ。Gustave Lanson, L'influence de la philosophie cartésienne sur la littérature française, *Revue de métaphysique*, 1896, (*Étude d'histoire littéraire*, Paris, 1929, pp. 58 ff.).

(43) ケンブリッジ学派の自然哲学とその「形成的自然」の理論については私の次の著書の具体的な説明を

参照せよ。*Die platonische Renaissance in England und die Schule von Cambridge* (*Studien der Bibl. Warburg*) Leipzig, 1932, Kap. IV.

(44) ライプニッツの著作 Considérations sur les principes de vie et sur les natures plastique, *Philos. Schriften* (ed. Gerhardt), VI, 539 ff. を参照せよ。

(45) Leibniz an Christian Wolff, *Briefwechsel zwischen Leibniz und Wolff*, ed. Gerhardt, Halle, 1860, S. 139. さらに詳しくは私のつぎの著書を見よ。*Leibniz', System*, Marburg, 1902, bes. S. 283 ff., 384 ff.

(46) この連関をもっと具体的に実証したものとして Dilthey, Aus der Zeit der Spinoza-Studien Goethes (*Archiv für Geschichte der Philosophie*, 1894 : *Gesammelte Schriften*, II, 391 ff.) がある。なおシャフツベリの自然観とそのケンブリッジ学派との関係については私の著書 *Die platonische Renaissance in England*, Leipzig, 1932, Kap. 6 における詳しい説明を参照せよ。

(47) この論争の詳細については、つぎの著書を参照せよ。Harnack, *Geschichte der Akademie der Wissenschaften zu Berlin*, Berlin, 1901, S. 252 ff.

(48) モーペルチュイのニュートン擁護および彼の数学的物理学については Brunet, *Maupertuis*, 2 vols., Paris, 1929, I, 13 ff. を参照せよ。

(49) Maupertuis, *Système de la nature*, secs. III, IV, XIV, XXII ; *Œuvres*, Lyons, 1756, II, pp. 139 ff.

(50) *Ibid.*, secs. LXIII, LXIV ; pp. 166 f.

(51) *Ibid.*, secs. LIII, LIV ; pp. 155 f.

(52) この点については Bernhardt Groethuysen, La pensée de Diderot, *La Grande Revue*, vol. 82,

(1913), pp. 322 ff. のすぐれたディドロの特徴づけを参照せよ。
(53) *De l'interprétation de la nature*, sect. LVIII, *Œuvres* (Assézat), II, pp. 57 f.
(54) Diderot, *Rêve d'Alembert, Œuvres,* II, 132, 154 passim.

## 第三章　心理学と認識論

(1) *Lettres sur les Anglais,* Lettre XIII, *Œuvres,* Paris, Lequien, 1821, XXVI, 65.
(2) この点につき特に一六四三年五月二十一日付ボヘミヤ女王エリザベート宛てのデカルトの手紙を参照。(*Œuvres,* éd. Adam-Tannery, III, 665)
(3) マールブランシュの『叡知的直観』の概念の詳細については私の著書 *Das Erkenntnisproblem,* I, pp. 573 ff. を参照せよ。
(4) Malebranche, *Entretiens sur la métaphysique,* chap. V, sect. 12.
(5) Kant an Markus Herz, Feb. 21, 1772, *Werke* (Ausg. Cassirer) IX, S. 104 f.
(6) *Siècle de Louis XIV, Œuvres,* Lequien, XIX, p. 140.
(7) ヴォルテールの諷刺詩 Les systèmes, *Œuvres,* XIV, pp. 231 ff. および彼の著述 Tout en Dieu, *Commentaire sur Malebranche,* 1769, *Œuvres,* XXXI, pp. 201 ff. を参照せよ。
(8) Hume, *Treatise of human nature,* part III, sect. 2.
(9) Diderot, *Apologie de l'Abbé de Prades,* sect. XII.
(10) Locke, *Essay on human understanding,* book I, chap. I, sect. 2.

(11)「アリストテレスにつづいて直ちにロックが来る。つまりこの同じ主題について書いた他の哲学者たちのことは、勘定に入れる必要はないのである」。Condillac, *Extrait raisonné du Traité des sensations* (éd. Georges Lyon), Paris, 1921, p. 32.

(12) Maupertuis, *Examen philosophique de la preuve de l'existence de Dieu employée dans l'Essai de Cosmologie, Mémoires de l'Académie de Berlin*, 1756, § XIX f.

(13)「われわれが触覚、視覚、聴覚等々を覚えこむ必要がどれだけ多いかということをロックは悟らなかった。彼にとってはこれらの機能はすべて先天的な性質と見えたのであり、これらが感覚それ自体に起原をもつのではないかという疑念を、ロックはまったく抱かなかったのである」。Condillac, *Extrait raisonné*, p. 33.

(14) Condillac, *Traité des animaux* (1755), chap. II.

(15) *Extrait raisonné*, p. 31.

(16) Locke, *Essay*, book II, chap. XXI, sect. 30 ff.

(17)「この不安こそはわれわれにさまざまな習慣、つまり触れる、見る、聞く、感じる、味わう、比較する、判断する、反省する、渇望する、愛する、憎む、怖れる、希望する、希求する等々の機能を生み出す第一の原理であること、つまり精神と肉体のすべての習慣は、一言でいえば皆この不安から発するものであることが証明されねばならなかった」。*Extrait raisonné*, p. 34.

(18) Condillac, *Traité des animaux*, chap. II, pp. 398 f.

(19) G. Lanson, L'influence de la philosophie cartésienne sur la littérature française. なお本訳書、上巻第一章六〇―六一頁参照。

(20) ライプニッツにおける perceptio と percepturitio の区別については、とくに彼のヴォルフとの間の往復書簡を参照せよ。ausg. Gerhardt, Halle, 1860, S. 56.（本訳書上巻三三六ページ訳注参照）

(21) Voltaire, *Traité de métaphysique* (1734), chap. VIII, *Œuvres* (Lequien) XXXI, 61.

(22) Diderot, *Pensées philosophiques* (1746), sect. I ff.

(23) ここではこの問題を詳細に検討する余裕がない。それゆえ読者はこの点については私の著書 *Das Erkenntnisproblem* の第二巻を参照されたい。

(24) Voltiire, *Éléments de la philosophie de Newton,* chap. VII, *Œuvres,* XXX, 138 ff.

(25) Condillac, *Traité des sensations* (éd. Lyon), p. 33.

(26) Berkeley, *Principles of human knowledge,* sect. 34; *Three dialogues between Hylas and Philonous,* Third Dialogue.

(27) Berkeley, *New theory of vision*, sect. 11.

(28) Voltaire, *Éléments de la philosophie de Newton,* part II, chap. VII, *Œuvres,* XXX, p. 147.

(29) Diderot, *Lettre sur les aveugles ;* Condillac, *Traité des sensations,* part I, chap. VII, XI ff.

(30) Leibniz, *Nouveaux essais sur l'entendement humain,* livre II, chap. 5.

(31) Fontenelle, *Éntretiens sur la pluralité des mondes, troisième soir, Œuvres,* Paris, 1818, II, 44.

(32) ドイツ啓蒙主義に属する著述家としてズルツァーの名もここで挙げられよう。Sulzer, *Zergliederung des Begriffs der Vernunft,* 1758, *Vermischte philosophische Schriften,* I, 249.

(33) Lossius, *Physische Ursachen des Wahren*, Gotha, 1775, pp. 8 ff., 56. なお私の著書 *Das Erkenntnisproblem,* II, 575 ff. を参照せよ。

(34) 「外界の実在性」の問題にたいするコンディヤックの優柔不断な態度について、詳しくは Georges Lyon 版 *Traité des sensations* の編集者自身の序文を参照せよ。(pp. 14 ff.)

(35) Diderot, *Lettre sur les aveugles, Œuvres,* (éd. Naigeon), II, 218.

(36) Maupertuis, *Réflexions philosophiques sur l'origine des langues et la signification des mots,* sect. XXIV f.; *Œuvres,* I, 178 ff.

(37) Wolff, *Psychologia rationalis,* § 184 ff.; *Psychologia empirica,* § 11 ff. passim.

(38) *Leibniz an de Volder,* März 24, 1699, *Philosophische Schriften,* Gerhardt, II, 172.

(39) Leibniz, *Von der Weisheit, Deutsche Schriften,* (Guhrauer), I, pp. 422 f.

(40) Locke, *Essay on human understanding,* Book 1, chap. IV, sect. 24 f.

(41) メルセンヌ宛てのデカルトの手紙（一六三〇年五月）（*Œuvres,* éd. Adam-Tannery, I, 151）を参照せよ。「あなたは私に向って、神が永遠なる真理を定め給うたのはどのような種類の原因によってであるか、と訊ねられる。私は、それは神が万物を創造し給うたのとまったく同じ種類の原因によって、つまり動力的ならびに全体的な原因によってである（ut efficiens et totalis causa）と答える。実際に神が被造物の存在についてのみならずその本質についてもその創り主であることは明らかなことであり、そしてこの本質こそ他ならぬ永遠の真理そのものである。永遠の真理というものは、たとえば太陽光線のように神から放射するものとは違う。私は神が万物の創り主であることを知っており、そしてこれらの真理もまた何らかの存在である以上は、したがって神はこの真理の創り主であることがわかる」。

(42) 本訳書、上巻第二章一〇四頁を参照。

(43) Locke, *Essay,* Book II, chap. 1, sect. 25.

(44) Leibniz, *Nouveaux essais*, livre I, chap. 1, § 21.

(45) Tetens, *Philosophische Versuche über die menschliche Natur und ihre Entwicklung*, Riga, 1777, 1. 427 ff. (Neudruck der Kant-Gesellschaft, Berlin, 1913, pp. 416 f.)

(46) Mendelssohn, *Morgenstunden*, Abschn. VII.

(47) An Mendelssohn, 2, Feb. 1757, *Werke* (Lachmann-Muncker), XVII, 90. なお英訳には読者のための以下の注意がある。「著者の導入的説明は一見このレッシングの言葉と矛盾しているように見える。しかし決してそうではない。それはこの引用文の前後のレッシングの言葉を考察すればただちに明らかであり、そこにはそう書かれている。『情念はすべて、それがもっとも不快な情念であっても情念としては快適なものなのである。……われわれが突然蛇の絵を見るときその驚きが非常に大きければ大きいほどわれわれの情念も快適となる』」。

(48) Tetens, *Philosophische Versuche über die menschliche Natur*, erster Versuch: *über die Natur der Vorstellungen*, Nr. XV, Neudruck der Kant-Gesellschaft, S. 112 ff. なお私の著書 *Das Erkenntnisproblem*, II, 567 ff. も参照せよ。

(49) Tetens, *op. cit.*, vierter Versuch: *Über die Denkkraft und das Denken*, IV, *op. cit.*, 310 ff.

(50) *Ibid.*, Fünfter Versuch: *Von der Verschiedenheit der Verhältnisse und der allgemeinen Verhältnisbegriffe*, *op. cit.*, s. 319 ff.

(51) Lambert, *Anlage zur Architektonik oder Theorie des Einfachen und Ersten in der philosophischen und mathematischen Erkenntnis*, Riga, 1771, § 10. なおランベルトの方法についての詳細は、私の *Das Erkenntnisproblem*, II, 534 ff. を参照せよ。

## 第四章　宗教の理念

（1） D'Holbach, *Politique naturelle,* Discours III, § XII ff. (Hubert, *D'Holbach et ses amis,* Paris, pp. 163 ff. より引用)。

（2） Diderot, *Traité de la tolérance,* publ. par Tourneux, *D.* et Cathérine, II, p. 292 f.

（3） Diderot, *Supplément au voyage de Bougainville* (1771), *Œuvres,* éd. Assézat, II, 199 ff., 240 f.

（4） 詳細は次の私の著書を参照せよ。*Individuum und Kosmos in der Philosophie der Renaissance,* Studien der Bibliothek Warburg X, Leibzig 1927.

（5） この点についての詳細は次の私の著書を参照せよ。*Die platonische Renaissance in England und die Schule von Cambridge,* Kap. 2, 4.

（6） Troeltsch, *Renaissance und Reformation, Gesammelte Werke,* IV, 275 f.

（7） Pascal, *Pensées,* article VIII, éd. Ernest Havet, 5e édition, Paris, 1897, I, 114)

（8） Voltaire, *Remarques sur les Pensées de M. Pascal, Œuvres,* (éd. Lequien, Paris), XXXI, pp. 281 ff.

（9） *Additions aux remarques sur les Pensées de Pascal,* 1743, *op. cit.,* XXXI, 334.「私は存在する、それゆえに何物かがずっと以前から存在している、という命題は疑いを容れない」。

（10） *Pensées,* article VIII, *op. cit.,* p. 115.「われわれの状態の核心は、この深淵のなかで縺れめぐる。人間はこの秘密は人間にとって測り知りえないという以上に、この秘密を抜きにしては考えられない存在なのである」。

(11) *Il faut prendre un parti ou le principe d'action* (1772), sect. XVII: Des romans inventés pour deviner l'origine du mal, *Œuvres*, XXXI, 177.

(12) *Ibid.*, sect. XVI, *Œuvres*, XXXI, 174 ff.

(13) *Pensées*, éd. Havet, XXIV, 1; XXV, 34, II, 87, 156, passim.

(14) ヴォルテールの詩 Le mondain (1736) および Défense du mondain ou l'apologie du luxe, *Œuvres*, XIV, 112 ff., 122 ff. を参照せよ。なおヴォルテールとルソーについての以下の説明は、これとは多少ちがった形ではあるが一部分すでに公刊ずみである。私の論文 *Das Problem Jean-Jacques Rousseau, Archiv für Geschichte der Philosophie,* (ed. Arthur Stein, Bd. XLI, 1932), 210 ff. を参照せよ。

(15) Poême sur le désastre de Lisbonne ou examen de cet axiome: *Tout est bien* (1756); *Œuvres*, XII, 179 ff.

(16) 弁神論問題のこのような折衷的取り扱いについては、私はここで詳しく立ち入ることができない。次の二つの書物を参照するように私は読者にのぞむ。J. Kremer, *Das Problem der Theodizee in der Philosophie und Literatur des 18 Jahrhunderts*, Berlin, 1909. および K. Wolff, *Schillers Theodizee mit einer Einleitung über das Theodizeeproblem in der Philosophie und Literatur des 18 Jahrhunderts*, Leipzig, 1909.

(17) Maupertuis, *Essai de philosophie morale*, chaps. 1, 4, 5, *Œuvres*, I, 193 ff.

(18) *Ibid.*, chap. 2, pp. 201 ff.

(19) Kant, *Werke* (Ausg. Cassirer), II, S. 219 f.

(20) Kant, *Kritik der Urteilskraft*, sect. 83, *Werke*, V, S. 514.
(21) シャフツベリの「弁神論」の形式と基礎についての詳しい論述については、私の著書 *Die platonische Renaissance in England*, Kap. 6, S. 110 ff. を見よ。なお本訳書、上巻第二章一四四頁をも参照。
(22) 以下の叙述は一部分先にふれた私の論文 *Das Problem Jean-Jacques Rousseau* から取られた。論旨を補強し具体化する上で、読者の参照を乞う。この論文については前出の本章原注 (14) を参照せよ。
(23) Kant, *Werke* (Hartenstein), VIII, 630.
(24) 全体としてルソーのこの二つのディジョン・アカデミー懸賞論文の記述を、パスカルのパンセと比較せよ。殊に *Pensées*, articles II, IV ; éd. Havet, I, pp. 26 ff. 48 ff.
(25) ルソーの自伝的粗描 *Rousseau juge de Jean-Jacques*, 3e Dialogue を見よ。
(26) *Discours sur l'origine de l'inégalité parmi les hommes*, *Œuvres* Zweibrücken, 1782, pp. 75 ff., 90 ff., 138 ff.)
(27) ルソーの法哲学の内容およびその基本原理については本訳書、下巻第六章を参照せよ。
(28) これらの論争の実例は、たとえばイェルザレムの説教および遺稿に、あるいはゼムラーの自伝 *Autobiographie* において見出される。この発展の詳細な叙述は、Aner, *Theologie der Lessingzeit*, S. 50 ff., 158 ff., 223 passim に含まれている。
(29) この点については特に E. Troeltsch, *Die Bedeutung des Protestantismus für die moderne Welt* ; 3 Aufl., München und Berlin, 1927 ; *Renaissance und Reformation* (Gesammelte Werke, IV, 261 ff.) を参照せよ。
(30) Diderot, *Lettre sur les sourds et muets*. および *Pensées philosophiques*, sect. XII「迷信は無神論よ

りも一層有害である…」を参照せよ。

(31) Beantwortung der Frage, *Was ist Aufklärung ?, Werke* (Cassirer), IV, S. 169.

(32) *Additions aux pensées philosophiques*, sect. XI.

(33) 十八世紀フランス文化に対して東洋世界がもった意味については Martino, *L'Orient dans la littérature française au XVII$^{e}$ et XVIII$^{e}$ siècle*, Paris, 1906 を見よ。

(34) Diderot, *Pensées philosophiques*, sect. XXVI, *Œuvres* (Assézat), I, p. 138.

(35) Bayle, *Commentaire philosophique sur les paroles de Evangile : contrains les d'entrer, Œuvres diverses,* La Haye, 1727, II, 367, 374.

(36) Voltaire, *Traité sur la tolérance à l'occasion de la mort de Jean Calas,* chaps. 1, 4 ; *Œuvres,* XXIX, 63, 74 f.

(37) Diderot, *De la suffisance de la religion naturelle*, secs. IV, XVIII, XXV ff.

(38) たとえば Diderot, *Introduction aux grands principes.* およびこの著作の批判に対する彼の反論（*Œuvres,* éd. Naigeon), 1798, I, p. 350 を参照せよ。

(39) Toland, *Christianity not mysterious*, London, 1696, p. 133.

(40) この発展の詳しい内容については，特に Leslie Stephen, *History of English thought in the eighteenth century*, 2 vols. second edition, London, 1881 のなかの立ち入った説明，および E. Troeltsch, *Deismus, Gesammelte Schriften,* IV, 429 ff. そして Hermann Schwarz, *Deismus,* Pädagogisches Lexikon (Velhagen & Klasing) を参照せよ。

(41) Bayle, *Commentaire philosophique, Œuvres diverses,* 1737, II, p. 367.

(42) ドイツにおける理神論の伸長についてはたとえば Hettner, *Literaturgeschichte des achtzehnten Jahrhunderts*, 3. Aufl. III, S. 264 ff. を参照せよ。

(43) この発展の詳細についてはたとえば Troeltsch, Aufklärung, *Gesammelte Schriften*, IV, 370 ff. を、またヴォルフ派の初期の思想的意図については Canz, *Usus Philosophiae Leibnitianae et Wolffianae in Theologia* (1733) および同じ著者による *Philosophiae Wolffianae consensus cum Theologia* (1735) を参照せよ。

(44) ドイツにおける「新神学」派の発展については、Aner, *Theologie der Lessingzeit*, Halle, 1929 の説明と豊富な資料を参照せよ。歴史的見地から見れば、ドイツ十八世紀の新教義派とイギリス十七世紀の宗教哲学との密接な関係は殊に興味を惹く。たとえばイェルザレムが主張した「宗教的体験」の概念は、特に「ケンブリッジ学派」の思想家たちと逐一対応するものをもっている。私の著書 *Die platonische Renaissance in England*, S. 19 ff. を見よ。

(45) Reimarus, *Abhandlung von den vornehmsten Wahrheiten der natürlicher Religion*, Vorrede.

(46) Clarke, *A demonstration of the being and attributes of God*, London, 1705/06.

(47) Voltaire, *Lettres sur les Anglais*, lettre VII, *Œuvres*, XXVI, 33 ff.

(48) *Traité de métaphysique*, chap. II, *Œuvres*, XXXI, p. 20 ff.

(49) Collins, *A discourse of freethinking occasioned by the rise and growth of a sect called free-thinkers*, London, 1713. 詳しくは本章前出注 (40) の Leslie Stephen, *op. cit.*, I, 80 を見よ。

(50) Hume, *The natural history of religion*, secs. I ff., VI, XIII〜XV.

(51) Hume, *op. cit.*, sect. XV.

(52) Richard Simon, *Histoire critique du vieux Testament*, Paris, 1678.

(53) Spinoza, *Tractatus theologico-politicus*, cap. 7.

(54) *Ibid.*, *Tractatus theologico-politicus*, cap. 2.

(55) *Ibid.*, *Tractatus theologico-politicus*, cap. 6.

(56) 以下の叙述については、私はその論旨を他の論文においてもっと詳しく説明した。*Die Idee der Religion bei Lessing und Mendelssohn* (Festgabe zum zehnjährigen Bestehen der Akademie für die Wissenschaft des Judentums, Berlin, 1929, S. 22 ff.). この論文のなかの多くの論点はそのまま本書に採用されている。

(57) Lessing, *Über den Beweis des Geistes und der Kraft*, Schriften, (Lachmann-Muncker), XIII, S. 5 ff.

(58) 本訳書、上巻第一章四二頁以下を参照せよ。

# 訳注

## 序文

14頁 反省哲学――ヘーゲルが真の哲学体系とみなした理性の立場に立つ弁証法哲学と対比して、カント以前の哲学を呼んだ言葉。反省は形式論理的な悟性の立場にもとづく受動的な思考機能であるとされる。
17頁 「一つの踏板が千本の……」――ゲーテ『ファウスト』第一部一九二四～二六行。
18頁 「笑わず、悲しまず……」――スピノザ『国家論（または政治論）Tractatus politicus』一の三の語。また後出上巻一二五頁にも。

## 第一章 啓蒙主義の思考形式

42頁 『幾何学的精神について』――パスカルはこの二つの精神の対比をこの著作のほか、遺稿『パンセ』の冒頭においても展開した。またパスカル作といわれる『愛の情念について』のなかにも同様の箇所がある。Esprit *géométrique*, esprit *fin* という言い方と、esprit *de géométrie*, esprit *de finesse* という言い方と二通りある。下巻一六八頁にも出る。

## 第二章　啓蒙主義哲学思想に現われた自然と自然科学

80頁　能産的自然、所産的自然――アリストテレスにおける「動かし手」と「動かされるもの」の対比から起ってスコラ哲学に導入された概念。平たく言えば、創造するものとしての神と、創造されたものとしての自然との対比を表わす。エリウゲナ、ブルーノを経てスピノザに至り、この両者を直接的に同一のものとみなすことによって汎神論ないし万有神論の立場が完成された。なお後出上巻三〇一頁も参照。

88頁　王立協会――ロンドンのグレシャム・カレッジをその集合場所として一六六〇年十一月二十八日に正式に発足。チャールズ二世から協会法人組織の勅許が下ったのが六二年七月十五日であった。ロバート・ボイル、ロバート・フック、ヘンリ・オルデンブルク、ジョン・ウォリスなどが中心メンバーであった。

91頁　逐語的霊感――預言者は神が告げ知らせる真理を誤りなく世に知らせ聖書の言葉として記述するために、聖霊の導き（inspiratio）にあずかった。神学の議論としてはこの点に関し、聖書のなかの道徳的教訓のみが神の導きによるとする道徳的霊感、聖書のなかのあらゆる観念が神感によるものとする充全的霊感、聖書のなかの一つ一つの語句と文字がみな霊感によるものとする逐語的霊感などの解釈がある。この神学概念の衰滅については、後出上巻二九六頁以下に詳しい。

96頁　『宇宙論 *Le monde*』――デカルトは自らの自然学を一六二九年頃から三四年頃までのオランダ滞在中にまとめ上げた。この『宇宙論』も三三年には完成したが、著者はガリレオ裁判のことを聞いて出版を断念した。彼は生前は『方法叙説』の第五部でこの書物の全体を要約したほかに、『叙説』付録の屈折光学以下の三試論や『哲学原理』第三部、第四部において自らの自然学を展開した。

112頁　論点変更——アリストテレスの用語。字義上は「他の種に移りゆくこと」を意味する。単にメタバシスということもある。論証に関する虚偽の一。一つの論点をいったん指示しながら途中で故意もしくは無意識に論点を変更させること。たとえば品物の善悪を判断する際に、現在流行であるかどうかを論じたりすること。後出上巻三一二頁、下巻五九頁にも。

131頁　ヘラクレスの柱——古代人がヘラクレスの海峡と呼んだ地中海の西端の今日のジブラルタル海峡をはさむ、スペインとモロッコ両岸の岩山を指し、古来から文明世界の果ての象徴を意味した。

134頁　ライス——ギリシアの有名な妓女の姉妹の名。この言葉はキュレネ派の祖として快楽説を唱えたアリスティッポスが言ったといわれる。

142頁　ケンブリッジ学派——十七世紀後半のイギリスにおいて、プラトンおよび新プラトン主義思想とデカルト、マールブランシュの近代哲学を折衷した宗教哲学的思想家の集団が生まれた。ケンブリッジ大学がその中心であり、モアやカドワースのほかジョン・ノリスなどがそれに数えられる。

158頁　かげろうの屁理屈——ディドロ『ダランベールの夢』のなかにある言葉。前出九二頁の「自分の記憶する限り園丁が死んだことはないと言いはる薔薇の花」の比喩も全くこれと同じ意味である。

## 第三章　心理学と認識論

178頁　将来あるべき知覚（perceturitio）——ライプニッツの概念。一七〇六年ヴォルフに答えた手紙にある。この手紙は日付なしであるが、ヴォルフのライプニッツへの問い合わせの手紙は五月六日である。動詞 percipio の未来分詞形 percepturus を名詞化したものであり、知覚 perceptio が現在の状態の表象であるのに対し percepturitio は将来の状態を表象することを意味する。

181頁　モリヌークス——十六世紀ごろフランスのカレーからアイルランドに定住した家系の名。ここに出てくるウィリアム・モリヌークス（一六五六—九八）はこの祖トマスの曾孫にあたり、議員としての政治活動および著作活動を行なう一方、ロックと交わり、またその哲学的見解によってバークリに影響を与えた。

190頁　宇宙の類推、人間の類推——ベーコンに従えばわれわれの感覚はそれほど確実ではない。つまり人間は、自然の事物をありのままの姿、すなわち自然の類比によって把えるのではなく、人間的諸条件のもとで、つまりさまざまなイドラに支配された状況下でこれを把える。これが人間の類推である。

200頁　作用の統一性——カントは『純粋理性批判』のなかで、「すべての純粋悟性概念を残らず発見する手引き」について語りながら次のように言う。「感性的直観がすべて表象による触発にもとづくのに反し、概念は、さまざまな表象を一つの共通な表象のもとに集めてそれに秩序を与えるところの作用の統一性の機能にもとづいている。ところで悟性は概念を判断に用いるだけであり、従って判断は対象の間接的認識であり、対象の表象のそのまた表象なのである」。

201頁　物体的影響（influxus physicus）——精神と身体をおのおの独立した二つの実在とする二元論において、この二つの間の対応ないし交渉の事実を説明する上での原理の一つ。身心平行論（たとえばスピノザ）、機会原因論（たとえばマールブランシュ）、予定調和論（たとえばライプニッツ）などと異なり、これは脳髄もしくはそれに代わる器官を媒介として身体と精神とが相互に影響を与えあう、と主張する。

## 第四章　宗教の理念

232頁　ヤンセン（ジャンセニウス Cornelius Otto Jansen, 1585-1638）――オランダの神学者。彼の著作『アウグスチヌス』の公刊を機に、パリ郊外の旧修道院に集まったアルノーやサン・シランらが、カトリック教会内部のユマニスムの傾向に対抗して厳格なアウグスチヌスの主張を強調した。彼らの神学上の立場がジャンセニズムで、一七、八世紀のフランスで大きな政治思想上の運動になった。王権と教権の双方からの執拗な弾圧に曝されたが、パスカルの『プロヴァンシアル』に代表されるすぐれた護教論を生み出した。

239頁　ゴルディウスの結び目――フリギアの王ゴルディウスの車の横木に結んだ綱を解きうる者は全アジアの支配者たるべしという神託があったが、多くの者がそれを試みてすべて失敗した。のちにアレクサンドロス大王がこれを一刀のもとに断ち切ってこの神託を成就した。この故事から、一大決心で解決すべき難問を一般にこの言葉でいう。

275頁　積極的宗教、既成宗教――いずれも la religion positive の訳であり、positive は現実的、事実的という意味である。空想的、可能的な宗教ではなく、すでに宗教的諸形式を具備し広く世人の信仰を獲得しているという実績を有する故に、現実的であることは同時に積極的なのである。啓示宗教というのもこの場合はこれと実質的に同じである。

298頁　永遠の相のもとに――普通 sub specie *aeternitatis* の形で用いられる。スピノザに従えば個物を神との必然的関係において直覚的に認識すること、すなわち事物を想像力にもとづく時間的な相ではなく永遠の相のもとに直覚することが、理性の最高の機能であるとされる。

# 関連文献（本書に関連する諸文献のうち、代表的なものを掲げる）

『デカルト著作集』全四巻（白水社）
『カント全集』全二十二巻、別巻一（坂部恵、有福孝岳、牧野英二 編、岩波書店）
『ライプニッツ著作集』全十巻（下村寅太郎、山本信、中村幸四郎、原亨吉 監修、工作舎）
『ディドロ著作集』全四巻（小場瀬卓三、平岡昇 監修、法政大学出版局）
『ルソー全集』全十四巻、別巻二（白水社）
『ゲーテ全集』全十五巻、別巻一（潮出版社）

スピノザ『エチカ』上下（畠中尚志 訳、岩波文庫）
ベール『歴史批評辞典』（『ピエール・ベール著作集』第三・四・五巻、野沢協 訳、法政大学出版局）
デュボス『詩画論』全二巻（木幡瑞枝 訳、玉川大学出版部）
バウムガルテン『美学』（松尾大 訳、玉川大学出版部）
ヴォルテール『哲学辞典』（高橋安光 訳、法政大学出版局）
ヴォルテール『歴史哲学――『諸国民の風俗と精神について』序論』（いわゆる『風俗試論』、安斎和雄 訳、法政大学出版局）

ヴォルテール『ルイ十四世の世紀』全四巻（丸山熊雄 訳、岩波文庫）
ヒューム『人性論』全四巻（大槻晴彦 訳、岩波文庫）
ロック『人間知性論』全四巻（大槻晴彦 訳、岩波文庫）

本書は一九六二年八月三十一日、紀伊國屋書店より刊行
された「啓蒙主義の哲学」を全編改訳したものである。

フーコー文学講義
ミシェル・フーコー
柵瀬宏平訳
シェイクスピア、サド、アルトー、レリス……。フーコーが文学と取り結んでいた複雑で、批判的で、戦略的な関係とは何か。未発表の記録、本邦初訳。

ウンコな議論
ハリー・G・フランクファート
山形浩生訳／解説
ごまかし、でまかせ、いいのがれ。なぜ世の中、こんなものがみちるのか。道徳哲学の泰斗がその正体とカラクリを解く。爆笑必至の訳者解説を付す。

21世紀を生きるための
社会学の教科書
ケン・プラマー
赤川学監訳
パンデミック、経済格差、気候変動など現代世界が直面する諸課題を視野に収めつつ社会学の新しい知見を解説。社会学の可能性を論じた最良の入門書。

世界リスク社会論
ウルリッヒ・ベック
島村賢一訳
迫りくるリスクは我々から何を奪い、何をもたらすのか。『危険社会』の著者が、近代社会の根本原理をくつがえすリスクの本質と可能性に迫る。

民主主義の革命
エルネスト・ラクラウ／シャンタル・ムフ
西永亮／千葉眞訳
グラムシ、デリダらの思想を摂取し、根源的で複数的なデモクラシーへ向けて、新たなヘゲモニー概念を提示した、ポスト・マルクス主義の代表作。

鏡の背面
コンラート・ローレンツ
谷口茂訳
人間の認識システムはどのように進化してきたのか、そしてその特徴とは。ノーベル賞受賞の動物行動学者が試みた抱括的知識による壮大な総合人間哲学。

人間の条件
ハンナ・アレント
志水速雄訳
人間の活動的生活を《労働》《仕事》《活動》の三側面から考察し、《労働》優位の近代世界を思想史的に批判したアレントの主著。（阿部齊）

革命について
ハンナ・アレント
志水速雄訳
《自由の創設》をキイ概念としてアメリカとヨーロッパの二つの革命を比較・考察し、その最良の精神を二〇世紀の惨状から救い出す。（川崎修）

暗い時代の人々
ハンナ・アレント
阿部齊訳
自由が著しく損なわれた時代を自らの意思に従い行動し、生きた人々。政治・芸術・哲学への鋭い示唆を含み描かれる普遍的人間論。（村井洋）

**責任と判断**
ハンナ・アレント　ジェローム・コーン編　中山元訳
思想家ハンナ・アレント後期の未刊行論文集。人間の責任の意味と判断の能力を考察し、考える能力の喪失により生まれる〈凡庸な悪〉を明らかにする。

**政治の約束**
ハンナ・アレント　ジェローム・コーン編　高橋勇夫訳
われわれにとって「自由」とは何であるのか――。政治思想の起源から到達点までを描き、政治的経験の意味に根底から迫った、アレント思想の精髄。

**プリズメン**
Th・W・アドルノ　渡辺祐邦／三原弟平訳
「アウシュヴィッツ以後、詩を書くことは野蛮である」。果てしなく進行する大衆の従順化と、絶対的物象化の時代における文化批判のあり方を問う。

**スタンツェ**
ジョルジョ・アガンベン　岡田温司訳
西洋文化の豊饒なイメージの宝庫を自在に横切り、愛・言葉そして喪失の想像力が表象に与えた役割をたどる。21世紀を牽引する哲学者の博覧強記。

**事物のしるし**
ジョルジョ・アガンベン　岡田温司／岡本源太訳
パラダイム・しるし・哲学的考古学の鍵概念のもと、「しるし」の起源や特権的領域を探求する。私たちを西洋思想史の彼方に誘うユニークかつ重要な一冊。

**アタリ文明論講義**
ジャック・アタリ　林昌宏訳
歴史を動かすのは先を読む力だ。混迷を深める現代文明の行く末を見通し対処するにはどうすればよいのか。「欧州の知性」が危難の時代を読み解く。

**時間の歴史**
ジャック・アタリ　蔵持不三也訳
日時計、ゼンマイ、クオーツ等。計時具から見えてくる人間社会の変遷とは？　J・アタリが「時間と暴力」「暦と権力」の共謀関係を大柄に描く大著。

**風水**
エルネスト・アイテル　中野美代子／中島健訳
中国の伝統的思惟では自然はどのように捉えられているのか。陰陽五行論・理気二元論から説き起こし、風水の世界を整理し体系づける。（三浦國雄）

**コンヴィヴィアリティのための道具**
イヴァン・イリイチ　渡辺京二／渡辺梨佐訳
破滅に向かう現代文明の大転換はまだ可能だ！　人間本来の自由と創造性が最大限活かされる社会をどう作るか。イリイチが遺した不朽のマニフェスト。

**大衆の反逆**
オルテガ・イ・ガセット
神吉敬三訳
二〇世紀の初頭、《大衆》という現象の出現とその功罪を論じながら、自ら進んで困難に立ち向かう《真の貴族》という概念を対置した警世の書。

**近代世界の公共宗教**
ホセ・カサノヴァ
津城寛文訳
一九八〇年代に顕著となった宗教の〈脱私事化〉。五つの事例をもとに近代における宗教の役割と世俗化の意味を再考する。宗教社会学の一大成果。

**死にいたる病**
S・キルケゴール
桝田啓三郎訳
死にいたる病とは絶望であり、絶望を深く自覚し神の前に自己をすてる。実存的な思索の深まりをデンマーク語原著から訳出し、詳細な注を付す。

**ニーチェと悪循環**
ピエール・クロソウスキー
兼子正勝訳
永劫回帰の啓示がニーチェに与えたものは、同一性の下に潜在する無数の強度の解放である。二十一世紀にあざやかに蘇る、逸脱のニーチェ論。

**世界制作の方法**
ネルソン・グッドマン
菅野盾樹訳
世界は「ある」のではなく、「制作」されるのだ。芸術・科学・日常経験・知覚など、幅広い分野で徹底した思索を行ったアメリカ現代哲学の重要著作。

**新編 現代の君主**
アントニオ・グラムシ
上村忠男編訳
労働運動を組織しイタリア共産党を指導したグラムシ。獄中で綴られたそのテキストから、いま読み直されるべき重要な29篇を選りすぐり注解する。

**孤島**
ジャン・グルニエ
井上究一郎訳
「島」とは孤独な人間の謂。透徹した精神のもと、話者の綴る思念と経験が啓示を放つ。カミュが本書との出会いを回想した序文を付す。（松浦寿輝）

**ハイデッガー『存在と時間』註解**
マイケル・ゲルヴェン
長谷川西涯訳
難解をもって知られる『存在と時間』全八三節の思考を、初学者にも一歩一歩追体験させ、高度な内容を読者に確信させ納得させる唯一の註解書。

**色彩論**
ゲーテ
木村直司訳
数学的・機械論的近代自然科学と一線を画し、自然の中に「精神」を読みとろうとする特異で巨大な自然観を示した思想家・ゲーテの不朽の業績。

**倫理問題101問**
マーティン・コーエン
榑沼範久訳
何が正しいことなのか。医療・法律・環境問題等、私たちの周りに溢れる倫理的なジレンマから101の題材を取り上げて、ユーモアも交えて考える。

**哲学101問**
マーティン・コーエン
矢橋明郎訳
全てのカラスが黒いことを証明するには？ コンピュータと人間の違いは？ 哲学者たちが頭を捻った101問を、譬話で考える楽しい哲学読み物。

**解放されたゴーレム**
ハリー・コリンズ／トレヴァー・ピンチ
村上陽一郎／平川秀幸訳
科学技術は強力だが不確実性に満ちた「ゴーレム」である。チェルノブイリ原発事故、エイズなど7つの事例をもとに、その本質を科学社会的に繙く。

**存在と無**（全3巻）
ジャン＝ポール・サルトル
松浪信三郎訳
人間の意識の在り方（実存）をきわめて詳細に分析し、存在と無の弁証法を問い究め、実存主義を確立した不朽の名著。現代思想の原点。

**存在と無 Ⅰ**
ジャン＝ポール・サルトル
松浪信三郎訳
Ⅰ巻は、「即自」と「対自」が峻別される緒論「存在の探求」から、「対自」としての意識の基本的在り方が論じられる第二部「対自存在」まで収録。

**存在と無 Ⅱ**
ジャン＝ポール・サルトル
松浪信三郎訳
Ⅱ巻は、第三部「対他存在」を収録。私と他者との相剋関係を論じた「まなざし」論をはじめ、愛、憎悪、マゾヒズム、サディズムなど具体的な他者論を展開。

**存在と無 Ⅲ**
ジャン＝ポール・サルトル
松浪信三郎訳
Ⅲ巻は、第四部「持つ」「為す」「ある」を収録。この三つの基本的カテゴリーとの関連で人間の行動を分析し、絶対的自由を提唱。（北村晋）

**公共哲学**
マイケル・サンデル
鬼澤忍訳
経済格差、安楽死の幇助、市場の役割など、私達が現代の問題を考えるのに必要な思想とは？ ハーバード大講義で話題のサンデル教授の主著、初邦訳。

**パルチザンの理論**
カール・シュミット
新田邦夫訳
二〇世紀の戦争を特徴づける「絶対的な敵」殲滅の思想の端緒を、レーニン・毛沢東らの《パルチザン》戦争という形態のなかに見出した画期的論考。

政治思想論集
カール・シュミット
服部平治／宮本盛太郎訳
現代新たな角度で脚光をあびる政治哲学の巨人が、その思想の核を明かしたテクストを精選して収録。権力の源泉や限界といった基礎もわかる名論文集。

神秘学概論
ルドルフ・シュタイナー
高橋巖訳
宇宙論、人間論、進化の法則と意識の発達史を綴り、シュタイナー思想の根幹を展開する――四大主著の一冊、渾身の訳し下し。（笠井叡）

神智学
ルドルフ・シュタイナー
高橋巖訳
神秘主義的思考を明晰な思考に立脚した精神科学へと再編し、知性と精神性の健全な融合をめざしたシュタイナーの根本思想。四大主著の一冊。

いかにして超感覚的世界の認識を獲得するか
ルドルフ・シュタイナー
高橋巖訳
すべての人間には、特定の修行を通して高次の認識を獲得できる能力が潜在している。その顕在化のための道すじを詳述する不朽の名著。

自由の哲学
ルドルフ・シュタイナー
高橋巖訳
社会の一員である個人の究極の自由はどこに見出されるのか。思考は人間に何をもたらすのか。シュタイナー全業績の礎をなしている認識論哲学。

治療教育講義
ルドルフ・シュタイナー
高橋巖訳
障害児が開示するのは、人間の異常性ではなく霊性である。人智学の理論と実践を集大成したシュタイナー晩年の最重要講義。改訂増補決定版。

人智学・心智学・霊智学
ルドルフ・シュタイナー
高橋巖訳
身体・魂・霊に対応する三つの学が、霊視霊聴を通じた存在の成就への道を語りかける。人智学協会の創設へ向け最も注目された時期の率直な声。

ジンメル・コレクション
ゲオルク・ジンメル
北川東子編訳
鈴木直訳
都会、女性、モード、貨幣をはじめ、取っ手や橋・扉にまで哲学的思索を向けた「エッセーの思想家」の姿を一望する新編・新訳のアンソロジー。

私たちはどう生きるべきか
ピーター・シンガー
山内友三郎監訳
社会の10％の人が倫理的に生きれば、政府が行う社会変革よりもずっと大きな力となる――環境・動物保護の第一人者が、現代に生きる意味を鋭く問う。

**自然権と歴史**
レオ・シュトラウス
塚崎智／石崎嘉彦訳
自然権の否定こそが現代の深刻なニヒリズムをもたらした。古代ギリシアから近代に至る思想史を大胆に読み直し、自然権論の復権をはかる20世紀の名著。

**生活世界の構造**
アルフレッド・シュッツ／トーマス・ルックマン
那須壽監訳
「事象そのものへ」という現象学の理念を社会学研究で実践し、日常を生きる「普通の人びと」の視点から日常生活世界の「自明性」を究明した名著。

**哲学ファンタジー**
レイモンド・スマリヤン
高橋昌一郎訳
論理学の鬼才が、軽妙な語り口ながら、切れ味抜群の思考法で哲学から倫理学まで広く論じた対話篇。哲学することの魅力を堪能しつつ、思考を鍛える！

**ハーバート・スペンサーコレクション**
ハーバート・スペンサー
森村進編訳
自由はどこまで守られるべきか。リバタリアニズムの源流となった思想家の理論の核が凝縮された論考を精選し、平明な訳で送る。文庫オリジナル編訳。

**ナショナリズムとは何か**
アントニー・D・スミス
庄司信訳
ナショナリズムは創られたものか、それとも自然なものか。この矛盾に満ちた心性の正体を、世界的権威が徹底的に解説する。最良の入門書、本邦初訳。

**日常的実践のポイエティーク**
ミシェル・ド・セルトー
山田登世子訳
読書、歩行、声。それらは分類し解析する近代的知が見落とす、無名の者の戦術である。領域を横断し、秩序に抗う技芸を描く。（渡辺優）

**反解釈**
スーザン・ソンタグ
高橋康也他訳
《解釈》を偏重する在来の批評に対し、《形式》を感受する官能美学の必要性をとき、理性や合理主義に対する感性の復権を唱えたマニフェスト。

**声と現象**
ジャック・デリダ
林好雄訳
フッサール『論理学研究』の綿密な読解を通して、「脱構築」「痕跡」「差延」「代補」「エクリチュール」など、デリダ思想の中心的〝操作子〟を生み出す。

**歓待について**
ジャック・デリダ
アンヌ・デュフールマンテル序論
廣瀬浩司訳
異邦人＝他者を迎え入れることはどこまで可能か？ギリシャ悲劇、クロソウスキーなどを経由し、この喫緊の問いにひそむ歓待の（不）可能性に挑む。

論理哲学入門
E・トゥーゲントハット／U・ヴォルフ
鈴木崇夫／石川求訳
論理学とは何か。またそれは言語や現実世界とどんな関係にあるのか。哲学史への確かな目配りと強靭な思索をもって解説するドイツの定評ある入門書。

ニーチェの手紙
茂木健一郎編・解説
塚越敏／眞田収一郎訳
哲学の全歴史を一新させた偉人が、思いを寄せる女性に綴った真情溢れる言葉から、手紙に残した名句まで——書簡から哲学者の真の人間像と思想に迫る。

存在と時間 上・下
M・ハイデッガー
細谷貞雄訳
哲学の根本課題、存在の問題を、現存在としての人間の時間性の視界から解明した大著。刊行時すでに哲学の古典と称された20世紀の記念碑的著作。

「ヒューマニズム」について
M・ハイデッガー
渡邊二郎訳
『存在と時間』から二〇年、沈黙を破った哲学者の後期の思想の精髄。「人間」ではなく「存在の真理」の思索を促す、書簡体による存在論入門。

ドストエフスキーの詩学
ミハイル・バフチン
望月哲男／鈴木淳一訳
ドストエフスキーの画期性とは何か？《ポリフォニー論》と《カーニバル論》という、魅力にみちた二視点を提起した先駆的著作。（望月哲男）

表徴の帝国
ロラン・バルト
宗左近訳
「日本」の風物・慣習に感嘆しつつもそれらを〈零度〉に解体し、詩的素材としてエクリチュールとシーニュについての思想を展開させたエッセイ集。

エッフェル塔
ロラン・バルト
宗左近／諸田和治訳
伊藤俊治図版監修
塔によって触発される表徴を次々に展開させることで、その創造力を自在に操る、バルト独自の構造主義的思考の原形。解説・貴重図版多数併載。

エクリチュールの零度
ロラン・バルト
森本和夫／林好雄訳註
哲学・文学・言語学など、現代思想の幅広い分野に怖るべき影響を与え続けているバルトの理論的主著。詳註を付した新訳決定版。（林好雄）

映像の修辞学
ロラン・バルト
蓮實重彦／杉本紀子訳
イメージは意味の極限である。広告写真や報道写真、そして映画におけるメッセージの記号を読み解き、意味を探り、自在に語る魅惑の映像論集。

ちくま学芸文庫

# 啓蒙主義《けいもうしゅぎ》の哲学《てつがく》　上

二〇〇三年四月　九日　第一刷発行
二〇二二年八月二十日　第二刷発行

著　者　エルンスト・カッシーラー
訳　者　中野好之（なかの・よしゆき）
発行者　喜入冬子
発行所　株式会社　筑摩書房
東京都台東区蔵前二―五―三　〒一一一―八七五五
電話番号　〇三―五六八七―二六〇一（代表）
装幀者　安野光雅
印刷所　株式会社精興社
製本所　加藤製本株式会社


ISBN4-480-08771-0 C0110